全国医药高职高专 护理类 "十二五" 创新教材

眼耳鼻咽喉口腔科护理学

（供护理、涉外护理、社区护理及助产专业用）

主编 王绍勇 冯红超

中国医药科技出版社

内容提要

　　本书是全国医药高职高专护理类"十二五"创新教材之一，依照教育部教育发展规划纲要等相关文件要求，紧密结合卫生部护理执业考试特点，根据《眼耳鼻咽喉口腔科护理学》教学大纲的基本要求和课程特点编写而成。

　　全书包括眼科护理学、耳鼻咽喉科护理学和口腔科护理学三部分，共九单元。其中第一、二、三单元为眼科护理学，第四、五、六单元为耳鼻咽喉科护理学，第七、八、九单元为口腔科护理学。本书适合医药卫生高职教育及专科、函授及自学高考等相同层次不同办学形式教学使用，也可作为医药行业培训和自学用书。

图书在版编目（CIP）数据

眼耳鼻咽喉口腔科护理学/王绍勇，冯红超主编 . —北京：中国医药科技出版社，2013. 2
全国医药高职高专护理类"十二五"创新教材
ISBN 978 - 7 - 5067 - 4397 - 6

Ⅰ . ①眼⋯　Ⅱ . ①王⋯　②冯⋯　Ⅲ . ①五官科学 - 护理学 - 高等职业教育 - 教材
Ⅳ . ①R473. 76

中国版本图书馆 CIP 数据核字（2012）第 288170 号

美术编辑　陈君杞
版式设计　郭小平

出版　中国医药科技出版社
地址　北京市海淀区文慧园北路甲 22 号
邮编　100082
电话　发行：010 - 62227427　邮购：010 - 62236938
网址　www. cmstp. com
规格　787 × 1092mm $^{1}/_{16}$
印张　15 $^{3}/_{4}$
彩插　9
字数　332 千字
版次　2013 年 2 月第 1 版
印次　2013 年 2 月第 1 次印刷
印刷　北京市密东印刷有限公司
经销　全国各地新华书店
书号　ISBN 978 - 7 - 5067 - 4397 - 6
定价　38. 00 元

全国医药高职高专护理类"十二五"创新教材建设委员会

编委会

编写说明

　　随着《国家中长期教育改革发展纲要（2010～2020年）》的颁布和实施，高职高专教育更加强调内涵建设，高职高专院校办学进入了以人才培养为中心的结构优化和特色办学的时代。护理专业在2003年卫生部等六部委联合下发的《关于实施"职业院校制造业和现代服务业技能型紧缺人才培养培训工程"的通知》中，就被确定为四个紧缺型技能人才培养专业，其对人才的需求更加急迫。教材作为知识的载体，是人才培养过程中传授知识、训练技能和改善思维模式的重要工具之一，是学校教学、科研水平的重要反映。同时，教材内容的创新是课程建设的重要组成部分。针对新时期护理专业人才培养的要求，过去使用的大部分高职高专护理教材已不能适应素质教育、特色教育和创新技能型人才培养的需要，距离以"面向临床、素质为主、应用为先、全面发展"的人才培养目标越来越远，所以动态更新专业、课程和教材，改革创新办学模式已势在必行。

　　《全国医药高职高专护理类"十二五"创新教材》是为了切合新一轮教学改革专业调整方案的要求、切合新版执业护士资格考试大纲的要求，在深入学习了《国家中长期教育改革和发展规划纲要（2011～2020年）》、《医药卫生中长期人才发展规划（2011～2020年）》等文件精神，并到各相关院校广泛调研的基础上组织编写的。本套教材以培养能够适应护理工作第一线的高素质实用技能型人才为根本任务。紧密结合教学大纲要求、紧密结合护士执业考试要求，以理论知识适度、加强任务分析内容、加强实际操作能力培养为特点。在以往教材体现"三基"（基本理论、基本知识、基本技能）、"五性"（思想性、科学性、先进性、启发性、适用性）、"三特定"（特定学制、特定专业方向、特定对象）的基础上，设立要点导航、护理应用、考点提示、直通护考、知识链接等模块，使其在内容上、体例上更贴近教学改革，有所创新。

　　本套教材在策划、主编遴选、编写、审定过程中，得到了很多专家的精心指导，得到了相关院校的大力支持，在此一并致谢！

　　改革创新的过程也是探索提升的过程，目标的提出至目标的实现甚至是一个漫长、曲折的过程。在此殷切希望各医药卫生类院校师生和广大读者在使用中进行检验，并提出宝贵意见，使本套教材更臻完善，成为应用性更强、教学效果更好、更符合现代教育改革的教材。

全国医药高职高专护理类"十二五"创新教材
建设委员会

前言 Preface

当前，随着医学的发展，人们健康意识的提高，护理人才的紧缺成为全球性的问题。为适应 21 世纪护理学教育改革和发展的需要，由中国医药科技出版社成立的全国医药高职高专护理类"十二五"创新教材建设委员会组织编写了这本《眼耳鼻咽喉口腔科护理学》。

本教材针对高职高专类人才编写，突出了实用性和针对性，同时也突出了创新性。基于高职高专培养基层实用性人才的目标，强调了基础理论、基本知识和基本技能，注重人文关怀，体现了适用性和科学性。各疾病内容按照护理程序的框架结构进行编写，分为五个模块进行介绍："疾病概述"、"护理评估"、"护理问题"、"护理措施"和"健康指导"。突出护理部分，简化对疾病病因、发病机制和病变形态上的描述。语言简洁、条理清晰。为便于学生理解，各章节都附有大量临床典型病例图片。每章起始部分设有"要点导航"，为学生学习本章内容指明方向；每个疾病均设置"案例"，增加学生对疾病的感性认识，并能带着问题去学习；穿插"考点提示"，帮助学生梳理和强化重点内容的掌握；辅以"知识链接"，扩展学生的知识面及对内容的进一步理解；每一节后面都附有相应的"练习题"，以临床常用基础理论和基本知识为主，并多以病案的方式设置，灵活地将理论与临床实践相联系，以培养学生的临床思维能力和解决临床问题的能力。力求培养具有一定基础知识和基本理论、有较为扎实的技术操作能力的临床实用性护理人才。

全书包括眼科护理学、耳鼻咽喉科护理学和口腔科护理学三部分，共 9 单元。其中第一、二、三单元为眼科护理学，第四、五、六单元为耳鼻咽喉科护理学，第七、八、九单元为口腔科护理学。各科的第一部分介绍相关的应用解剖学和生理学；第二部分为护理概述，介绍各专科疾病的护理评估、常用检查、常见的护理问题、常用的护理操作技术、护理管理、手术护理常规及卫生保健；第三部分为疾病护理，选择临床常见病、多发病及常见的急重症进行介绍，以护理相关内容为介绍的重点。

本教材的编写者既有长期从事临床工作的实践经验，又有多年从事医学教育的经历。在教材的编写过程中，大家对教材的内容、格式及结构等进行了反复的推敲，力图完美。虚心接受了不少专家学者的经验和建议，也得到相关领导和同行的大力支持。在此，向他们表示诚挚的感谢。

由于编写时间较为仓促，又由于学时、篇幅及作者水平所限，书中一定存在缺点和不足之处，还望广大师生和读者能多提宝贵意见和建议，以便再版时进一步修正。

编者
2012 年 10 月

目录 Contents

第一单元

眼的应用解剖与生理 ◀●●

> 1. 掌握眼球的解剖与生理特征，眼球内容物的组成和生理功能。
> 2. 熟悉眼附属器的解剖生理特征。
> 3. 熟悉视路损害与视野的关系。
> 4. 能在人体或模型上辨认眼的组织结构。
> 5. 能应用眼的解剖生理特点指导眼科的治疗及护理操作。
> 6. 培养学生刻苦钻研的学习精神和严谨缜密的科学态度。

眼为视觉器官（visual organ），包括眼球、视路和眼附属器三部分。眼球接受光线刺激并转换为视觉冲动，经由视路传导至视中枢形成视觉；眼附属器具有对眼球保护和运动等作用。

第一节　眼球的应用解剖与生理

眼球（eye ball）近似球形。位于眼眶内，向前突出于外眶缘 12～14mm，前有眼睑保护，后部受眶骨壁保护，周围有眶脂肪垫衬。正常成人眼球前后径约 24mm，如眼球前后径过短可有发生闭角型青光眼的危险，过长则可出现近视。

眼球由眼球壁和眼内容物两部分组成（图 1-1）（彩图 1）。

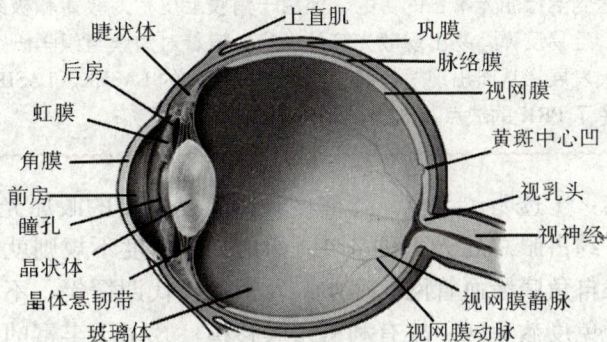

睫状体　上直肌　巩膜
后房　脉络膜
虹膜　视网膜
角膜　黄斑中心凹
前房　视乳头
瞳孔　视神经
晶状体
晶体悬韧带　视网膜静脉
玻璃体　视网膜动脉

图 1-1　眼球剖面图　彩图 1

一、眼球壁

眼球壁分外、中、内3层。

（一）外层

为纤维膜，由坚韧致密的纤维组织构成。其前1/6为透明的角膜，后5/6为瓷白色、不透明的巩膜，两者之间的移行部分为角巩膜缘。外层的生理功能为保护眼内组织、维持眼球形状，角膜还有屈光的作用。

1. 角膜（cornea） 位于眼球正前方，略呈横椭圆形向前凸起，角膜横径约为11.5~12mm，垂直径约为10.5~11mm。角膜周边厚约1mm，中央约0.5~0.57mm。角膜前表面中央1/3区域为光学区。

角膜在组织学上从外向内分五层（图1-2）：①上皮细胞层：由5~6层鳞状上皮细胞组成，不角化。其再生能力强，损伤后不留瘢痕。对细菌抵抗力也强。②前弹力层：既往认为是一无结构均匀膜，但电镜下显示为是一层无细胞、由胶原纤维和黏蛋白随机组成的连续性致密的透明膜。损伤后不能再生，常留薄翳。③基质层：占角膜90%的厚度，由约200层与角膜表面平行的纤维束薄板组成，损伤后不可再生而由瘢痕替代。临床上根据损伤程度不同角膜可出现云翳、斑翳、白斑等体征。④后弹力层：为一层富有弹性的均质透明膜，较坚韧，抵抗力强，且损伤后可再生。⑤内皮细胞层：为单层扁平细胞，具有角膜-房水屏障功能，受损后常引起基质层水肿，且不能再生，只能由邻近内皮细胞扩展和移行来覆盖。

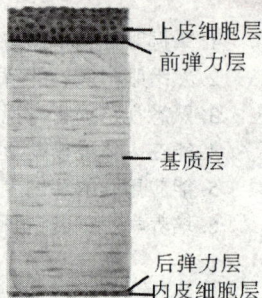

图1-2 角膜组织学结构

（图中标注：上皮细胞层、前弹力层、基质层、后弹力层、内皮细胞层）

知识链接

在近视等屈光不正的治疗中，激光角膜屈光手术已经得到广泛的普及，而激光角膜屈光手术方式的发生、发展与角膜组织学有着密切关系。最早的激光角膜屈光手术PRK就是通过激光切削角膜上皮而改变表面曲率达到治疗屈光不正的目的，但由于角膜上皮相对较薄和极易再生，所以能治疗屈光不正的程度有限，且易反弹，易出现散光等并发症。随着对角膜组织学研究的深入，激光角膜屈光手术方式得到极大发展，从而出现对角膜基质层进行手术的LASEK、LASIK、Epi-LASIK等手术方式，它们有效避免了PRK的缺点，改善了PRK的局限性。

角膜的生理特点：①透明、无色，弯曲度规则，是主要的眼屈光介质，相当于43D的凸透镜，在静态下约占眼总屈光力的3/4。如角膜弯曲度不规则就会导致散光。②无血管，其营养主要来自角膜缘血管网、房水、及泪液，代谢缓慢，不利损伤及疾病的愈合。角膜无血管属于免疫赦免区，故有利于角膜移植。③由于丰富的三叉神经眼支末梢分布于角膜各层，感觉敏锐，对角膜有保护作用，但炎症时角膜刺激症状明显。④角膜与结膜上皮、虹膜表面内皮等在组织上相延续，在疾病上常相互影响。

2. 巩膜（sclera） 呈瓷白色，不透明，由致密的胶原纤维相互交错组成，质地坚韧，具有保护眼内组织和维持眼球形状的功能。巩膜厚度各处不一，赤道部和眼外肌附着处最薄约0.3mm，视神经周围最厚约1.0mm。与视神经交接处分为内、外两层，外2/3移行于视神经鞘膜，内1/3呈薄弱的网眼状，视神经纤维穿行其中出眼球，被称为巩膜筛板。青光眼患者长期高眼压可使此处形成杯状凹陷，称青光眼杯。

3. 角巩膜缘（limbus） 呈半透明状，为角膜与巩膜的移行区，宽约1.5~2.5mm。角巩膜缘内侧由角膜、巩膜、睫状体和虹膜根部构成的隐窝称为前房角，此角内有环形的Schlemm管、小梁网等结构（图1-3）（彩图2）是房水循环的重要通道。角巩膜缘也是内眼手术的常用切口部位，在组织学上还是角膜干细胞所在处。该处结构较薄弱，易在眼球受挫伤时发生破裂。角巩膜缘有深浅两层血管网，其深层血管网扩张充血称为睫状充血。

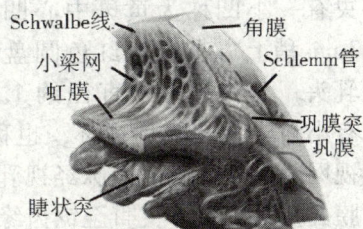

图1-3 前房角结构图 彩图2

（二）中层

为葡萄膜（uvea），富含色素及血管，又称色素膜、血管膜。自前向后分为虹膜、睫状体和脉络膜。

1. 虹膜（iris） 位于角膜与晶状体之间，将晶状体之前的腔隙分隔成前房和后房，呈圆盘状，表面有放射状皱褶、纹理。虹膜位于晶状体前，当晶状体脱位或摘除后，虹膜失去支持，在眼球运动时可出现虹膜震颤。虹膜中央的圆孔，称瞳孔（pupil）。瞳孔正常直径为2.5~4mm，其大小由副交感神经支配的瞳孔括约肌及交感神经支配的瞳孔开大肌调节。

虹膜周边与睫状体相连接的虹膜根部较为薄弱，眼球挫伤时易引起虹膜根部从睫状体上离断。虹膜富含来自三叉神经眼支的感觉神经纤维，炎症时常疼痛剧烈。

2. 睫状体（ciliary body） 位于脉络膜前，虹膜根部后，矢状面略呈三角形，宽约6~7mm。睫状体前1/3肥厚称睫状冠，宽约2mm，其内表面有70~80个纵行放射状突起称睫状突。睫状突内侧出晶状体悬韧带与晶状体联系，睫状突的上皮细胞可分泌房水。后2/3薄而平坦称为睫状体平坦部，又称为睫状环，此处血管较少、无重要组织且在玻璃体基底部前，故常为玻璃体手术切口部位。扁平部与脉络膜连结处呈锯齿状，称锯齿缘，是睫状体的后界。睫状体内有睫状肌，为平滑肌，自外向内由纵行、放射状和环形三种肌纤维组成，受副交感神经支配。睫状肌收缩可松弛晶体悬韧带，使晶状体厚度增加，弯曲度增大，从而使眼的屈光力增强，以便看清近物，睫状体的此功能称为眼的调节。睫状体也有丰富的三叉神经感觉末梢及血管分布，炎症时常产生明显疼痛及充血。

3. 脉络膜（choroid） 前起自锯齿缘，后止于视乳头周围，介于巩膜与视网膜之间。富含黑色素细胞，有充分遮光作用。脉络膜血管丰富，血容量大，约占眼球血液总量的65%，营养视网膜外层及黄斑区。脉络膜无感觉神经分布，故炎症时可不出现疼痛。

（三）内层

为视网膜（retina）（图1-4）（彩图3），是一透明的薄膜，起自视乳头边缘，向前止于锯齿缘，外侧借玻璃膜（Bruch's membrane）与脉络膜相贴，内侧靠玻璃体支持。视网膜后极部有一无血管颜色偏暗的区域称黄斑，其直径约 1.5mm，中央有一小凹称为黄斑中心凹。黄斑鼻侧 3mm 稍上方有一淡红色圆盘状结构为视乳头，又称视盘，直径约 1.5mm，中央有小漏斗状凹陷称视杯，也称生理凹陷。

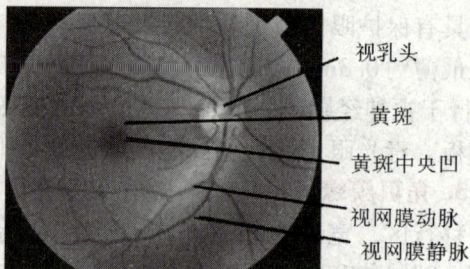

图 1-4　视网膜检眼图（即眼底图）　彩图 3

视网膜中央动脉及静脉经视乳头进入视网膜并在其内层分支直至锯齿缘。视网膜血管为唯一能直接观察到的活体血管，临床上通常以此来评价全身血管功能。

视网膜由外层的色素上皮层和内层的神经感觉层构成，两者之间有一潜在间隙，病理情况下出现分离即为视网膜脱离。视网膜神经感觉层由三级神经元构成。第一级神经元为光感受器细胞，分视锥细胞和视杆细胞。视锥细胞司明视觉（感强光）、形觉及色觉，主要集中在黄斑区，以黄斑中心凹密度最高，故该处是视觉最敏锐的部位。视杆细胞司暗视觉（感弱光），分布在黄斑以外的视网膜，当视杆细胞病变时则出现夜盲。视乳头无光感受器细胞，光线落到视乳头上不能引起视觉，在视野上形成生理盲点。第二级神经元为双极细胞，第三级神经元为神经节细胞，它们起传导作用。神经节细胞发出的神经纤维在视乳头汇集并穿出眼球，形成视神经。

> **考点提示**
>
> 1. 具有再生能力的角膜组织为上皮细胞层及后弹力层。
> 2. 角膜透明、无色、无血管，是眼最主要的屈光介质，含丰富的三叉神经眼支末梢，感觉敏锐。
> 3. 内眼手术切口常用部位为角巩膜缘；角巩膜缘深层血管网扩张、充血称为睫状充血。
> 4. 睫状体具有分泌房水和调节晶状体厚度以改变眼屈光力的功能。
> 5. 黄斑中心凹是视觉最敏锐的部位；视乳头无视细胞，在视野上形成生理盲点。

二、眼球内容物

眼球内容物包括房水、晶状体及玻璃体，具有屈光作用，与角膜一起构成眼的屈光系统。

（一）房水（aqueous humor）

为充满前房及后房的透明液体，其总量约 0.25ml ~ 0.3ml，约占眼内容积 4%，且处于动态循环中。房水由睫状突上皮细胞产生进入后房，经瞳孔到达前房，再从

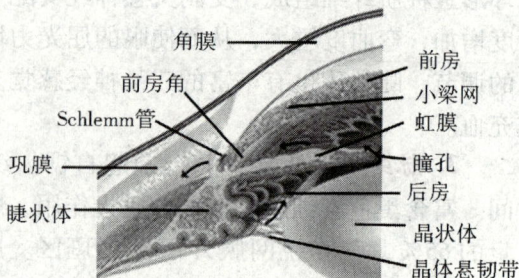

图 1-5　房水循环途径

前房角经小梁网流入 Schlemm 管，通过集液管和房水静脉，最终经睫状前静脉回到血循环（图1-5）。另有少量房水是经葡萄膜巩膜途径10%~20%和通过虹膜表面隐窝吸收（约5%）排出。房水含有维生素 C. 葡萄糖、谷胱甘肽及电解质等营养物质，具有营养角膜、晶状体、玻璃体等眼内组织功能，还有维持和调节眼压及带走代谢产物作用。

（二）晶状体（lens）

是一双凸透镜状、富有弹性的透明体，借晶体悬韧带与睫状体联系而固定于虹膜之后、玻璃体之前。晶状体直径9~10mm，厚4~5mm，后表面凸度大于前表面，前后面交界处为晶状体赤道部，两面的顶点分别称为前极和后极。晶状体由晶体囊膜、晶体皮质和晶体核构成。晶状体无血管，其营养主要来自房水。随年龄增长，晶状体弹性下降，调节力降低而出现老视。晶状体发生混浊时称为白内障。晶状体是重要的眼屈光介质之一，相当于19D的凸透镜，可与睫状肌共同作用来完成眼的调节，以便看清近距离物体。

（三）玻璃体（vitreous body）

为透明的胶质体，充满眼球后4/5的空腔，约4.5ml，其营养来自脉络膜和房水。当玻璃体发生液化、混浊时，可出现眼前黑影飘动，临床上称飞蚊症。玻璃体具有屈光作用，并有维持眼内压和支撑视网膜的功能。

> **考点提示**
>
> 1. 眼的屈光介质包括角膜、房水、晶状体及玻璃体，角膜屈光力为+43D，晶状体为+19D。
>
> 2. 房水循环途径：睫状突产生→后房→瞳孔→前房→小梁网→Schlemm管→集液管→房水静脉→睫状前静脉；房水具有屈光、营养和维持眼压的功能。
>
> 3. 参与眼调节作用的结构是睫状体和晶状体。

第二节 视 路

视路（visual pathway）是指视觉冲动从视网膜到大脑枕叶视中枢的传导通路。临床上视路包括视神经、视交叉、视束、外侧膝状体、视放射及枕叶视中枢。

视网膜神经节细胞发出的神经纤维向眼球后部汇集并穿出眼球而成视神经，向后内到达眶尖，穿过视神经孔入颅。行至蝶鞍处视交叉时，来自双眼视网膜鼻侧的神经纤维交叉至对侧，并与对侧来自视网膜颞侧未交叉的神经纤维合成视束。再绕行大脑脚至外侧膝状体交换

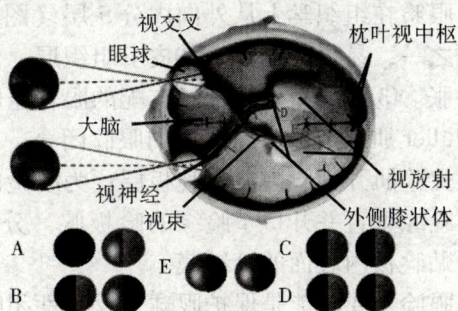

图1-6 视路及其受损后视野缺损示意图 彩图4

神经元，新神经元纤维经过内囊形成视放射，终止于枕叶皮质纹状区的视中枢（图1-6）（彩图4）。视神经外有三层由相应的脑膜延续而来的鞘膜包裹，而鞘膜间隙与大脑同名间隙连通，且充有脑脊液，因此颅内压升高时常引起视乳头水肿。

视路中各部位的神经纤维排列不同，非常规律，不同部位受损或病变时，可出现相应的特定视野改变。如视神经损害为单眼失明；视交叉损害为双颞侧偏盲；视束以上损害均表现为双眼同侧性偏盲。视束因交叉与不交叉神经纤维的汇集仅发生在开始阶段，两眼视网膜对应点纤维的汇集并不精确，因此视束病变产生的两眼视野缺损为不完全对称的同侧性偏盲。视放射则出现同侧性偏盲伴黄斑回避现象（图1-6）。临床常据此特征可对中枢神经系统病变作出定位诊断。

第三节　眼附属器的应用解剖与生理

眼附属器包括眼睑、结膜、泪器、眼外肌和眼眶。具有保护和运动眼球的功能。

一、眼睑

眼睑（eye lids）遮盖于眼球前表面，分上、下睑。其游离缘为睑缘，长有睫毛，并有汗腺、皮脂腺和睑板腺开口于此。两睑缘于鼻侧各有一乳头状突起，其上有一小孔称泪小点。上、下睑缘间的裂隙称睑裂，其内、外连接处分别称内眦和外眦，内眦处有一小的变态皮肤组织呈肉状隆起称泪阜。平视时睑裂正常高度约8mm，上睑遮盖角膜上部1～2mm（图1-7）（彩图5）。

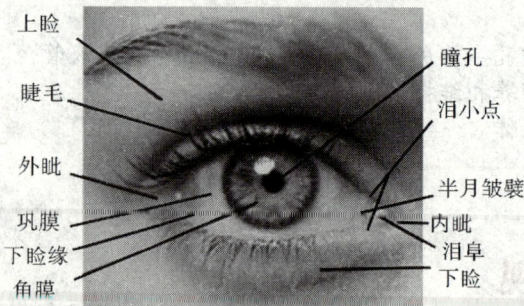

图1-7　眼睑外观　彩图5

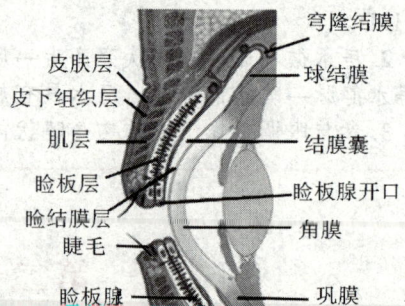

图1-8　眼睑截面及结膜分布图　彩图6

眼睑在组织学上从外向内分5层（图1-8）（彩图6）。①皮肤层：为人体最薄柔的皮肤之一，易形成皱褶。②皮下组织层：含疏松结缔组织及少量脂肪，易出现水肿和淤血肿胀。③肌层：由面神经支配的眼轮匝肌、动眼神经支配的提上睑肌、交感神经支配的Müller肌组成。眼轮匝肌司眼睑闭合，提上睑肌可提起上睑以开大睑裂，Müller肌辅助提上睑肌开大睑裂。④睑板层：为眼睑的支架，呈半月状，由致密结缔组织构成。内有与睑缘垂直并开口于睑缘的睑板腺，分泌类脂质，参与泪液膜的构成。⑤睑结膜层：为紧贴睑板内表面的睑结膜。

眼睑主要功能是保护眼球，反射性闭睑可防眼球损伤及异物进入；通过瞬目运动使泪液各成分均匀分布于眼球表面形成泪液膜，还可清除结膜囊内微尘和细菌。

二、结膜

结膜（conjunctiva）是一层薄的半透明黏膜，光滑而富有弹性。根据所覆盖部位分为紧贴睑板内面的睑结膜、覆盖巩膜前表面的球结膜和覆盖两者之间连接部的穹隆结膜，三者形成的囊状间隙称结膜囊，结膜囊通过睑裂与外界相通（图1-8）。

1. 睑结膜 与睑板粘附紧密不能被推动。上睑结膜距睑缘后唇约2mm处，有一与睑缘平行的浅沟称睑板下沟，此处易存留细小异物。

2. 球结膜 与巩膜疏松相连，易推动，且常为药物注射部位。在泪阜颞侧有一半月形的球结膜皱折称半月皱襞。

3. 穹隆结膜 此处结膜疏松而多皱褶，有利于眼球活动。

结膜含有杯状细胞和副泪腺，分别分泌黏液和少量浆液，参与泪液膜的组成。还有丰富淋巴细胞，炎症时可形成滤泡。

三、泪器

泪器（lacrimal apparatus）由泪腺和泪道两部分构成（图1-9）。

1. 泪腺（lacrimal gland） 位于眼眶外上方的泪腺窝内，分泌泪液，并通过10～20根排泄管将泪液排入结膜囊内。正常清醒状态下泪液每分钟分泌0.9～2.2μl，若超过100μl，即便泪道正常也会出现泪溢。

课堂互动

从解部生理学上解释为什么人在哭泣的时候会表现为鼻涕一把、泪一把？

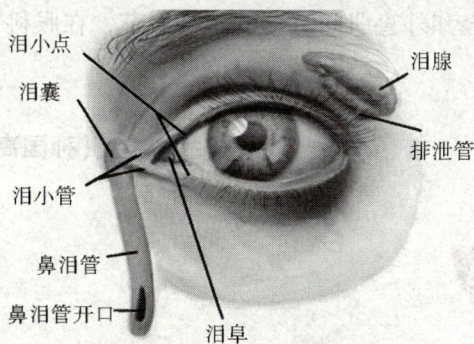

2. 泪道（lacrimal passages） 为泪液排出的通道，由泪小点、泪小管、泪囊、鼻泪管组成。泪液排入结膜囊后，借助瞬目运动分布眼表，大部分直接蒸发，另一部分经泪小点虹吸作用吸入泪道，最终排入下鼻道。①泪小点为泪道起点，是上、下睑缘鼻侧乳头状突起的小孔，并贴附于眼球表面。②泪小管起自泪小点，后接泪囊。先垂直于睑缘，长约1～2mm，再转向水平连接于泪囊，长约8mm。少数人可合成泪总管后再连接泪囊。③泪囊位于内眦韧带后的泪囊窝内，下端与鼻泪管连续。④鼻泪管上接泪囊，向下开口于下鼻道。其下端的开口处有一起阀门作用的半月形瓣膜称Hasner瓣。当鼻泪管下端发育不全、Hasner瓣没有开通或受下鼻甲压迫时，泪道阻塞，泪囊则易积液或感染，出现溢泪、溢脓。

图1-9 泪器结构图

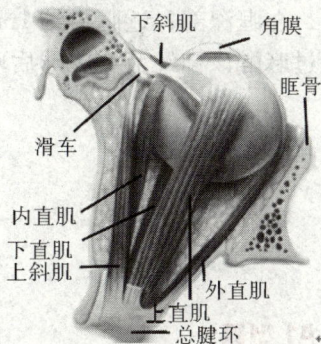

图1-10 眼外肌眶上面观

泪液除具有润滑及营养眼表组织外，还有杀菌防感染作用。反射性大量分泌时能冲洗和稀释外来有害物质。

四、眼外肌

眼外肌（extraocular muscles）由上、下、内、外直肌和上、下斜肌组成（图1-10）。眼外肌的神经支配及运动功能见表1-1。

表1-1　眼外肌的神经支配及运动功能

眼外肌	内直肌	外直肌	上直肌	下直肌	上斜肌	下斜肌
神经支配	动眼神经	外展神经	动眼神经	动眼神经	滑车神经	动眼神经
主要作用	内转	外转	上转	下转	内旋	外旋
次要作用	无	无	内转、内旋	内转、外旋	下转、外转	上转、外转

各眼外肌相互协调，共同维持正常眼位和支持眼球运动。若眼外肌或支配神经受损，功能不能协调，则引起斜视甚至复视。

五、眼眶

眼眶（orbit）为底朝前横置的四边锥形骨窝，由额骨、蝶骨、筛骨、腭骨、泪骨、上颌骨和颧骨构成。眼眶容纳眼球及其附属结构，球周充填筋膜及脂肪，具有缓冲外力、保护眼球的作用。眼眶有四壁，除外侧壁较厚外，其余三壁均较薄，且在解剖上与四个鼻窦相邻，致鼻窦、眼眶病变时易出现相互影响。

眼眶有二裂三孔：①视神经孔：位于眶尖，向后内上方与颅中窝相通，有视神经、眼动脉和交感神经纤维通过。②眶上裂：为眶上壁与眶外壁交界裂隙，位于视神经孔外下方，亦与颅中窝相通，有动眼神经、滑车神经、外展神经、三叉神经眼支、眼上静脉和部分交感神经纤维通过。此处受损可出现眶上裂综合征。③眶下裂：为眶下壁与眶外壁交界处裂隙，有三叉神经上颌支、眶下神经和眼下静脉分支通过。④眶上孔（眶上切迹）与眶下孔：眶上切迹为眶上缘内1/3处的凹陷，有眶上神经、三叉神经眼支及眶上动脉通过。眶下孔位于眶下缘内1/3、眶缘下约4mm处，有三叉神经上颌支分支和眶下神经通过。

以上各裂孔与颅腔相通，故眼眶、颅腔的一些疾病可互为影响，甚至引起严重的后果。另外，在眶深部，近眶尖约1mm处的视神经和外直肌间有一睫状神经节，在眼科手术中常通过麻醉该神经节实施球后麻醉。

（孙国高）

练习题

一、A1型题

1. 正常成人眼球的前后径约为

　　A. 16mm　　　　　　　　　　　B. 21mm

C. 22mm
D. 23mm
E. 24mm

2. 角膜组织具有再生功能的是
   A. 上皮细胞层
   B. 前弹力层
   C. 基质层
   D. 内皮细胞层
   E. 实质层

3. 巩膜最厚处位于
   A. 眼外肌附着处
   B. 赤道部
   C. 视神经周围
   D. 角巩膜缘
   E. 巩膜筛板处

4. 内眼手术常用切口部位
   A. 角膜
   B. 角巩膜缘
   C. 巩膜
   D. 赤道部
   E. 以上均是

5. 关于前房角描述错误的是
   A. 是房水循环的重要通道
   B. 位于前房周边部
   C. 位于角巩膜缘内侧
   D. 房水经此进入前房
   E. Schlemm 管和小梁网位于该处

6. 视野中生理盲点的对应眼底结构是
   A. 黄斑
   B. 黄斑中心凹
   C. 视乳头
   D. 锯齿缘
   E. 以上都不是

7. 下列均属于眼屈光介质的是
   A. 角膜　虹膜
   B. 角膜　晶状体
   C. 巩膜　玻璃体
   D. 房水　视网膜
   E. 晶状体　瞳孔

8. 眼最主要的屈光介质是
   A. 瞳孔
   B. 房水
   C. 晶状体
   D. 角膜
   E. 玻璃体

9. 下列对房水描述不正确的是
   A. 睫状体平坦部产生
   B. 有屈光作用
   C. 营养眼内组织
   D. 维持眼内压
   E. 处于动态循环中

10. 参与调节眼屈光力的主要结构是
    A. 瞳孔　晶状体
    B. 瞳孔　睫状体
    C. 悬韧带　晶状体
    D. 悬韧带　睫状体
    E. 晶状体　睫状体

11. 病变时可导致双眼颞侧偏盲的部位是
    A. 视乳头
    B. 外侧膝状体
    C. 视束
    D. 视交叉
    E. 视放射

12. 关于睑裂描述不正确的是
    A. 正常平视时高为 6mm
    B. 为上、下睑间的裂隙

  C. 正常平视时高为 8mm   D. 正常平视时上睑遮盖角膜 1～2mm

  E. 正常平视时是提上睑肌的作用

13. 结膜注射药物常用部位是

  A. 睑结膜   B. 穹窿部结膜

  C. 球结膜   D. 半月皱襞

  E. 泪阜

14. 鼻泪管在鼻腔的开口部位是

  A. 鼻前庭   B. 鼻咽部

  C. 上鼻道   D. 中鼻道

  E. 下鼻道

15. 不受动眼神经支配的眼外肌是

  A. 下斜肌   B. 上斜肌

  C. 下直肌   D. 上直肌

  E. 内直肌

第二单元

眼科患者的护理概述

要点导航

1. 掌握眼科常用检查的操作方法、结果分析和记录方法。
2. 掌握眼科常用护理操作技术的适应证、操作方法和注意事项。
3. 熟悉眼科患者的护理评估，以症状、体征护理评估为重点。
4. 熟悉眼科常见护理问题和眼科手术的护理常规。
5. 了解眼科门诊、病房、暗室护理管理和防盲治盲的原则。
6. 能按照护理程序的要求收集眼科患者的病史资料。
7. 能正确进行眼科常用检查和护理技术的操作
8. 能对眼科疾病患者进行卫生保健的宣传教育。

第一节 眼科患者的护理评估

眼科患者的护理评估是有计划地、系统搜集资料的过程，是整个护理程序的基础。现代护理观告诉我们，护理的着眼点不仅仅在"病"，而应当强调"人"，从人的身心、社会、文化的需要出发去考虑患者的健康和护理问题。

一、护理病史

（一）主诉
患者就诊急需解决的最主要痛苦，包括症状、体征及持续时间，应注明眼别。

（二）现病史
1. 患病经过 了解患病的诱因、起始情况和发病时间、主要症状和特点，包括发病部位、性质、程度、症状出现和缓解的规律等。
2. 检查及治疗经过 以往检查的结果、用药情况和疗效，目前治疗情况，包括正在使用药物的种类、剂量和用法。还要注意全身性疾病长期用药可能导致的眼部病变。

（三）既往史
既往有无类似病史，既往眼病史及其与全身疾病的关系。

（四）生活史
包括患者职业、生活地、年龄等情况及学习或工作、情绪、活动、睡眠、进食和排便等。

（五）家族史

与遗传有关的眼病在临床上也较为常见，如色盲、视网膜色素变性、原发性青光眼等有较高的家族发生率。

（六）药物史

某些药物全身或局部长期使用可导致药物性眼病，如长期使用皮质类固醇眼液可引起青光眼，或诱发眼部真菌感染。

二、常见眼部症状

眼病患者的自觉症状通常包括视功能障碍、感觉异常和外观异常3个方面。

（一）视功能障碍

包括视力下降、视野缺损、视物变形、眼前固定或飘动黑影、色觉障碍、夜盲、复视等。

1. 视力下降 为眼科患者常见症状，重者可完全丧失视力。评估时应了解其发展速度、程度及伴随症状。①一过性视力丧失指视力在24小时（通常1小时）内恢复正常，可见于视盘水肿、体位性低血压、视网膜中央动脉痉挛等。②视力突然下降不伴有眼痛，常见于视网膜动脉或静脉阻塞、缺血性视神经病变、视网膜脱落等。③视力急剧下降伴有眼痛，常见于急性闭角型青光眼、葡萄膜炎、角膜炎等。④视力逐渐下降不伴有眼痛，常见于白内障、屈光不正，开角型青光眼等。⑤视力下降而眼球结构正常，常见于球后视神经炎，弱视等。

2. 视野缺损 即患眼所能感受的外部空间范围出现缺损，常见于眼底病、青光眼、视路系统疾病。

3. 眼前黑影 固定性黑影多见于角膜瘢痕、晶状体混浊等；飘动性黑影多见于玻璃体病变、视网膜脱落等。

4. 夜盲 可由眼部或全身性疾病引起。眼部疾病多见于视网膜、脉络膜病变和青光眼等视神经病变。全身性疾病有长期慢性营养不良、消化道疾病所致的维生素A缺乏等。

5. 色觉障碍 分先天性和后天性，包括色盲和色弱。先天性者属于染色体隐性遗传，以红绿色盲最为常见，男性居多；后天者，常见于视网膜、视神经疾病。

（二）感觉异常

常见的有眼痛、眼痒、眼干涩、烧灼感、异物感、畏光等。

1. 眼痛 了解疼痛的性质、部位、伴随情况。多见于角膜炎、病毒性结膜炎、急性虹膜睫状体炎、青光眼、眼外伤等。

2. 眼干、痒、烧灼感和异物感 眼干多见于视疲劳、内分泌失调、干眼症等；以痒为突出症状者，多见于免疫性结膜炎；眼部异物感多见于结膜炎症、眼睑异物。

（三）外观异常

外观异常如眼部发红、充血、肿胀、流泪、有分泌物等。

1. 眼部发红、充血 是眼科患者最常见的表现之一，是眼病的重要临床体征。眼睑皮肤发红、充血可见于各种炎症和过敏性反应。

2. 眼睑肿胀和结膜水肿 眼睑皮下组织疏松，血管丰富，易于发生水肿、血肿和气肿。①眼睑的炎性水肿多伴有不同程度的眼睑充血；非炎性水肿多无充血，常见于肾炎、心力衰竭等全身性疾病。②球结膜水肿，可见于结膜、角膜炎症和眼眶炎症。

3. 流泪和泪溢 泪液分泌过多或不能完全由正常的泪道排出而从睑裂部流出，称为流泪，多见于眼睑内外翻、倒睫、眼前部组织炎症等引起；如泪液分泌正常，因泪道障碍而溢出，称为泪溢，常见于泪点狭窄或闭塞、泪囊炎等。

4. 眼部分泌物 应了解其性状和量的多少。分泌物性状可提示病变的类型：①水样或浆液性分泌物多见于病毒感染；②黏稠线状或丝状的黏液－蛋白性分泌物多见于过敏反应；③成片的无定形的黏液、脓性分泌物多为细菌感染。

三、常见眼部体征

眼各部体征检查应在良好的照明下，一般是先右后左，先健眼后患眼，从外向内和由前向后的顺序进行检查，以免遗漏或记录时混淆。

1. 眼睑 观察眼睑是否开闭自如，皮肤有无充血、水肿、压痛；有无睑内翻、外翻；睫毛根部有无充血、鳞屑、脓痂等，有无倒睫；有无内眦充血、糜烂等。

2. 结膜 用拇指和示指轻轻分开上下眼睑，嘱被检者向各方向注视，观察球结膜有无充血，再将眼睑向上下翻转，检查睑结膜和穹隆部结膜，观察有无充血、水肿、乳头、滤泡、瘢痕、结石、异物等。

翻转眼睑的方法：

（1）下眼睑翻转法（图2－1）：检查者洗净手后，嘱被检者向上注视，检查者用拇指将下睑轻轻下拉，即可暴露下睑和下穹隆部结膜。

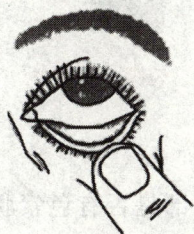

图2－1　翻转下睑法　　　　　　　图2－2　翻转上睑法

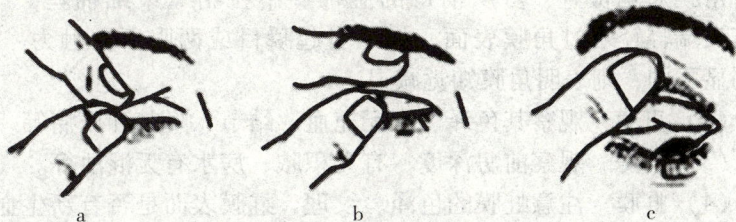

（2）上睑翻转法（图2－2）：嘱被检者向下注视，检查者大拇指放在被检眼上睑中央部近睑缘处，示指放在上睑中央相当眉弓下凹陷处（图2－2a），两指同时夹住相应部位皮肤向前下方轻拉，然后用示指轻压睑板上缘，拇指同时将眼皮向上捻转，上睑即可翻转（图2－2b）。此时，用拇指将上睑缘部皮肤固定于眶缘处（图2－2c），并嘱被检者尽量向下看，用右手示指放在下睑缘中央下方，将眼球向后上方轻压，使能暴露上穹隆部结膜。

注意区分结膜充血、睫状充血和混合性充血（表2－1）。

表2－1　结膜充血与睫状充血的鉴别

	结膜充血	睫状充血
部位	近穹隆部结膜为主	角巩膜缘周围为主
深浅	浅	深

	结膜充血	睫状充血
颜色	鲜红色	紫红色
血管形态	呈网状、树枝状	呈放射状或轮廓不清
移动性	推动球结膜随之移动	无移动性
常见病	结膜炎	角膜病、虹膜病、青光眼等

混合性充血：上述两种类型的充血同时存在，其临床意义同睫状充血，但病情更为严重。

3. 泪器 注意泪腺有无肿大、压痛，正常泪腺体表不能触及，一旦触及均为异常，可见于泪腺的炎症和肿瘤。注意泪点有无外翻、狭窄或闭塞等。观察泪囊区有无红肿、压痛或瘘管，压迫局部注意有无分泌物自泪点溢出。

4. 眼球前段检查 常用裂隙灯显微镜检查（图2-3）。

（1）角膜 注意检查角膜大小、表面弯曲度、知觉，有无混浊、新生血管、异物，角膜后有无沉着物等。

角膜完整性检查：常用荧光素钠染色检查法。用消毒玻璃棒蘸无菌的1%~2%荧光素钠液置于下穹隆部结膜上，1~2分钟后观察结果。正常角膜不着色，如角膜上皮有缺损，则病变区呈黄绿色。

角膜知觉检查：可从消毒的湿棉签中拉出一束细棉丝，用其尖端轻轻划过角膜表面，如不引起瞬目或两眼所需触力有明显不同，则表明角膜知觉减退。

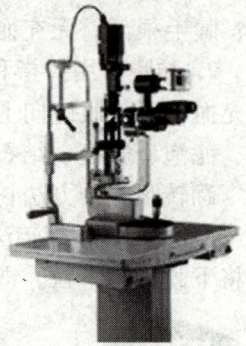

图2-3 裂隙灯显微镜

（2）巩膜 观察其色泽、有无充血、结节、隆起和压痛等。

（3）前房 观察前房深度、有无积脓、房水有无混浊等。

（4）虹膜 注意虹膜的色泽、纹理，虹膜表面是否有新生血管；局部是否有色素脱落、萎缩、结节的表现。

（5）瞳孔 观察两侧瞳孔是否等大、形圆，边缘是否整齐、位置是否居中、对光反射和视近反射是否灵敏。瞳孔扩大见于外伤、青光眼、药物性散瞳等；瞳孔缩小常见于虹膜睫状体炎和药物性缩瞳等。

（6）晶状体 观察晶状体有无混浊和脱位。

5. 眼后段检查 是指通过直接检眼镜（图2-4）、间接检眼镜等对眼后段即玻璃体，脉络膜、视网膜和视神经乳头进行的检查。眼底检查不仅对眼科疾病的诊断及治疗有重要意义，而且为某些全身性疾病的诊断和治疗提供重要线索和依据。在检查中应注意观察玻璃体有无混浊、积血；视盘大小、性状、颜色；黄斑部及中心凹光反射情况；视网膜有无出血渗出等。

正常眼底（图2-5）（彩图7）呈橘红色，在视网膜中央偏鼻侧，可见一淡红色略呈椭圆形的视乳头（或称视盘），边界清楚，其表面中央有一小漏斗状的凹陷，色泽稍淡，为生理凹陷。视网膜中央动静脉由此分出各支并相伴而行。动脉较细呈鲜红色，静脉较粗呈暗红色。视乳头颞侧约2PD（视乳头直径）处有一颜色稍暗的无血管区，称为黄斑，其中心有一明亮的反光点，称为中心凹反射。

图 2-4　直接检眼镜

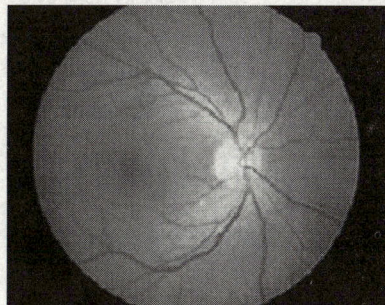

图 2-5　正常眼底图　彩图 7

6. 眼球的检查　观察双侧眼球大小、位置是否对称，角膜是否位于中央，高低是否一致。观察眼球运动时，双眼是否对称和同步，有无眼球震颤、斜视，有无眼球突出或内陷，用眼球突出计（图 2-6）测量，正常眼球突出度 12 ~ 14mm，左右眼相差不超过 2mm。

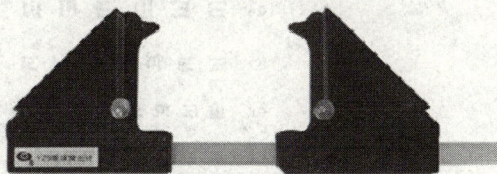

图 2-6　眼球突出计

7. 眼眶的检查　观察两侧眼眶有无外伤、畸形，是否对称，检查有无眼眶压痛及肿块。

四、心理、社会状况

眼是人体最重要的感觉器官之一。眼部疾病对患者学习、生活和工作影响极大，因此容易出现焦虑、悲观等心理失衡。其主要心理、社会状况包括以下 3 点：

1. 疾病知识　对疾病的病因、过程、预后、治疗等方面的了解程度。可直接影响患者对疾病治疗的信心，因此在护理工作中应加大疾病相关知识的宣讲力度。

2. 心理状态　当视力下降或失明时，可影响患者正常的生活和工作，由此导致焦虑、失眠、悲观等心理失衡。及早发现和纠正患者的心理状态，有利于疾病的康复。

3. 社会支持系统　家庭成员的经济、文化背景，对患者所患疾病的认识和给予患者的关怀、支持，以及周围人员提供的理解和帮助等。

第二节　眼科常用检查

一、视功能检查

视功能检查包括形觉（视力和视野）、色觉和光觉三个方面。

（一）视力检查法

视力即视敏度（visual acuity），亦称中心视力，指辨别最小物像的能力，反映黄斑中心凹的视觉功能。视力检查分为远视力和近视力检查。

1. 远视力检查　采用国际标准视力表或对数视力表进行检查（图 2-7）。

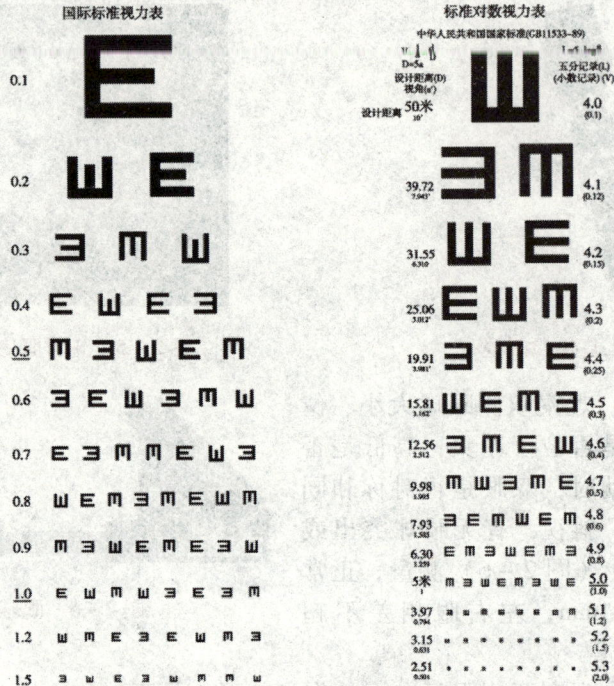

图 2-7　视力表

（1）检查要求：视力表应有充足的照明，调整视力表的 1.0 行视标与被检眼等高。检查距离为 5m，置平面反光镜者，则视力表距离镜面为 2.5m。检查顺序一般应为先右后左，先健眼后患眼的顺序。非检查眼用遮眼板或手掌遮盖但不要压迫眼球。如受检者戴镜，应先查裸眼视力，再查戴镜视力。

（2）检查方法：用视标指示棒从上向下指示视标，逐行检查，以被检者的最佳辨认行来确定其视力。如在 5m 处不能辨认最大视标，则可让被检查者慢慢向视力表走近，直至能辨认出最大视标为止。如在 1m 处仍不能辨认，则检查指数，即被检者背光而坐，辨认检查者的手指数目，从 1m 开始，逐渐移近，直到能正确辨认为止，并记录该距离。如在眼前 5cm 处仍不能辨认，则检查手动，即检查者在被检者眼前摆手，距离被检眼由远及近，记录能辨认手动的最远距离。如被检查者不能辨认手动，则检查光感。即在暗室用点状光源照射被检眼（另眼遮盖不能透光），测试被检者能否正确判断眼前的亮光，一般从 5m 处逐渐移近，记录能辨认光的最远距离。如有光感，还需查光定位。嘱被检眼注视正前方，检查者在被检眼前 1m 处移动光源，在 9 个方向测定被检眼对光源的分辨力。

（3）记录方法：正常视力标准为 1.0（对数视力表为 5.0）。如能全部辨认 0.5 行视标，而 0.6 行不能辨认，则记录为 0.5；如 0.5 行有 2 个视标不能辨认，可记录为 0.5^{-2}；如 0.5 行仅能辨出 2 个视际，可记录为 0.4^{+2}。戴镜者应记录裸眼视力及戴镜的屈光度和矫正视力，如 0.3（-2.00D 1.2）。如在 5m 以内才能辨认表上最大视标，则视力的公式计算为：视力 = 0.1 × 检查距离（m）/5（m），如检查距离为 2m，视力 = 0.1 × 2/5 = 0.04。

指数记录方法：如被检眼在 40cm 处能辨出指数则记为"指数/40cm"。手动记录方法：如被检眼在 20cm 处发现手动，则记为"手动/20cm"。光感记录方法：如在 5m 能判断光亮，则记录为"光感/5m"。光定位正确辨认记为"＋"，不能辨认记为"－"，如：

＋	＋	－
－	＋	＋
－	＋	＋

2. 近视力检查 采用标准近视力表，检查距离一般为 30cm。双眼分别检查，先右后左。记录能辨认的最小视标，即为该眼的近视力，标准近视力为 1.0/30cm。如被检者近视力不良，可增大或缩短距离，直到看清最小的视标，如被检者在 20cm 处看清 1.0 行视标，则记为"1.0/20cm"。戴镜者应检查和记录矫正近视力。

学龄前儿童可采用幼儿视力表或简单的图形。

（二）视野检查法

被检眼向正前方固视时所见的空间范围，亦称周边视力。距注视点 30°以内的范围称为中心视野，30°以外的为周边视野。世界卫生组织规定视野小于 10°者，即使中心视力正常也属于盲。视野检查分中心视野检查和周边视野检查。视野常用检查方法有：

1. 对照法 是最为简单的检查方法。检查者与被检者相对而坐，眼位等高，相距约 0.5m。检查右眼时，被检者右眼与检查者左眼相对注视，并各遮盖另一眼。检查左眼则相反。检查者伸出手指，置于二人等距离处，在各个方向由外向内移动，嘱被检者发现手指出现时即告之，这样检查者就能以自己的正常视野比较被检者视野的大致情况。此法要求检查者的视野应正常，缺点为不够精细，不便记录。

2. 弧形视野计法 比较简单的动态检查周边视野的方法。

3. 中心视野检查 用平面视野计法进行检查。黑色屏布置于 1m 处，以其中心为注视点，可查出生理盲点和病理性暗点。

4. Goldmann 半球形定量视野计（图 2 - 8）

既可查周边视野又可查中心视野，除了动态检查以外，还可做静态检查，增加了视野检查的准确性、可重复性。

5. 自动视野计 电脑控制的静态定量视野计，有针对青光眼、黄斑疾病等的特殊检查程序，能对多次随诊的视野进行统计学分析，提示视野缺损是改善还是恶化。

正常视野的颞侧最大，上方最小，如用白色视标检查，上方视野约 55°，鼻侧约 60°，下方约 70°，颞侧约 90°。中心视野范围内，除正常大小的生理盲点外，无异常暗点或缺损。

图 2 - 8 Goldmann 半球形视野计

（三）色觉（color vision）

是指人眼辨别各种颜色的能力，反映视网膜视锥细胞的功能。色觉障碍，轻者为色弱，重者为色盲。多为先天性遗传所致，属性连锁隐性遗传性眼病。临床上以红绿色觉障碍最为常见。

检查注意事项：①检查距离：以 0.5m 为宜；②照明：良好的自然光线；③阅读时间：阅读判断时间不大于 5 秒；③先让被检者阅读色觉检查（图 2-9）的示教图谱，以利于理解。

1. 暗适应（dark adaptation）　当眼从明亮光线下进入暗处时，起初一无所见，随后逐渐能看清暗处的物体，这种对光敏感度逐渐增加并达到最佳状态的过程，称为暗适应。暗适应检查可用以观察和诊断各种引起夜盲的疾病，如视网膜色素变性、维生素 A 缺乏症等。

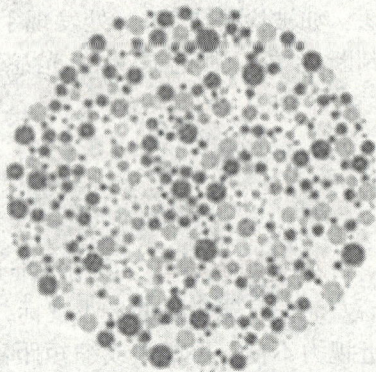

图 2-9　色觉图谱

2. 立体视觉　也称深度觉，是感知物体立体形状及不同物体相互远近关系的能力。一般以双眼单视为基础，可利用同视机或立体检查图谱进行检查。

3. 对比敏感度　视力检查反映了高对比度（黑白反差明显）时的分辨能力，而日常生活中物体间明暗对比并非如此强烈。对比敏感度检查根据灰度调制曲线的变化制成宽窄、明暗不同的条栅图作为检查表，以反映空间、明暗对比二维频率的形觉功能。

4. 电生理检查　是利用视觉电生理仪（图 2-10）测定视网膜受光照射或图形刺激时产生的生物电活动。包括眼电图（EOG）、视网膜电图（ERG）、视觉诱发电位（VEP）。

图 2-10　视觉电生理仪

临床应用：①判断视神经、视路疾患；②鉴别伪盲；③检测弱视治疗效果；④判断无语言能力儿童的视力；⑤预测屈光间质浑浊患者的术后视功能等。

二、眼压检查

眼压是指眼内容物作用于眼球壁的压力，正常范围为 10~21mmHg（1.33~2.79kPa）。眼压测量有指测法和眼压计测量法：

1. 指测法　是临床较为简单实用的检查方法，依靠检查者的手指感觉，主观而不精确。嘱被检者向下方自然注视，检查者把双手中指和无名指固定于患者前额，两示指尖放在上睑板上缘皮肤面，两手交替轻压眼球，估计眼球的软硬度，从而判定眼压的高低，双眼分别进行。眼压正常时记录为 Tn，轻度、中度和高度增高分别记为 T+1、T+2、和 T+3。轻度、中度和重度降低分别记为 T-1、T-2、T-3。

2. 眼压计测定法　眼压计可分为压陷眼压计和压平眼压计。

（1）压陷眼压计：最常用的是修兹眼压计（图 2-11）。被检者低枕平卧，用 1% 丁卡因溶液滴眼 2 次后，举起左手示指作为注视点，嘱被检者固视，使角膜恰在正中位。检查者左手轻轻分开上下眼睑，并分别固定于上下眶缘，不向眼球施加任何压力。右手持眼压计支架，缓缓地将足板垂直放置于角膜中央，先用 5.5g 砝码，读取指针刻度，如

读数 <3，则需更换更重的砝码再量。根据读数对照换算表查出眼压值，单位为 mmHg。注意每次使用前后用 75% 乙醇消毒足板，连续测量不超过 3 次，测量后用抗生素眼药滴眼，预防感染。

（2）压平眼压计：常用的有 Goldmann 压平眼压计和非接触式压平眼压计。

非接触式压平眼压计（图 2－12）：是目前临床上比较常用的一种测量方法。它利用可控的气体脉冲，将角膜压平一定面积，再用监测系统感受角膜表面反射的光线，将角膜压平到一定程度所需的时间记录下来，换算成眼压的 mmHg。其优点是避免了通过眼压计引起的交叉感染，并能应用于对表面麻醉剂过敏的患者；缺点是所测数值不够准确。

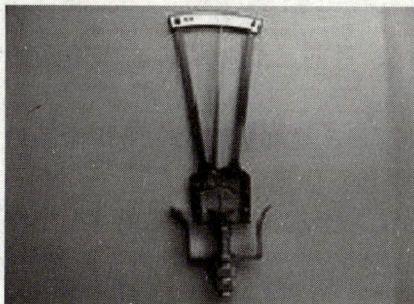

图 2－11　修兹式眼压计　　　　　　　　图 2－12　非接触式压平眼压计

三、特殊检查

1. 聚光灯斜照检查法　检查眼球前段时常用的简单方法，即一手持带有聚光灯泡的手电筒，从眼的侧方距眼球约 2cm 处，聚焦照明检查部位，另一手持 13D 的放大镜置于眼前，检查角膜、前房、虹膜及晶状体。

2. 裂隙灯显微镜检查法　裂隙灯显微镜为眼科极为常用的检查仪器，用它可在强光下放大 10～16 倍检查眼前段病变，还可通过加用其他附件，如前置镜、接触镜等做玻璃体、视网膜、眼压和前房深度等检查，并可做激光治疗。

3. 检眼镜检查　对眼后段进行检查。

（1）直接检眼镜：通常在暗室内自然瞳孔下检查，所见眼底为正像，放大约 16 倍。如瞳孔过小或欲详查眼底各部，可滴快速散瞳剂散大瞳孔。

（2）间接检眼镜：一般需散瞳检查。所见眼底为倒像，放大约 4 倍，但可见范围大，具有立体感，能比较全面的观察眼底情况。

4. 眼底荧光血管造影　是将造影剂（能发出荧光的物质）从肘前静脉快速注入人体，利用眼底荧光血管造影仪（图 2－13）特定滤光片的眼底照相机连续拍摄眼底血管及其灌注的过程。荧光素血管造影（FFA）是以荧光素钠为造影剂，主要反映视网膜血管的情况。吲哚

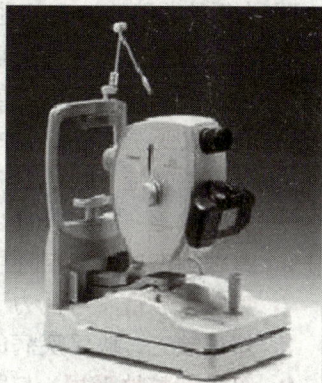

图 2－13　眼底荧光血管造影仪

青绿血管造影（1CGA）是以吲哚青绿为造影剂，反映脉络膜血管的情况，有助于发现早期的脉络膜新生血管、渗漏等。

知识链接

　　眼底荧光血管造影有助于了解视网膜血管的各种异常改变，如纡曲、扩张、狭窄、闭塞、侧支循环血管短路等，通过造影可清楚的观察，尤其可辨认其他方法难以了解的新生血管、微血管瘤以及血管壁损害导致的渗漏等细微病变，对各种原因导致的视网膜血管阻塞、视网膜出血等血管病变的判断有很高的价值。

---

　　5. 眼科影像学检查　　眼科影像学检查发展很快，目前已成为眼科临床诊断的常用方法。

　　（1）眼超声检查：临床常用 B 型超声检查为主。显示局部组织的二维切面图像，为眼球后段疾病、眼眶及眶周组织病变、眼外伤等提供诊断信息。

　　（2）彩色超声多普勒成像（CDI）以血流彩色作为指示，定位、取样及定量分析。可检测眼动脉、视网膜中央动脉、睫状后动脉血流状况以及眼球后段、眶内肿瘤等病变。

　　（3）电子计算机断层扫描（CT）利用电离射线和计算机的辅助形成多个横断面的影像，为眼内、眼眶肿瘤、外伤、眶骨骨折、异物等提供诊断信息。

　　（4）相干光断层成像（OCT）随着老龄人口的不断增加，黄斑疾病逐年上升，断层成像检查愈发普遍。该检查利用眼内不同组织对光的反射性不同，通过低相干性光干涉测量仪，比较反射光波和参照光波来测定反射光波的延迟时间和反射强度，经计算机处理，来检查黄斑部病变的情况。

第三节　眼科患者常见护理问题

护理问题是对有关需要以护理措施来解决或减轻现有的、潜在的健康问题的陈述。眼科患者常见的护理问题如下：

1. 急、慢性疼痛　与炎症反应、眼压升高和感染有关。

2. 感知紊乱　与视觉功能障碍有关，如视力下降、视野缺损、视物变形等。

3. 舒适改变　畏光、流泪、痒、异物感、干涩感、灼热感等，与角、结膜病变有关。

4. 潜在并发症　眼压升高、感染、角膜穿孔、创口裂开、出血等。

5. 自理缺陷　影响进食、卫生、行走、入厕等，与视力下降或双眼遮盖等有关。

6. 睡眠型态紊乱　与环境改变、视力下降或长期卧床有关。

7. 焦虑、恐惧　与视力下降、适应环境能力改变和不了解眼病情况等有关。

8. 知识缺乏　缺乏疾病的相关知识。

9. 组织完整性受损　与眼外伤有关。

第四节　眼科常用护理操作技术

一、滴眼药水法

【适应证】

（1）防治眼部疾病。

（2）眼表面麻醉、散瞳、缩瞳。

【物品准备】

眼药水、滴管或滴瓶、消毒棉球、棉签。

【操作方法】

患者取坐位或仰卧位，头稍向后仰并向患侧倾斜，嘱患者眼向上注视。用左手拇指或棉签向下拉开下睑，右手持滴管于距眼球约2cm处将药液滴入下穹隆部1～2滴。轻提上睑使药液充分弥散，嘱患者轻闭眼1～2分钟（图2-14）。

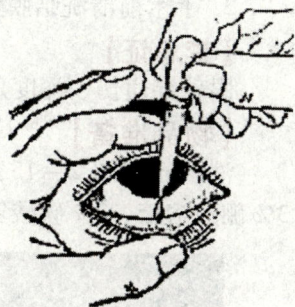

图2-14　滴眼药水法

【注意事项】

①滴药前应严格查对，切记滴错。②动作轻巧，勿压迫眼球。尤其是角膜溃疡、外伤及手术后。③药液不要直接滴在角膜上。药瓶滴管勿触及眼部，以免污染。④滴用阿托品、毒扁豆碱等毒性药品，应于滴药后即刻按压泪囊区3～5分钟，以免药液经泪道进入鼻腔吸收引起中毒反应。⑤易沉淀的眼药水滴前应充分摇匀。⑥滴用多种眼药时，每种药物间隔时间不少于5分钟。

二、涂眼药膏法

【适应证】

防治眼部疾病，通常在睡前和手术后使用。

【物品准备】

眼药膏、玻璃棒、消毒棉球、棉签等。

【操作方法】

患者取坐位或仰卧位．头稍向后仰并向患侧倾斜。嘱患者眼向上注视用左手拇指与示指分开上下眼睑，嘱患者眼球上转。右手持眼药膏软管，将药膏挤入下穹隆部结膜囊内；或持玻璃棒蘸上绿豆大的药膏与睑裂平行，自颞侧涂入下穹隆部。左手放开眼睑，嘱患者轻闭跟．然后转动玻璃棒从水平方向抽出，必要时可以稍用力轻提眼睑覆盖药膏。最后按摩眼球，使眼药膏分布均匀。用棉球擦去溢出的药膏，嘱患者轻闭眼1～2分钟。

【注意事项】

①若眼液和眼膏同用，应先滴眼液后涂眼膏。②涂管装眼膏时，管口勿触及睫毛及睑缘。③使用玻璃棒时，应先检查圆头是否光滑完整，若发现有破损应停止使用，以免损伤结膜和角膜。④使用玻璃棒时不要将睫毛随同玻璃棒卷入结膜囊内，以免刺激角膜引起不适。

三、结膜囊冲洗法

【适应证】

1. 清除结膜囊内异物或分泌物。
2. 手术前清洗结膜囊。

【禁忌证】

眼球穿通伤、深度角膜溃疡及角膜溃疡穿孔患者。

【物品准备】

洗眼壶（图2-15）或吊瓶、受水器（图2-16）、治疗巾、冲洗液（生理盐水、3%硼酸溶液、2%碳酸氢钠液等）、消毒棉签等物品。

图2-15　洗眼壶

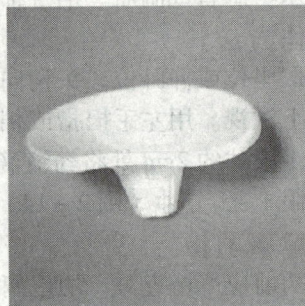
图2-16　受水器

【操作方法】

患者取坐位或仰卧位，头略抬高并向冲洗侧稍倾斜。患者自持受水器紧贴住面颊部（坐位）或颞侧（仰卧位）。将治疗巾铺于患者肩部，以防冲洗液污染衣物。操作者左手撑开睑裂并固定一眼眶上，右手持洗眼壶细嘴或吊瓶冲洗头离眼球2~3cm，先以少量液体冲洗眼睑皮肤使其适应，然后再冲洗结膜囊。嘱患者眼球向上下左右转动，并翻转眼睑，充分冲洗结膜囊各部位。最后用消毒棉签擦去眼睑及颊部水滴，取下受水器，洗净并置于消毒液中浸泡。

【注意事项】

①冲洗前应先擦净眼部药膏或分泌物；②冲洗液温度要适宜，可先在手背上试温，以32~37℃为宜；③冲洗动作要轻，冲洗力不宜太大，不可直接冲洗角膜；④应反复冲洗，边冲洗边嘱患者向上下左右转动眼球，以求彻底干净；⑤如有传染性眼病，勿使冲洗液流至健眼，接触患者的用具应严格消毒。

四、结膜下注射法

【适应证】

可提高药物在眼内的浓度，延长药物作用时间，常用于治疗眼球前段疾病。

【禁忌证】

结膜有感染、出血倾向者，眼球有穿通伤口未进行缝合者。

【物品准备】

1~2ml注射器、4~5号注射针头、注射用药物、0.5%~1%丁卡因溶液、抗生素眼药水、消毒棉签、敷料、胶布、治疗盘等物品。

【操作方法】

应先检查核对药物，并向患者解释，避免咳嗽、喷嚏等，以取得合作。嘱患者取坐位或仰卧位，头稍后仰。患眼滴0.5%～1%丁卡因溶液表面麻醉3次，每次间隔3～5分钟。操作者以左手拇指、示指分开上下眼睑。注射部位可选在靠近穹隆部的球结膜，如选下方注射时，嘱患者眼球上转并固视，右手持装有药液的注射器，与眼球表面呈10°～15°角，在距角膜缘约5～6mm处挑起球结膜进针（图2-17），将药物缓缓注入，使球结膜呈鱼泡样隆起。注射量一般为每次0.1～0.5ml（根据不同药物或疾病需求略有不同）。注射完毕，拔出针头，滴抗生素眼药水，闭目休息片刻，观察无不良反应后以纱布包扎患眼。

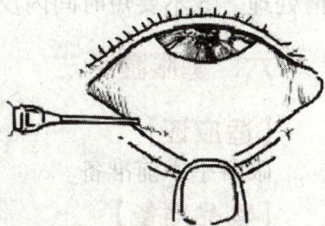

图2-17 结膜下注射法

【注意事项】

①注射前应询问药物过敏史，并仔细核对药物和患眼。②进针时，注射器针头刺入方向平行于角膜缘，并嘱患者勿转动眼球，以免划伤角膜。③多次注射者，应更换位置，以免形成瘢痕。刺激性强并易造成局部坏死的药物，忌结膜下注射。④进针时应避开血管，若发生出血，可用棉签压迫止血。

五、泪道冲洗法

【适应证】

用于泪道疾病的诊断、治疗及内眼手术前的泪道清洁。

【物品准备】

注射器、泪道冲洗针头、泪点扩张器、受水器，0.5%～1%丁卡因溶液、生理盐水、抗生素眼液、消毒棉签及棉球等物品。

【操作方法】

先将蘸有丁卡因溶液的小棉签，夹在患眼内眦部上下泪点之间，表面麻醉约5分钟。患者取坐位或仰卧位，头稍后仰，并向患侧稍倾斜，自持受水器紧贴于面颊部（坐位）或颞侧（仰卧位）。左手持棉签轻轻拉开下睑内眦部，充分暴露下泪小点，嘱患者向上方注视，右手持注射器，将冲洗针头垂直插入泪小点深约1～2mm，然后转为水平平行于睑缘向鼻侧方向进针5～6mm，固定并缓缓注入冲洗液（图2-18）。

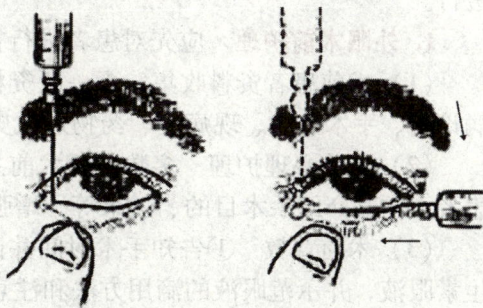

图2-18 泪道冲洗法

若冲洗液顺利进入鼻腔或婴幼儿有吞咽动作表示泪道通畅，否则可能有泪道狭窄或阻塞；若有黏液或脓液自上泪小点流出，则为慢性泪囊炎。

【注意事项】

①泪点狭小者，宜先用扩张器扩大泪点，再行冲洗。②操作轻巧，持注射器之手，在患者面部应有支点便于固定。③如进针遇阻力，切不可强行推进，以免损伤泪道。

④注入冲洗液时，如出现皮下肿胀，为针头误入皮下，应立即停止冲洗，并通知医生酌情处理。⑤不要短时间内反复冲洗泪道，以免引起泪道黏膜损伤或粘连。

六、剪眼睫毛法

【适应证】

眼科手术前准备。

【物品准备】

消毒眼科剪、眼膏、消毒棉签等物品。

【操作方法】

患者取坐位或仰卧位，头稍后仰。在剪刀一侧涂上眼膏，右手持剪刀，左手持棉签轻轻固定眼睑。剪上睑睫毛嘱患者眼睑放松，眼睛向下固视．左手拉开下睑，右手持剪刀紧贴下睑皮肤，固定支撑，将睫毛剪除。剪下睑睫毛，则嘱患者眼睛向上固视，左手拉开上睑。注意检查有无睫毛进入眼内，如有睫毛进入眼内，用棉签涂上眼药膏给予清除。

【注意事项】

①剪睫毛时，应尽量绷紧皮肤，防止损伤眼睑。②妥善固定头部，嘱患者避免咳嗽、喷嚏等。③操作动作要轻、准、稳，以防剪刀误碰角膜及皮肤。

第五节 眼科手术患者的常规护理

一、外眼手术患者的常规护理

外眼手术通常是指眼睑、结膜、泪器、眼外肌等部位的手术。多在门诊手术室进行。

1. 外眼术前护理 应先对患者进行初步护理评估，并进行护理指导。

（1）术前患者资料收集 含一般资料（如姓名、性别、年龄等）、临床资料（如疾病诊断、手术名称、现病史、药物过敏史、既往史等）。

（2）术前心理护理 多数患者术前主要的护理诊断是焦虑和恐惧，护士应主动安抚患者，向其介绍手术目的、效果等，增强患者信心，促进医患沟通。

（3）术前宣教 ①告知手术时间并记录在手术预约单上；②告知患者术前3天滴抗生素眼液，并示范眼液的滴用方法和注意事项；③介绍手术过程和配合方法，嘱患者术前排空大小便，指导术中如何避免咳嗽、喷嚏等。

2. 外眼术后护理

（1）观察患者有无局部出血或其他不适，嘱患者按医嘱用药和门诊随访。

（2）嘱患者日常生活中注意避免挤压伤口，尤其注意夜间睡眠期间，应向健侧卧。

（3）霰粒肿手术无缝线的患者，术后应覆盖双层眼垫，并嘱其用手掌稍加压力按压手术部位约10分钟。

（4）胬肉切除术后，一般5天后拆除缝线，嘱患者继续用药，定期复查，观察是否有复发。

二、内眼手术患者的常规护理

内眼手术包括角膜、巩膜、虹膜、晶状体，玻璃体及视网膜等多种手术。

1. 内眼术前护理

（1）完善相关眼部及全身检查；协助医生观察患者全身情况，特别是高血压、心脏病及糖尿病患者，应根据病情及时汇报医生。

（2）术前指导　①训练患者仰卧或俯卧位，并训练其能按要求向各方向转动眼球，以利于术中或术后观察和治疗。②指导患者如何抑制咳嗽和打喷嚏，如用舌尖顶压上腭，以免术中及术后产生不良影响。

（3）术前眼部准备　术前遵照医嘱常规用抗生素眼液滴眼 3 日；术前当日，进行结膜囊和泪道冲洗，并剪去手术部位眼睫毛，遮盖无菌眼垫。

（4）术前当晚按医嘱给镇静安眠药，并嘱患者进手术室前排空大小便。

（5）心理护理　介绍手术的目的、疗效等情况，以取得患者的信任和对手术的配合，并热情回答患者提出的问题。

2. 内眼术后护理

（1）体位和头位　全麻未清醒前，取去枕平卧位，头偏一侧，以防窒息；按眼科手术具体要求，取特殊体位、头位，尤其嘱患者夜间睡眠应尽量避免压迫术眼。

（2）安静休息，术眼用眼垫包盖，嘱患者不可大声说笑、咳嗽、打喷嚏、低头、屏气用力、挤眼或揉按眼部等，以免导致伤口裂开、出血等。

（3）观察病情　注意询问和观察眼部及全身情况，术后感染通常发生于 48 小时内，如能及早发现，紧急处理常可挽救。

（4）饮食与二便　多吃水果和蔬菜，保持大便通畅；增加营养，利于创口愈合。术后 3 天无大便者，宜给缓泻剂通便，避免用力排便。

知识链接

术后便秘的防治方法

由于内眼手术后，患者前 3 天需卧床休息，运动量减少，胃肠蠕动减慢，容易出现便秘。故术后患者：①需要注意吃易消化的食物及新鲜蔬菜、水果，如米粥、白菜、香蕉、苹果等；②手术拆线后，在光线清晰的宽敞空间，可以适当运动，以散步、揉腹等为主；③养成定时清晨排便的习惯，排便时避免用力过猛，必要时，可用缓泻药或开塞露等协助排便。

第六节　眼科护理管理

一、门诊室护理管理

眼科患者大部分都是在门诊接受诊断和治疗，因此门诊的护理工作十分重要。

门诊护理的主要任务是做好开诊前准备，安排患者就诊次序，协助医师进行检查，进行健康教育与护理指导等。

1. 诊室卫生　做到清洁、整齐、明亮、通风，每日开诊前准备好洗手消毒液及擦手毛巾。

2. 诊室物品　准备好诊桌上的物品，包括聚光手电筒、放大镜、近视力表、无菌荧光素钠溶液、丁卡因溶液、抗生素眼液、散瞳及缩瞳眼液、消毒玻璃棒，以及消毒干棉球、棉签、酒精棉球等。同时，备好文具、病历纸、处方笺、住院证、各种检查、化验单及治疗单等办公用品。

3. 就诊秩序　按病情特点及挂号先后进行分诊。急症患者如眼外伤者，应随到随诊；对年老体残患者可提前就诊。

4. 协助检查　协助医生做好视力检查和眼压测量，根据医嘱给患者上散瞳眼药，以便做眼部检查。对双眼视力低下行动障碍者应给予护理照顾，配合医师进行检查。

5. 健康指导　利用壁报、板报、电视等形式，宣传常见眼病、多发病的原因及防治知识。

二、暗室护理管理

暗室是眼科的特殊检查环境，眼部许多精细检查要在暗室进行。

1. 环境　暗室墙壁为深灰或墨绿色；暗室内地面应清洁，不反光、不打滑；窗户应设置遮光窗帘，保证室内黑暗状态；室内保持空气流通及相对干燥，以免损坏室内仪器。

2. 仪器设备　应制订仪器使用规程，其使用、保养均应严格按规程操作；合理安放位置，方便检查操作和患者安全。

3. 引导患者　患者对暗室环境感觉陌生，应给予护理指导和帮助，以避免发生意外。

4. 注意安全　每天下班前，应把暗室内各种检查仪器从工作位恢复到原位，切断电源，加盖防尘罩，并将水龙头、门窗等关好。

三、病房护理管理

病房是医疗卫生机构供患者诊治、休养用的房间，也是医患沟通的主要场所。

1. 病房护理工作由护士长负责管理，各级护理人员积极协助。

2. 病房环境　病房陈设要整齐、洁净，室内物品和床位要定位摆放。环境应保持整洁、舒适、温馨、安全。医护人员要做到走路轻、关门轻、操作轻、说话轻。

3. 与患者进行积极的沟通与交流，做好心理护理和健康教育指导，为患者提供及时的护理服务。

4. 保持病房清洁卫生，认真做好卫生清洁，按规定定时房间通风，严禁吸烟和随地吐痰。

5. 护理人员必须穿戴工作服，服装整洁。严格执行各项规章制度，遵守各项操作规程。

第七节 防盲治盲

一、盲和低视力标准

根据WHO1973年对视觉残疾人制定的标准：①低视力：双眼中视力较好眼的最佳矫正视力 <0.3（对数视力表4.5），但≥0.05（对数视力表3.7）者；②盲：双眼中视力较好眼的最佳矫正视力低于0.05或视野 <10°者。

二、几种主要的致盲性眼病的防治

我国20世纪80年代的主要致盲原因依此为：白内障（46.1%）、角膜病（15.4%）、沙眼（10.7%）、青光眼（8.8%）、眼底病（8.4%）、先天和遗传性眼病（5.1%）、屈光不正和弱视（2.9%）、眼外伤（2.6%）。但近年来这一比率有了改变：沙眼发病率明显降低；白内障、眼底病和青光眼患病率明显增加。总体来说，我国现在致盲眼病仍以白内障、角膜病以及青光眼为主，其中白内障是我国致盲的首要原因。而白内障是一种可治眼盲，因此大力开展白内障复明手术，可以大大降低我国盲人的患病率。

1. 白内障 是致盲主要原因，我国目前盲人中约有半数是由白内障引起的，每年新增白内障盲人约为40万。因此白内障的治疗是防盲治盲工作首先要考虑的。大多数患者通过手术治疗可以恢复到接近正常视力。

2. 青光眼 青光眼是主要致盲眼病之一。所引起的视功能损伤不可逆，但通过积极开展青光眼的普查和知识普及，早期发现、合理治疗，绝大多数患者可终生保持可用的视功能。

3. 角膜病 角膜病引起角膜混浊也是致盲的主要原因，其中以感染所致的角膜炎症为主。因此积极预防和及时治疗感染性角膜炎，是减少角膜病致盲的重要手段，其中角膜移植术是治疗角膜病致盲的有效手段。

4. 沙眼 是较为常见和可预防的致盲性眼病。"视觉2020"行动已制订"SAFE"（即手术、抗生素、清洁脸部和改善环境）的防治策略，只要加强防治，坚持治疗，沙眼是可以控制的。

5. 儿童盲 是"视觉2020"行动提出的防治重点。主要由维生素A缺乏、麻疹、新生儿结膜炎、早产儿视网膜病变、先天性或遗传性眼病引起。通过孕期保健，优生优育和加强眼病的防治，可以减少儿童盲的发生。

6. 屈光不正和低视力 世界卫生组织估计目前有3500万人需要低视力保健服务。戴镜矫正是目前常用的有效防治方法。

7. 糖尿病性视网膜病变 由于糖尿病发病率的上升，糖尿病性视网膜病的发病率也越来越高，已成为致盲的重要眼病。应当加强防治，严格控制血糖，定期随访，早期发现，早期治疗，以挽救视力。

知识链接

黄斑变性正逐渐成为新的治盲主因

据统计，在西方国家，黄斑变性是造成 50 岁以上人群致盲的主要原因之一。在美国黄斑变性导致的失明比青光眼、白内障和糖尿病性视网膜病变这三种常见病致盲人数总和还要多。而在中国黄斑变性发病率也不低，60~69 岁发病率为 6.04%~11.19%。随着中国人口老龄化的加快，该病有明显的上升趋势。黄斑变性是国际眼科界公认的最难治疗的眼病之一，中医中药在黄斑变性的防治中有一定疗效。

练习题

一、A1 型题

1. 正常成人的瞳孔直径平均为：
   - A. 2~3mm
   - B. 1~3mm
   - C. 2.5~4mm
   - D. 3~4mm
   - E. 3.5~4mm

2. 角膜完整性检查所用的检查液体是：
   - A. 荧光色素钠溶液
   - B. 生理盐水
   - C. 丁卡因溶液
   - D. 人工泪液
   - E. 抗生素眼液

3. 眼球前段检查一般应用仪器是：
   - A. 检眼镜
   - B. 裂隙灯显微镜
   - C. 同视机
   - D. 视觉电生理仪
   - E. 放大镜

4. 对滴眼药水法描述错误的是
   - A. 滴阿托品眼液后应按压泪囊区数分钟
   - B. 操作时动作要轻，避免压迫眼球
   - C. 对角膜炎症患者，眼液应直接滴在病变处
   - D. 操作前必须先查对
   - E. 滴用多种眼液时，每种药物至少应间隔 5 分钟以上

5. 眼表水样或浆液性分泌物多见于何种病变
   - A. 衣原体感染
   - B. 细菌感染
   - C. 过敏性疾病
   - D. 病毒感染
   - E. 支原体感染

6. 在远视力检查中，被检者右眼在 2m 远处看清视力表上最大视标（0.1 行），其右眼视力为：
   - A. 0.02
   - B. 0.1
   - C. 0.04
   - D. 0.01
   - E. 0.2

7. 正常远视力标准是
   - A. 1.5
   - B. 1.0

C. 4.5
D. 1.0m
E. 5.2

8. 关于结膜囊冲洗描述错误的是
    A. 眼穿通伤患者禁止该操作
    B. 冲洗前应先擦去患眼分泌物
    C. 冲洗液温度以 32～37 为宜
    D. 内眼手术前需常规冲洗结膜囊
    E. 冲洗液可直接冲洗角膜或结膜上的分泌物

9. 不属于内眼手术患者术前常规护理的是
    A. 术前三天滴抗生素眼液
    B. 剪术眼睫毛
    C. 术前行球结膜下注射
    D. 冲洗泪道和结膜囊
    E. 完善相关检查

10. 防盲治盲应首先考虑的对象是
    A. 白内障
    B. 青光眼
    C. 角膜病
    D. 沙眼
    E. 眼外伤

眼科疾病患者的护理 ◄●●●

要点导航

学习要点

1. 掌握眼科常见疾病的概念、护理问题和护理措施。

2. 熟悉眼科常见疾病的护理评估、治疗原则及眼科常见急诊的应急处理方法。

3. 了解眼科常见疾病的流行病学特点、病因、发病机制和专科新进展。

4. 能对眼科常见疾病患者实施常用的护理技术操作和健康指导。

5. 能正确运用护理程序对眼科常见疾病患者进行病史资料的采集，提出护理问题，制定并实施相应的护理措施。

6. 培养严谨、细致、轻柔的眼科专科护理工作作风。

第一节　眼睑及泪器疾病患者的护理

睑腺炎

案例　患者，男性，15岁，左眼疼痛5天。5天前无明显诱因出现左下眼睑疼痛，伴有眼睑红肿，无视力下降。眼科检查：左眼视力1.0，左眼下睑近内眦部红肿明显，伴有压痛，相应睑结膜处充血，充血中央部似有黄白色脓点。请问作为当班护士，根据病史资料应该提出该患者有哪些护理问题？并在接诊中如何向患者进行健康教育？

睑腺炎（hordeolum）又称麦粒肿，是眼睑腺体的急性化脓性炎症，多见于青少年。睫毛毛囊或其附属腺体的感染，称外睑腺炎，俗称"针眼"；睑板腺的感染，称内睑腺炎。常为金黄色葡萄球菌感染，当身体抵抗力降低、营养不良、屈光不正时容易发生。

治疗原则：早期理疗热敷，局部使用抗生素眼液眼膏，脓肿形成后切开引流。

【护理评估】

一、健康史

询问患者有无糖尿病、营养不良等慢性病史；询问患者用眼卫生习惯、诊疗情况及效果。

二、身体状况评估

（一）症状与体征

1. 症状 患侧眼睑有红、肿、热、痛等急性炎症表现，可伴有同侧耳前淋巴结肿大。

2. 体征

（1）外睑腺炎（图3-1）（彩图8） 炎症反应集中在睫毛根部的睑缘处，初始红肿弥散，有硬结，触痛明显。3~5天后硬结软化，在睫毛根部附近出现黄白色脓点，可自行破溃排脓后逐渐痊愈。脓点破溃于皮肤面。

（2）内睑腺炎（图3-2）（彩图9） 炎症局限于睑板腺内，红肿局限，疼痛明显，可扪及硬结，睑结膜局限性充血、微隆起。脓肿形成后睑结膜可见黄白色脓点，脓点破溃于结膜面。

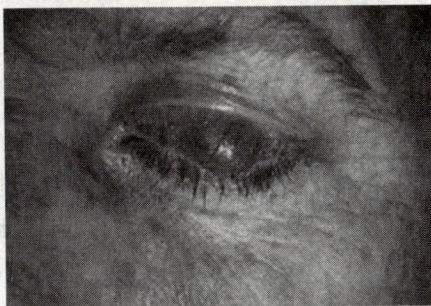

图3-1 外睑腺炎 彩图8

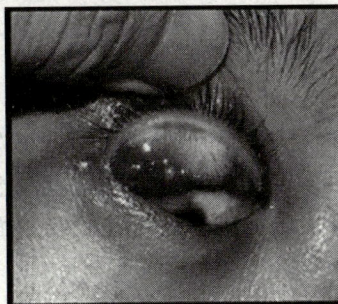

图3-2 内睑腺炎 彩图9

（二）并发症

眼睑蜂窝织炎、海绵窦脓毒血栓。

【护理问题】

1. 疼痛 与眼睑腺体炎症有关

2. 潜在并发症 眼睑蜂窝织炎、海绵窦脓毒血栓，与处理不当致炎症扩散有关。

3. 知识缺乏 缺乏护理和预防睑腺炎的相关知识

【护理措施】

（一）一般护理

早期指导患者局部热敷，每日3次，每次10~15分钟，有助于炎症消散，缓解疼痛

（二）治疗配合

（1）脓肿形成前，指导患者应用抗生素滴眼液及眼膏。重症患者遵医嘱全身应用抗生素。

（2）脓肿形成后，配合医生切开排脓。外睑腺炎应在皮肤面与睑缘平行切开，内睑腺炎则在睑结膜面与睑缘垂直切开。

（3）防止并发症：禁止挤压排脓或在脓肿形成前过早切开，以免感染扩散。

【健康指导】

（1）养成良好的卫生习惯，不用脏手或不洁手帕擦眼。

（2）向患者讲解相关睑腺炎知识，嘱患者切忌挤压或用针挑脓肿，以免感染扩散。

（3）反复发作者，应增强体质，提高免疫力。并彻底诊治原发病。

睑板腺囊肿

睑板腺囊肿（chalazion）又称霰粒肿，是睑板腺特发性无菌性慢性肉芽肿性炎症。常见于青少年及中年人，以上眼睑居多。由于睑板腺排出管阻塞或睑板腺分泌功能旺盛，分泌物潴留在睑板内，刺激周围组织而产生的慢性炎性肉芽肿。

治疗原则：小而无症状者可不必治疗，较大的可手术刮除。

【护理评估】

一、健康史

询问患者的年龄、有无睑板腺囊肿反复发作史、是否进行过病理检查及治疗经过等。

二、身体状况评估

（一）症状与体征

1. 症状　好发于上睑，可反复发生，多无自觉症状。

2. 体征　眼睑皮下可触及无痛性结节，与皮肤无粘连，睑结膜面有局限性微隆起的紫红色充血。如破溃后可在睑结膜面形成肉芽组织，继发细菌感染时临床表现与内睑腺炎相似。

（二）辅助检查

对于复发性或老年患者，应将切除标本送病理检查，以排除睑板腺癌。

【护理问题】

1. 感染的危险　与未及时就医，用眼卫生不良有关。

2. 知识缺乏　缺乏睑板腺囊肿的预防护理知识。

【护理措施】

（1）小而无症状的睑板腺囊肿，可自行吸收，一般不需治疗，或通过热敷、囊肿内注入糖皮质激素等方法促其吸收。

（2）大而有症状者应配合医生行睑板腺囊肿刮除术，手术护理：①按外眼手术前常规准备：查凝血功能、滴抗生素、清洁脸部皮肤等；②在睑结膜面作与睑缘垂直的切口，刮净囊肿内容物，并将囊壁完整摘除。③术后用手掌压迫眼部10～15分钟，观察局部有无出血等病情变化④注意如复发性或老年患者，应将标本送病理检查；

（3）如继发感染，处理与内睑腺炎相同。

【健康指导】

（1）对青少年睑板腺分泌旺盛者，应注意眼部卫生，及时清洁。养成良好的卫生习惯。

（2）介绍术后用药，换药门诊随访，术后次日眼部换药眼垫遮盖。

睑内翻与倒睫

睑内翻（entropion）是指睑缘向眼球方向翻转，部分或全部睫毛倒向眼球的一种眼睑位置异常。有瘢痕性睑内翻、痉挛性睑内翻及先天性睑内翻三种类型。

倒睫（trichiasis）是指睫毛倒向眼球，并刺激到角膜或球结膜的睫毛位置异常。睑内翻与倒睫常同时存在。

瘢痕性睑内翻：由于睑结膜或睑板瘢痕收缩所致，常见于沙眼患者。

痉挛性睑内翻：多发生于下眼睑，常见于老年人，又称为老年性睑内翻。由于眼睑皮肤松弛及皮下脂肪组织减少，失去对眼轮匝肌收缩作用的牵制，致使眼轮匝肌收缩时易沿睑板向前上滑动而压迫睑板的上缘，使下睑上部向内翻卷。也可因炎症刺激眼轮匝肌引起痉挛性收缩所导致。

先天性睑内翻：多发生于肥胖的幼儿，以下眼睑为主。常伴有内眦赘皮过长、眼轮匝肌过度发育、睑板发育不良及鼻根发育不良等异常，因上述发育异常而导致下睑内翻。

治疗原则：少量倒睫可电解，倒睫较多者通过矫治睑内翻消除；睑内翻应根据病因治疗。

【护理评估】

一、健康史

评估患者年龄、体型，询问患者有无沙眼病史、眼外伤史及诊治经过。

二、身体状况评估

（一）症状与体征

患眼异物感、畏光、流泪、眼睑痉挛，角膜受损后可伴有不同程度的视力障碍。检查可见：睑缘向眼球方向内卷，睫毛倒向眼球，并摩擦角膜、结膜，引起结膜充血，角膜上皮脱落，重者可形成角膜溃疡。

（二）心理、社会状况

眼部疼痛不适、视力下降等可影响患者的工作和生活，需手术的患者因担心手术效果又易出现焦虑、烦躁情绪。

【护理问题】

1. **舒适改变** 眼部疼痛、畏光、流泪、异物感，与睫毛刺激角膜、结膜有关。

2. **感觉紊乱** 视力下降，与角膜受损发生混浊甚至溃疡有关。

3. **潜在并发症** 角膜混浊、角膜溃疡，与倒睫损害角膜有关。

4. **知识缺乏** 对睑内翻和倒睫的危害性认识不足。

【护理措施】

（1）遵医嘱指导患者使用抗生素眼液，防治角膜炎症。

（2）倒睫 少数倒睫可用拔睫镊拔除，较彻底的治疗方法是电解倒睫，以免再生。倒睫较多者可通过矫正睑内翻来消除倒睫。

（3）睑内翻 根据病因治疗。老年痉挛性睑内翻可手术矫正；眼轮匝肌痉挛性收缩所致者应治疗原发病；瘢痕性睑内翻须手术矫正；先天性睑内翻随年龄增长可自行消失，若患儿长至5～6岁，倒睫仍然存在，可行睑内翻矫正术。需手术者按医嘱做好外眼手术护理。

【健康指导】

（1）向患者及家属介绍睑内翻与倒睫的病因、危害及防治措施

（2）告之患者应积极矫正睑内翻和倒睫，以免导致角膜损害。

慢性泪囊炎

案例 患者，女，55岁，左眼流泪2年，加重5个月。2年前患者左眼经常流泪，近5个月眼泪变得浑浊，擦泪时有黏液出现，伴有眼红，无眼痛及视力障碍。检查：左眼结膜充血，泪囊区稍隆起，压迫有黏脓性分泌物自下泪点流出。右眼未见异常。列出该患者的护理问题；在接诊中如何指导患者治疗？

慢性泪囊炎（chronic dacryocystitis）因鼻泪管狭窄或阻塞，导致泪液在泪囊内滞留，伴发细菌感染引起的泪囊慢性炎症。以泪溢为主要表现，多发生于中老年妇女，单侧发病多见。常由于沙眼或鼻腔疾病致鼻泪管狭窄或阻塞而引起，致病菌多为肺炎球菌、链球菌和葡萄球菌等。

治疗原则：以手术治疗效果最佳，局部可应用抗生素眼液及泪道冲洗。

【护理评估】

一、健康史

了解患者的病情发展史、治疗经过及效果，询问患者有无沙眼及鼻腔疾病史。

二、身体状况评估

（一）症状与体征

以泪溢为主要症状。检查见下睑近内眦部有皮肤潮红、糜烂等湿疹样改变，结膜慢性充血。泪囊区有囊性包块隆起（图3-3）（彩图10），指压有黏液或黏脓性分泌物自泪小点溢出（图3-4）（彩图11）。泪道冲洗时，有分泌物随冲洗液自泪小点返流。

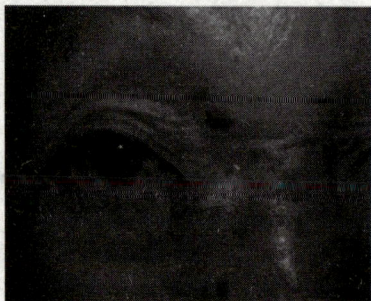

图3-3 泪囊黏液性囊肿 彩图10

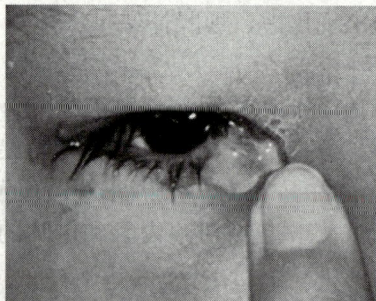

图3-4 按压泪囊区有分泌物溢出 彩图11

慢性泪囊炎的分泌物中含有大量细菌，返流至结膜囊使结膜囊处于被污染状态，成为眼部的一个感染病灶。在角膜外伤或内眼手术时，极易造成细菌性角膜溃疡或化脓性眼内炎。

（二）并发症

角膜溃疡、化脓性眼内炎。

（三）心理、社会状况

慢性泪囊炎不直接影响视力，部分患者缺乏对其潜在危害的认识，没有坚持治疗。

（四）辅助检查

分泌物涂片染色可鉴定病源微生物；X线泪道造影检查可了解泪囊的大小及阻塞部位。

【护理问题】

1. 舒适改变 泪溢，与泪道狭窄或阻塞有关

2. 潜在并发症 角膜炎、眼内感染

3. 知识缺乏 缺乏相关慢性泪囊炎防治知识及潜在危害认识

【护理措施】

（一）治疗配合

1. 指导患者正确滴用抗生素眼液，滴眼液前，先用手指按压泪囊区，挤出泪囊内分泌物。常用抗生素眼液如0.3%氧氟沙星、0.25%氯霉素等，每日4~6次。

2. 泪道冲洗 用生理盐水进行泪道冲洗，每周1~2次，冲洗后可向泪囊内注入抗生素。

3. 手术治疗 为最有效的治疗方法，首选的术式是泪囊鼻腔吻合术或鼻内镜下鼻腔泪囊造口术。年老体弱不能承受该手术的患者可考虑泪囊摘除术，但会终身泪溢。如鼻泪管仅部分狭窄，可试作泪道探通术。

（二）泪囊炎手术前后护理

做好泪囊鼻腔吻合术、泪囊摘除术或鼻内镜下鼻腔泪囊造口术的围术期护理：①向患者解释手术目的、方式，消除其紧张、恐惧心理。②术前3天应用抗生素液冲洗泪道、1%麻黄碱滴鼻。③术后半卧位，利于伤口积血的引流，减少出血。切口加压包扎2天，观察伤口渗血情况，出血量较多时可行面颊部冷敷。④注意鼻腔填塞物和引流管的正确位置，嘱患者勿牵拉填塞物及用力擤鼻。⑤取出鼻腔填塞物后，用1%麻黄素滴鼻，以收敛鼻腔黏膜，利于引流。⑥术后第3天开始连续进行泪道冲洗，保持泪道通畅。⑦术后7天拆除皮肤缝线，同时拔去引流管，嘱患者定期复查。

【健康指导】

（1）加强健康宣传，提高患者对疾病的认识，及早治疗沙眼、睑缘炎、睑内翻及慢性鼻炎、鼻中隔偏曲等疾病，预防慢性泪囊炎的发生。

（2）嘱患者积极治疗慢性泪囊炎，防止角膜炎和眼内感染等并发症的发生。

（苑明茹）

练习题

一、A1型题

1. 倒睫描述正确的是
   A. 均可拔除倒睫　　B. 均可电解倒睫
   C. 均应手术恢复睫毛位置　　D. 少量倒睫可电解消除
   E. 对角膜、结膜无损害

2. 老年人睑板腺囊肿术后复发，首先应排除

A. 手术未切除干净   B. 瘢痕组织增生

C. 睑板腺癌可能   D. 继发感染

E. 正常现象

3. 外睑腺炎切开部位及方向是

A. 皮肤面，与睑缘垂直   B. 皮肤面，与睑缘平行

C. 睑结膜面，与睑缘垂直   D. 睑结膜面，与睑缘平行

E. 以上均不是

4. 哪项体征不为睑腺炎所具有

A. 睑结膜面形成肉芽肿   B. 红肿

C. 压痛   D. 可出现脓点

E. 炎症可向颅内扩散

5. 关于睑板腺囊肿，错误的是

A. 俗名霰粒肿   B. 多无明显症状

C. 囊肿较大时应手术刮除   D. 睑板腺排出口阻塞为其病因

E. 以上均不是

6. 对眼球存在潜在威胁的眼病是

A. 外睑腺炎   B. 睑板腺囊肿

C. 内睑腺炎   D. 慢性泪囊炎

E. 以上均不是

7. 对睑腺炎的护理应禁止的是

A. 热敷   B. 涂眼膏

C. 滴眼药   D. 全身应用抗生素

E. 挤压或用针挑排脓

二、A2 型题

8. 患者，男性，16 岁。2 天前患者无明显诱因下出现左眼下睑疼痛，伴有红肿，无视力下降。检查：左眼下睑近内眦部红肿明显，伴有压痛，相应睑结膜处充血，充血中央部有黄白色脓点。指导治疗中不正确的是

A. 切开引流排脓   B. 局部使用敏感抗生素

C. 嘱患者可自行挤压排脓   D. 局部热敷

三、A3 型题

患者，王某，女，45 岁，右眼流泪 2 年，加重 5 个月。检查：右眼结膜充血，泪囊区稍隆起，压迫泪囊部有黏脓性分泌物自下泪小点流出。

9. 该病可诊断为

A. 急性泪囊炎   B. 慢性泪囊炎

C. 泪囊囊肿   D. 泪囊肿瘤

E. 泪道狭窄

10. 该病例最佳的治疗方案是

A. 泪道置管术   B. 泪道探通术

C. 泪道激光术   D. 鼻腔泪囊造口术

E. 泪囊摘除术

第二节　结膜疾病患者的护理

急性细菌性结膜炎

案例　患者，男，10岁，因双眼红肿、疼痛、分泌物增多2天而来医院就诊。近日该学生每天下午都去游泳培训班，同学中也有红眼病史。检查：双眼结膜高度充血，并有球结膜下点状出血，结膜囊有较多的黏液脓性分泌物。对该患者应做哪些健康指导？试制定护理计划。

急性细菌性结膜炎（acute bacterial conjunctivitis）为细菌感染引起的急性结膜炎症的总称，以结膜明显充血和大量黏脓性或脓性分泌物为主要特点。可通过接触传染，具有流行性，常以手、水、毛巾、手帕等为传播媒介。临床上以急性卡他性结膜炎和淋菌性结膜炎常见。

急性卡他性结膜炎，俗称"红眼病"，常见致病菌有肺炎双球菌、葡萄球菌、Koch－Weeks杆菌等。多见于春秋季节，常散发或流行于中小学、幼儿园等集体生活环境。淋菌性结膜炎致病菌为淋球菌，是一种传染性极强、破坏力很大的超急性化脓性结膜炎，又称"脓漏眼"。成人淋菌性结膜炎多因自身或他人患有淋菌性尿道炎的分泌物直接或间接接触眼部所致，新生儿淋菌性结膜炎患儿多因分娩时通过患有淋菌性阴道炎的母体产道时感染。

治疗原则：冲洗结膜囊；局部或全身使用敏感抗生素；做好消毒隔离，避免交叉感染。

【护理评估】

一、健康史

评估患者的个人卫生习惯，询问患者有无"红眼病"接触史、有无进入过疫区，询问患者或患儿母亲有无淋菌性尿道炎病史。

二、身体状况评估

（一）症状与体征

1. 急性卡他性结膜炎　起病急，潜伏期1~3天，双眼同时或先后发病。患眼有明显异物感，自觉流泪、刺痒、灼热感。检查见眼睑肿胀，结膜明显充血水肿（图3－5）（彩图12），以穹窿部及睑结膜充血最为明显。分泌物呈黏脓性，量多，常于夜间将上、下睫毛粘住以致晨起睁眼困难。肺炎双球菌或Koch－Weeks杆菌感染者睑结膜上可出现假膜，常有穹窿部及附近球结膜下点状出血（图3－6）（彩图13）。少数患者可致浅层点状角膜浸润甚至蚕食性角膜溃疡。

2. 淋球菌性结膜炎　多双眼发病，起病急速，潜伏期从数小时至3天。眼睑高度红肿、疼痛，结膜高度充血、水肿，重者球结膜可突出于睑裂外。早期分泌物为浆液性，后转为大量脓性不断从睑裂溢出，故称"脓漏眼"（图3－7）（彩图14）。严重病例可并发角膜溃疡、穿孔和眼内炎。成人患者症状较小儿略轻。

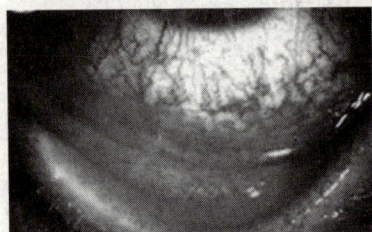

图3-5　急性卡他性结膜炎（结膜充血）　彩图12

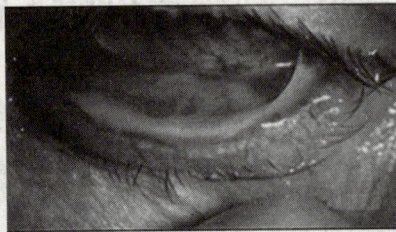

图3-6　急性卡他性结膜炎（假膜形成）　彩图13

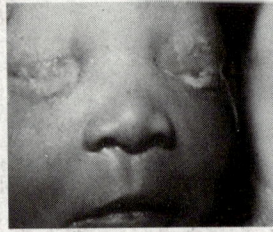

图3-7　淋球菌性结膜炎（脓漏眼）　彩图14

（二）并发症

角膜炎、角膜溃疡，淋球菌性结膜炎还可引起角膜穿孔、眼内炎。

（三）心理、社会状况

多数患者因结膜高度充血、分泌物多等改变而焦虑，并因周围人的恐惧和远离而变得孤独；缺乏传染性结膜炎相关防治知识，患病期间易造成家庭成员或群体性传染。

（四）辅助检查

结膜刮片、分泌物涂片可发现相应的病原体，必要时还可作细菌培养及药物敏感试验。

【护理问题】

1. 舒适改变　患眼异物感、刺痒、灼热感，与结膜炎症反应有关。

2. 自我形象紊乱　结膜充血、分泌物增多，与结膜炎症反应有关。

3. 潜在并发症　角膜炎症、溃疡及穿孔。

4. 知识缺乏　炎症期间缺乏治疗及护理知识，并缺乏有关结膜炎的预防知识。

【护理措施】

（一）一般护理

本病具有传染性，应做好消毒隔离措施。严禁包扎或热敷患眼，可局部冷敷，出门可配戴墨镜以减少光线刺激。健眼可用眼罩保护。

（二）治疗配合

1. 结膜囊冲洗　常用生理盐水或3%硼酸水冲洗，淋菌性结膜炎选用1:5000单位青霉素溶液。注意冲洗时使患者取患侧卧位，勿将冲洗液溅入健眼；嘱患者不停转动眼球以将分泌物充分洗出；冲洗时动作要轻，以免损伤角膜；如有假膜形成，应先除去假膜再进行冲洗。

2. 药物护理　遵医嘱选用敏感抗生素眼液2~3种交替点眼，睡前涂眼膏。常用药物有0.25%氯霉素、0.1%利福平、0.3%氧氟沙星、0.3%妥布霉素、0.5%红霉素眼膏等。淋球菌性结膜炎局部和全身并用大剂量青霉素、头孢曲松钠（菌必治）或阿奇霉素等；遵医嘱使用阿托品软膏散瞳。

3. 遵医嘱留取结膜分泌物送检细菌培养及药物敏感试验。

（三）病情观察

严密观察患者有无角膜损害情况及畏光、流泪、疼痛等角膜刺激征表现。

【健康指导】

（1）患者应隔离治疗，勿出入游泳池、理发店及人群密集的公共场所，以免引起流行。

（2）做好消毒隔离措施：患者的医护用品应专人专用；被病眼分泌物污染的医疗器具应严格消毒；用过的敷料要集中收集并烧毁；医护人员接触患者前后应立即洗手消毒，避免交叉感染；患者的毛巾、手帕及面盆等生活用品应经常消毒，并避免他人使用。

（3）严格注意个人卫生，勿用脏手揉眼，不共用洗脸用具。淋球菌性尿道炎患者，便后应立即洗手。

（4）婴儿出生后应常规用1%硝酸银液或红霉素眼膏涂眼，以预防新生儿淋球菌性结膜炎。

病毒性结膜炎

病毒性结膜炎（viral conjunctivitis）是由多种病毒引起的急性传染性眼病，通过接触传染，传染性强，曾在世界各地引起过多次大流行，好发于夏秋季。临床上以流行性角结膜炎、流行性出血性结膜炎最常见。流行性角结膜炎由多种腺病毒引起。流行性出血性结膜炎由70型肠道病毒引起，偶可由柯萨奇病毒A24型引起，传染性极强，可爆发性流行。

【护理评估】

一、健康史

评估患者的个人卫生习惯，询问有无同类眼病接触史、有无去过病毒性眼病流行区域。

二、身体状况评估

（一）症状与体征

1. 症状　起病急，两眼同时或先后发病，流行性角结膜炎潜伏期多为5~7天，流行性出血性结膜炎潜伏期为1~2天。患眼疼痛、畏光、流泪、灼热、异物感。

2. 体征　眼睑红肿，结膜高度充血、水肿。结膜滤泡形成，以上下穹窿部为主。分泌物量少，呈清水样。可伴有耳前淋巴结肿大、压痛。流行性角结膜炎于病变8~10天后出现浅层点状角膜浸润，并致症状加重。角膜损害可持续数月至数年后消失，重者可遗留角膜云翳。流行性出血性结膜炎早期即有球结膜下点状或片状出血，角膜损害出现早，以角膜上皮细胞点状脱落最常见，角膜损害持续时间长短不一，愈后不遗留瘢痕。

（二）心理、社会状况

患者因结膜高度充血、患眼疼痛、畏光、流泪等异常而焦虑，并因周围人的恐惧和远离而变得孤独；缺乏传染性结膜炎相关防治知识，患病期间易造成家庭成员或群体性传染。

（三）辅助检查

分泌物涂片或结膜刮片见单核细胞增多，培养可分离出病毒。

【护理问题】

1. 急性疼痛　与病变损害角膜有关。

2. 舒适改变 畏光、流泪、异物感，与结膜炎症及角膜损害有关。

3. 知识缺乏 急性炎症期间缺乏治疗及护理知识，并缺乏有关结膜炎的预防知识。

【护理措施】

（一）一般护理

因传染性极强，注意消毒隔离。局部可冷敷以减轻充血和疼痛，可戴墨镜以减轻强光刺激。

（二）治疗配合

（1）生理盐水冲洗结膜囊。

（2）遵医嘱选用抗病毒药物滴眼：如 0.1% 疱疹净、0.5% 无环鸟苷、4% 吗啉双胍等，每 30 分钟~1 小时滴眼 1 次，可选用 2~3 种药物交替滴眼。常联合使用抗生素滴眼液，以防治继发细菌感染。

（三）病情观察

注意观察角膜损害情况。一旦发现本病，应及时按丙类传染病要求，向当地疾病预防控制中心报告。

【健康指导】

同急性细菌性结膜炎。

沙　眼

沙眼（trachoma）是由沙眼衣原体感染引起的一种慢性传染性结膜角膜炎，可反复感染。因其在睑结膜面形成粗糙不平的沙粒样外观，故称沙眼。沙眼是由 A、B、C 或 Ba 抗原型沙眼衣原体感染结膜所致。通过直接或间接接触患眼分泌物而感染，常见的传播途径为水、手、苍蝇、衣物等。其发病率和严重程度与环境卫生条件及个人卫生习惯密切相关，影响其传播的因素还有居住拥挤、通风不良、尘埃、营养不良，医疗条件差等，目前仍是许多发展中国家的主要致盲性眼病之一。

知识链接

沙眼是是世界上导致传染性盲目的主要原因。在发展中国家，如亚非贫穷偏僻的地区、中东、拉丁美洲和澳洲的一些地区仍有很高的发病率。世界卫生组织估计全球大约有 8400 万人感染沙眼，有 800 万人因为沙眼而致视觉损害，约 590 万人因此失明或者有严重的视力下降。WHO 针对沙眼的临床特征，提出了有效控制沙眼的 4 个要素即 "SAFE" 战略。包括：S（Surgery），即手术矫正沙眼性倒睫；A（Antibiotics），即抗生素治疗活动性沙眼感染人群；F（Facial Cleanliness），即洗面和清洁眼部；E（Environmental improvements），改善环境，即通过改进水的供应、卫生条件和居住环境来预防沙眼。

【护理评估】

一、健康史

询问患者有无沙眼患者接触史、个人卫生习惯、环境卫生条件、居住状况等，询问既往诊疗情况及效果、有无反复发作，评估患者病变程度。

二、身体状况评估

（一）症状与体征

自然感染起始于儿童及青少年时期，常双眼发病，潜伏期 5 ~ 14 天。急性期如未愈则经 1 ~ 2 个月后进入慢性期，反复感染，病程可迁延数十年。临床所见沙眼通常为慢性期。

1. 症状　急性期可有刺痒、异物感、畏光流泪及黏脓性分泌物。进入慢性期后症状不明显，晚期常因发生并发症和后遗症，可出现明显刺激症状，视力不同程度下降，甚至失明。

2. 慢性期体征　上睑结膜充血、肥厚，血管模糊。乳头增生、滤泡形成（图 3－8）（彩图 15），以上睑及上穹窿部结膜为主。角膜缘滤泡破溃修复后形成浅小点状凹陷的 Herbet 小凹。有角膜血管翳形成（图 3－9）（彩图 16），为上方角膜缘新生血管呈垂帘状生长进入角膜，此为沙眼特异性改变，早期即可出现，重者可侵及全角膜。随病程发展，乳头、滤泡逐渐发生退行性改变，形成瘢痕（图 3－10）（彩图 17）。

图 3－8　睑结膜滤泡及血管模糊
彩图 15

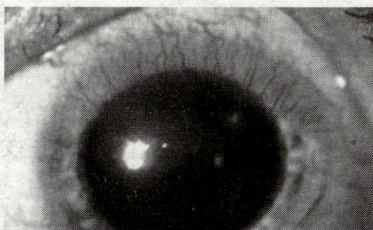

图 3－9　角膜血管翳
彩图 16

图 3－10　睑结膜瘢痕
彩图 17

3. 分期与诊断　我国 1979 年中华医学会眼科会议制订了沙眼诊断标准和分期方法。沙眼诊断标准：①上穹窿和上睑结膜血管模糊充血，乳头增生或滤泡形成，或两者兼有；②用放大镜或裂隙灯显微镜检查可见角膜血管翳；③上穹窿部或/和上睑结膜出现瘢痕；④结膜刮片染色检查有沙眼包涵体。在第一项的基础上有其他三项之一者即可确诊。

分期方法：Ⅰ期（进行期）：上穹窿和上睑结膜血管模糊充血，上睑结膜乳头增生、滤泡形成，有角膜血管翳。Ⅱ期（退行期）：除活动期病变外，兼有瘢痕形成。Ⅲ期（完全瘢痕期）：活动性病变完全被瘢痕取代，无传染性。

（二）并发症

重症沙眼可引起严重的并发症和后遗症而致盲。如睑内翻及倒睫、上睑下垂、睑球粘连、慢性泪囊炎、实质性角结膜干燥症、角膜混浊等。

（三）心理、社会状况

本病治疗时间长，容易复发，部分患者对治疗丧失信心或缺乏坚持治疗的恒心。在慢性期并发症出现前，有些患者因无明显不适而对治疗不重视，导致病情加重。

（四）辅助检查

结膜刮片检查可找到沙眼包涵体；荧光抗体染色法或酶联免疫法可测定沙眼衣原体抗体。

【护理问题】

1. 舒适改变　与沙眼衣原体感染有关。

2. 感知紊乱　视力障碍，与沙眼的并发症和后遗症有关

2. 潜在并发症　睑内翻倒睫、慢性泪囊炎、睑球粘连、上睑下垂、角膜混浊、实质性角结膜干燥症等。

3. 知识缺乏　缺乏沙眼相关的防治知识。

【护理措施】

（一）一般护理

因并发症损害角膜致明显视力障碍者，应协助患者进行生活护理。

（二）治疗配合

1. 局部用药　常用0.1%利福平、0.1%肽丁胺、0.5%新霉素或10%～15%的磺胺醋酰钠等眼液滴眼，每天4～6次，睡前用红霉素或四环素眼膏涂眼，疗程至少10～12周。

2. 全身用药　沙眼急性期或重症沙眼，可口服强力霉素、阿奇霉素、螺旋霉素、红霉素等，一般疗程3～4周，用药期间应注意药物副作用。

3. 机械疗法　乳头、滤泡较多者可协助医生进行乳头摩擦术或滤泡挤压术。

4. 协助医生进行并发症的手术治疗　针对沙眼的后遗症和并发症应选择相应的手术治疗，参照外眼手术护理常规进行手术前后的护理。

（三）病情观察

注意观察患眼病变程度和病变所处阶段，注意有无并发症发生，尤其注意有无角膜损害及损害程度。

（四）心理护理

向患者介绍沙眼并发症的危害性，嘱患者要及时治疗，坚持用药，树立战胜疾病的信心，争取早期治愈，并防止并发症发生。

【健康指导】

（1）加强卫生宣教，培养良好的个人卫生习惯，搞好家庭和个人卫生。保持面部清洁，经常洗手，提倡一人一盆一巾，不用脏手和不洁物擦眼。

（2）改善环境卫生条件，合理处理垃圾，改善厕所环境，消灭苍蝇，并注意保持水源清洁。

（3）加强理发店、浴室和旅馆等服务行业的卫生监督管理，要求面巾、浴巾用后应严格消毒，以防止发生交叉感染。

（4）病眼分泌物污染的物品应洗净，并煮沸或用75%乙醇消毒。沙眼衣原体对温度较为敏感，70℃仅能存活1分种。常用的消毒剂如1%甲醛、75%乙醇、1%碳酸均能迅速杀灭衣原体，但紫外线和肥皂无杀灭作用。

（5）积极治疗现症患者，以控制传染源。

（6）向患者说明坚持长期用药的重要性，重症需要用药半年以上。

翼状胬肉

翼状胬肉（pterygium）为睑裂区球结膜及结膜下组织增生肥厚，呈三角形朝向角膜侵袭生长，形如昆虫翅翼。常双眼患病，多见于鼻侧。病因及发病机制不明确，一般认为长期户外工作，受外界沙尘、阳光照射、干燥气候等因素的慢性刺激有关，紫外线可能是主要的致病因素。地球赤道部和户外工作的人群（如渔民、农民）发病率较高。

【护理评估】

一、健康史

询问患者的年龄、职业及工作环境、诊治经过及效果。

二、身体状况评估

1. 症状 常双眼患病，好发于鼻侧。多无自觉症状，或仅有轻度异物感；侵及角膜时可引起散光；进展至瞳孔区时将严重影响视力；肥厚挛缩的胬肉可限制眼球运动。

2. 体征 睑裂部球结膜充血肥厚，成三角形逐渐生长进入角膜。胬肉可分为三部分：伸入角膜内的尖端部分为头部，跨越角膜缘处的部分为颈部，位于球结膜上的宽大部分为体部。

按病变进行情况分为进行期和静止期。进行期胬肉（图3－11）（彩图18）发展快，组织充血肥厚，表面不平，上有粗大扩张的血管，其头部隆起，附近角膜呈灰白色浸润混浊。静止期胬肉（图3－12）（彩图19）一般不发展或发展很慢，无明显充血，组织菲薄，光滑，头部附近角膜透明。

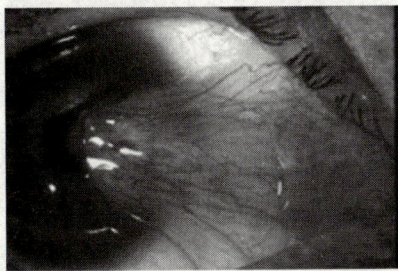

图3－11 进行性翼状胬肉 彩图18

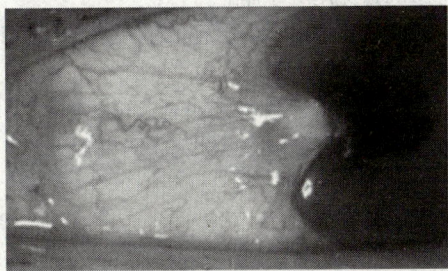

图3－12 静止性翼状胬肉 彩图19

【护理问题】

1. 感知紊乱 视力障碍，与翼状胬肉生长进入角膜甚至遮盖瞳孔有关。

2. 知识缺乏 缺乏翼状胬肉的防治知识。

【护理措施】

1. 小而静止性胬肉一般不需治疗，但应减少局部刺激，防止其发展，做好病情解释，嘱患者定期复诊。

2. 手术是治疗翼状胬肉的的唯一有效方法，但术后易复发。进行性胬肉及胬肉组织较大、已侵及角膜瞳孔区者需手术治疗，按外眼手术护理常规配合医生进行手术护理。

【健康指导】

（1）指导患者尽量避免长期接触相关致病因素，户外活动时，可戴防护眼镜，减少风沙、紫外线等对眼部的刺激。

（2）嘱已手术者注意眼部卫生，一般7～10天后拆除缝线。定期复查，观察胬肉有无复发。

（苑明茹）

一、A1 型题

1. 不属于沙眼慢性期特点的是
   A. 滤泡形成　　　　　　　　　B. 乳头增生
   C. 上睑结膜血管模糊　　　　　D. 睑结膜瘢痕形成
   E. 有明显的眼部不适症状

2. 不属于急性卡他性结膜炎特征的是
   A. 异物感　　　　　　　　　　B. 视力下降
   C. 双眼先后或同时发病　　　　D. 结膜明显充血
   E. 大量黏脓性分泌物

3. 急性细菌性结膜炎护理措施哪项错误
   A. 包盖患眼　　　　　　　　　B. 滴抗生素眼药水
   C. 涂抗生素眼膏　　　　　　　D. 冲洗结膜囊
   E. 做好消毒隔离

4. 传染性结膜炎的消毒隔离措施不包含
   A. 避免用脏手揉眼
   B. 滴抗生素眼液后方可进入公共游泳池
   C. 医护用品应专人专用
   D. 用过的敷料需集中烧毁
   E. 接触患眼后应立即洗手消毒

5. 沙眼描述错误的是
   A. 需长期坚持用药护理　　　　B. 是常见的致盲性眼病
   C. 应嘱患者注意个人卫生　　　D. 以局部用药护理为主
   E. 分泌物污染的毛巾衣物等可用紫外线照射方式消毒

6. 新生儿出生时眼部点用抗生素眼液或眼膏，是为了预防
   A. 新生儿急性泪囊炎　　　　　B. 新生儿淋球菌性结膜炎
   C. 病毒性结膜炎　　　　　　　D. 新生儿脑膜炎球菌性结膜炎
   E. 急性卡他性结膜炎

二、A2 型题

7. 患者，男，52 岁，农民。双眼异物感、痒涩 1 周。检查见：鼻侧睑裂部球结膜充血肥厚，形如三角形，其尖端位于角膜上，已接近瞳孔缘位置。该患者的首选治疗是
   A. 局部用眼药水　　　　　　　B. 射线照射
   C. 手术治疗　　　　　　　　　D. 塞替派眼药水
   E. 局部用眼药水配合眼药膏

8. 患者，男，17 岁。双眼红、痛、畏光、流泪 2 天。2 天前，患者不明原因先后出现双眼发红，伴有明显疼痛、畏光、流泪。检查见：双眼结膜高度充血水肿，球结膜下可见点状出血，角膜上有细小点状混浊。该患者护理错误的是
   A. 可嘱患者局部冷敷　　　　　B. 冲洗结膜囊
   C. 向当地疾控中心做病案汇报　D. 对患者进行隔离治疗
   E. 以局部使用抗生素为主要护理措施

三、A3 型题

张某，女，8 岁。因双眼红，分泌物增多，畏光、流泪 3 天而来医院就诊。3 天前患者不明原因出

现右眼红痛，次日左眼也出现红痛。近 2 天眼红加重，有烧灼感，晨起分泌物多，睁眼困难。患儿全家共用一脸盆，其母亲先于患儿有类似病情。检查：双眼远视力 1.0，结膜高度充血，有点状出血点，结膜囊有较多的黏脓性分泌物。

9. 根据症状体征，最可能的诊断是

A. 沙眼衣原体性结膜炎　　　　　B. 过敏性结膜炎

C. 病毒性结膜炎　　　　　　　　D. 急性卡他性结膜炎

E. 以上都不是

10. 对该患者的健康教育不正确的是

A. 滴用眼液时，先健眼后患眼　　B. 单独使用面盆和毛巾，并经常消毒

C. 注意洗手　　　　　　　　　　D. 不用手拭除眼部分泌物

E. 可与其母亲共用眼液、眼膏，同时治疗

第三节　角膜炎患者的护理

角膜炎是我国常见的致盲性眼病之一，按病因可分为感染性、外伤性、免疫性、先天异常和营养不良型角膜炎，其中以感染性角膜炎最为常见，病原体有细菌、真菌、病毒、棘阿米巴、衣原体等。角膜炎最常见症状有眼痛、畏光、流泪、眼睑痉挛，视力下降。典型体征为睫状充血、角膜浸润、角膜溃疡形成。角膜炎可致视力损害，甚至摧毁眼球。

角膜炎的治疗原则：积极控制感染，减轻炎症反应，促进溃疡愈合，减少瘢痕形成。经药物治疗如无明显疗效，有角膜穿孔危险者应及早选择角膜移植等手术。

细菌性角膜炎

案例　患者，女性，35 岁。2 天前有异物飞入眼内，1 天前出现剧烈眼痛、畏光、流泪、视力下降。检查：左眼视力 0.1，无法矫正，结膜混合充血，角膜表面见 3mm×2mm 大小的黄白色坏死灶，周围水肿，前房积脓 1mm。请问应该采集患者的哪些病史资料，并在接诊中应该向患者介绍哪些相关知识及注意事项？

细菌性角膜炎（bacterial keratitis）为细菌感染角膜所引起的急性化脓性角膜炎症，又称细菌性角膜溃疡。临床常见的有匐行性角膜溃疡和铜绿假单孢菌（绿脓杆菌）性角膜溃疡。病前多有角膜外伤史，铜绿假单孢菌性角膜溃疡多见于角膜异物取出术后。好发于患有沙眼、慢性泪囊炎、倒睫或佩戴角膜接触镜、长期使用糖皮质激素及免疫抑制剂者。常见致病菌有表皮葡萄球菌、铜绿假单孢菌、金黄色葡萄球菌、肺炎双球菌等。该病起病急，发展快，预后较差，如不及时控制感染，将发生角膜穿孔、眼内感染等严重并发症。

治疗原则：积极控制感染，减轻炎症反应，促进溃疡愈合，减少瘢痕形成，防止并发症的发生。经药物治疗如无明显疗效，有角膜穿孔危险者应及早选择角膜移植手术。

【护理评估】

一、健康史

询问患者有无角膜外伤史、角膜异物取出史，有无慢性泪囊炎、倒睫、糖尿病，有无长期戴角膜接触镜、长期使用糖皮质激素或免疫抑制剂等。

二、身体状况评估

（一）症状与体征

1. 匐行性角膜溃疡　起病急，进展快，常在角膜外伤后 1～2 天发病。患眼剧烈疼痛、畏光、流泪、眼睑痉挛、视力下降。眼睑肿胀，结膜混合充血或睫状充血。早期角膜病变部位出现灰白色或黄白色浸润（图 3-13）（彩图 20），呈圆盘状混浊，常位于角膜中心。溃疡形成后，其一侧边缘向周边及深部呈潜行性扩展（图 3-14）（彩图 21）。溃疡周围炎性浸润，边界不清，表面有坏死组织和分泌物附着。前房积脓（图 3-14），脓液多呈黄白色。重者可导致角膜穿孔。

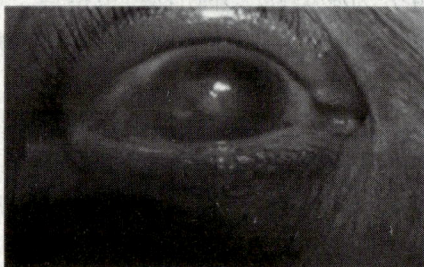

图 3-13　细菌性角膜溃疡
（早期病灶周围浸润）　彩图 20

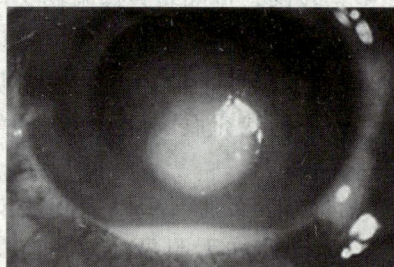

图 3-14　匐行性角膜溃疡
疡一侧边缘潜行性扩展，有前房积脓）　彩图 21

2. 铜绿假单孢菌性角膜溃疡　起病急，进展迅猛，愈后差，为最剧烈的角膜炎症。患眼剧烈疼痛、畏光、流泪、眼睑痉挛、视力急剧下降。眼睑高度红肿，结膜严重混合充血。角膜伤处发生灰白色浸润，并迅速向四周及深层扩展，周围有一环形浓密的浸润圈。角膜很快坏死形成大面积溃疡，其表面附有大量黄绿色黏稠脓液。前房积脓（图 3-15）（彩图 22），呈淡绿色，量多。重者可在 1～2 天内全角膜坏死、穿孔、眼内容脱出，甚至发生全眼球炎（图 3-16）（彩图 23）。

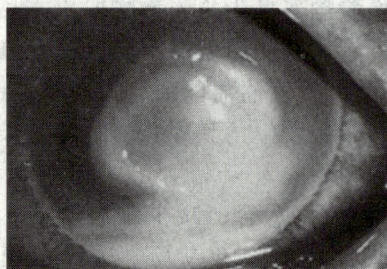

图 3-15 铜绿假单孢菌性角膜溃疡
彩图 22

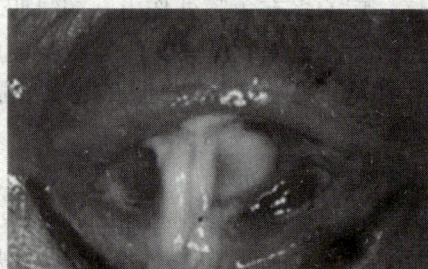

图 3-16　铜绿假单孢菌性角膜溃疡（角膜已穿孔）
彩图 23

（二）并发症

角膜溃疡穿孔、化脓性眼内炎。

（三）辅助检查

角膜溃疡刮片、镜检、细菌培养和药物敏感实验，可明确致病菌及敏感抗生素。

三、心理、社会状况

细菌性角膜炎起病急骤，疼痛剧烈，视力障碍严重，患者容易产生紧张、焦虑、悲哀等情绪，对患者的工作、学习和生活造成明显影响。

【护理问题】

1. 急性疼痛 眼痛与角膜炎症刺激有关

2. 感知紊乱 视力下降与角膜溃疡有关。

3. 焦虑 与担心疾病难以治愈有关

4. 潜在并发症 角膜溃疡穿孔、眼内炎等

5. 知识缺乏 缺乏防治细菌性角膜炎的相关知识

【护理措施】

一、一般护理

保证充足休息和睡眠，提供安静、舒适的环境，病房要适当遮光，避免强光刺激。外出应配戴有色眼镜或眼垫遮盖。多食富营养、易消化饮食，避免便秘。

二、治疗配合

1. 遵医嘱积极抗感染治疗 急性期选择高浓度敏感抗生素频繁滴眼，每 5～30 分钟滴眼 1 次，炎症减轻后逐渐减少滴药次数，重者可球结膜下注射抗生素。匐行性角膜溃疡常选用 5% 头孢唑林钠、5% 万古霉素、1% 妥布霉素或 0.3% 环丙沙星眼液；绿脓杆菌性可选多粘菌素 B（1 万 U/ml）、1.4% 妥布霉素、0.3% 环丙沙星或 5% 丁胺卡那霉素等眼液。

2. 散瞳 予以 1% 阿托品眼液或眼膏散瞳，以减轻疼痛及防止虹膜后粘连。滴药后应压迫泪囊区 3～5 分钟，防止吸收中毒。

3. 冲洗结膜囊 用生理盐水冲洗结膜囊，清除溃疡表面分泌物，但角膜深部溃疡或溃疡即将穿孔者禁止冲洗。

4. 局部热敷及眼垫包盖患眼 有助于减轻症状、促进炎症吸收及保护溃疡面。

5. 配合医生进行治疗性角膜移植 药物治疗无效、接近或已经穿孔者，可考虑施行。按内眼手术前后护理常规进行护理。

6. 其他辅助治疗 局部应用胶原酶抑制剂，可减轻角膜溃疡发展。口服大量维生素 C. 维生素 B 促进溃疡愈合。

7. 严格执行消毒隔离制度 患者所用医护用品专人专用，并及时消毒；用过的敷料应集中烧毁；对患者进行护理前后均应洗手、消毒，避免交叉感染。对铜绿假单胞菌性角膜溃疡患者应安排隔离病房。

8. 预防角膜穿孔的护理 ①进行眼部护理操作及检查时动作要轻柔，勿压迫眼球。

②嘱患者避免用力排便、咳嗽、打喷嚏及屏气用力等行为，禁止挤眼及揉按眼部。③深层角膜溃疡者，采用绷带加压包扎，必要时应用降眼压药物。④可用眼罩保护患眼，避免受到碰撞。

三、病情观察

严密观察患者角膜刺激征、病灶分泌物、结膜充血、视力及角膜有无穿孔等情况，如出现异常，立即通知医生并协助处理。

四、心理护理

向患者介绍角膜炎的病变特点、转归过程以及防治知识，消除其紧张、焦虑心理。鼓励患者表达自己的感受，及时给予安慰和理解。有明显视力障碍者，应给予生活护理。

【健康指导】

（1）预防角膜外伤，如有外伤，应及时就诊。积极治疗慢性泪囊炎、消除倒睫。

（2）角膜异物剔除时应严格无菌操作，次日复诊。

（3）严格管理眼科诊断和治疗用眼液，定期消毒更换，妥善保管，避免污染。如1%荧光素钠及0.5%丁卡因眼液，每周一次定期消毒，避免铜绿假单胞菌污染。

（4）佩戴角膜接触镜者，戴取时注意操作仔细、卫生无菌，避免角膜划伤及感染。

（5）可佩戴有色眼镜，避免强光刺激。

单纯疱疹病毒性角膜炎

单纯疱疹病毒性角膜炎（herpes simplex keratitis，HSK）是由单纯疱疹病毒I型感染引起的角膜炎症，居角膜病致盲率的首位。单眼多见，好发于青壮年，病程长，易反复发作。

单纯疱疹病毒性角膜炎多系原发感染后的复发，病变类型多样，以树枝状角膜炎最为常见。原发感染常发生于幼儿，当幼儿头面部皮肤或眼、唇、口腔黏膜感染病毒后，病毒在三叉神经节内长期潜伏。当机体抵抗力下降，如发生感冒、发热、使用糖皮质激素或免疫抑制剂、过度疲劳等时，潜伏的病毒被激活，并沿三叉神经释放至角膜，导致复发感染。如此反复发作，可使角膜损害逐渐加重而导致失明。

治疗原则：积极抗病毒治疗，减轻角膜损害；必要时可行治疗性角膜移植。

【护理评估】

一、健康史

询问患者病前有无上呼吸道感染等发热病史、有无全身或局部使用糖皮质激素、免疫抑制剂等病史，以及有无疲劳、饮酒、紫外线照射等情况发生。询问有无反复发作史、诊治过程、用药情况及疗效。

二、身体状况评估

（一）症状与体征

1. 原发感染 多见于6个月至5岁的小儿，常在上呼吸道感染后发病。眼部表现为眼睑皮肤疱疹、急性滤泡性结膜炎、点状或树枝状角膜炎等。伴有发热、耳前淋巴结肿大，病程有自限性。

2. 复发感染

（1）树枝状角膜炎　是最常见类型，初起角膜上皮呈灰白色小点状浸润，排列成行或成簇，继而形成小水泡，破裂后相互融合形成表浅的树枝状角膜溃疡，称树枝状角膜炎（图3-17）（彩图24）。病程有自限性，愈后极少遗留瘢痕。

（2）地图状角膜炎　树枝状角膜炎反复发作或使用糖皮质激素后，炎症逐渐向角膜病灶四周及基质层扩展，树枝状溃疡互相融合形成不规则的地图状角膜溃疡，边缘参差不齐，称地图状角膜炎（图3-18）（彩图25）。

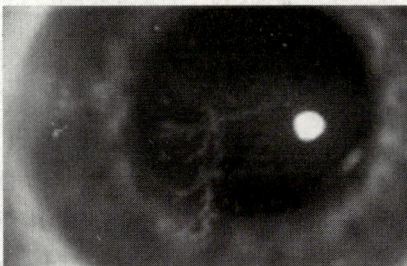

图3-17　树枝状角膜炎　彩图24

（3）盘状角膜炎　角膜表面粗糙、上皮完整，角膜中央部基质层有一以水肿为主的圆盘状致密混浊，灰白色、边界清楚（图3-19）（彩图26）。角膜知觉消失，刺激症状轻微，但视力显著下降。

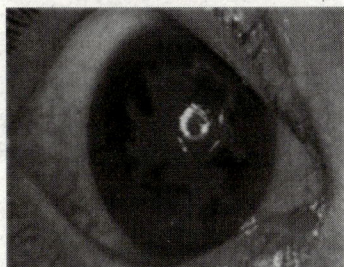

图3-18　地图状角膜炎　彩图25

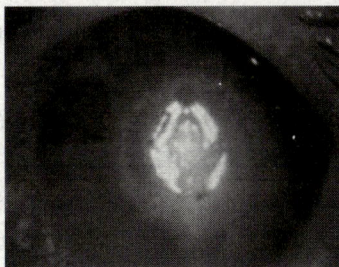

图3-19　盘状角膜炎　彩图26

（4）坏死性角膜基质炎　以炎性浸润和组织坏死为主要病变。重者可侵犯整个角膜基质，甚至发生溃疡穿孔，也可呈散在的灶性分布，伴有新生血管形成。愈后遗留致密瘢痕。

（二）辅助检查

角膜上皮刮片可见多核巨细胞及病毒包涵体；角膜病灶分离培养可发现单纯疱疹病毒；酶联免疫法检测病毒抗原；分子生物学方法如 PCR 可检测病毒 DNA 等。

三、心理、社会状况

单纯疱疹病毒性角膜炎反复发作，病程较长，严重影响视功能，患者易出现烦躁及悲伤等心理表现，有的可能放弃治疗。注意患者对于疾病认知程度的评估。

【护理问题】

1. 疼痛　眼痛与角膜炎症反应有关。

2. 感知紊乱　视力障碍与角膜混浊程度及病变部位有关。

3. 焦虑　与疾病反复发作、病程持续时间长，担心预后不良有关。

4. 知识缺乏　缺乏病毒性角膜炎的防护知识。

【护理措施】

一、治疗配合

1. 病灶清除　可用机械刮除、化学性或冷冻清创术将坏死的角膜组织清除。

2. 遵医嘱使用抗病毒药物　常用的有 0.1% 阿昔洛韦、0.05% 环胞苷、0.1% 疱疹净等眼液。急性期每 1~2 小时滴眼 1 次，严重者可联用干扰素。

3. 应用糖皮质激素　盘状角膜炎在使用抗病毒药物的同时，可局部加用糖皮质激素。树枝状和地图状角膜炎禁用糖皮质激素，否则会加重病情，甚至发生角膜穿孔。

4. 散瞳　常使用阿托品眼液或眼膏。

5. 手术治疗　反复发作、药物治疗无效或有穿孔危险者，可行治疗性角膜移植术。

二、病情观察

严密观察病情变化，注意病变的类型和进展，尤其是角膜溃疡的形态、范围和深度。

三、心理护理

安慰患者并解释病情，以消除患者的悲观心理，稳定情绪，坚定治疗的信心。

【健康指导】

（1）注意休息，避免疲劳和精神过度紧张，鼓励患者参加体育锻炼，增强体质，预防感冒，以降低复发率。

（2）合理饮食，多食水果、蔬菜，保持大便通畅，避免刺激性食物和饮酒。

（3）应用散瞳剂的患者，外出可戴有色眼镜，以减少光线刺激。

真菌性角膜炎

真菌性角膜炎（fungal keratitis）是由致病真菌引起的感染性角膜炎。近年来由于广谱抗生素和糖皮质激素的广泛应用，发病率呈明显升高趋势。该病起病慢、病程长、症状轻而组织损害严重，致盲率高。

夏秋收割季节好发，多见于农业工作者。常发生于植物性角膜外伤后，也可见于长期局部或全身应用抗生素、糖皮质激素以及免疫抑制剂等。常见致病菌为曲霉菌（最常见）、镰刀菌、白色念珠菌、酵母菌等。

处理原则：以抗真菌药物治疗为主，必要时可行治疗性角膜移植。

【护理评估】

一、健康史

询问患者职业和工作环境、有无眼部外伤史尤其是植物性眼球外伤史、有无长期使用抗生素、糖皮质激素史或免疫抑制剂史，询问患者的诊治情况及疗效。

二、身体状况评估

（一）症状与体征

1. 症状　发病缓慢，病程长，呈亚急性。自觉症状较轻，患眼轻度疼痛、畏光、流泪、异物感，伴视力下降。

2. 体征 球结膜混合充血。病变初起为灰白色的浸润灶，一周或更长时间后形成溃疡。病变早期角膜后壁有沉着物（内皮斑）。溃疡形状不规则，边界清楚，表面粗糙不平微隆起、干燥易碎，外观似牙膏样或苔垢样斑块（图3-20）（彩图27）。溃疡进展时，可呈羽毛状向外突伸，称为伪足，或向周围呈"卫星"状浸润蔓延，形成卫星灶。前房积脓，脓液黏稠，无典型的液平面。如不及时治疗或治疗无效，可发生角膜穿孔、眼内炎。

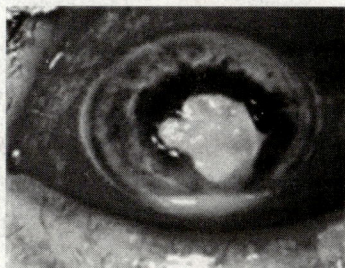

图3-20 真菌性角膜溃疡 彩图27

本病应与细菌性角膜溃疡相鉴别（表3-1）。

（二）并发症

角膜穿孔、眼内炎。

（三）辅助检查

角膜溃疡刮片可发现真菌菌丝，尤其是病变区活检可提高培养和分离的阳性率；共焦显微镜是非侵入性活体检查，可直接发现病原微生物，又可指导临床治疗。

三、心理、社会状况

患者早期因角膜刺激症状较轻、视力损害不突出而不予以重视，导致治疗耽搁，角膜损害加重。后期溃疡范围增大，视力严重下降，患者易出现紧张、焦虑甚至恐惧心理。了解患者对疾病的认知程度，工作环境等。注意有无紧张、焦虑、害怕等心理变化。

表3-1 真菌性角膜炎与细菌性角膜炎的鉴别

鉴别项目	真菌性角膜溃疡	细菌性角膜溃疡
诱因	多为植物性角膜外伤	一般性角膜外伤
起病	起病缓，进展慢	起病急，发展快
刺激症状	溃疡重，刺激症状轻	轻重与溃疡一致
分泌物	黏液性	脓性
溃疡形态	不规则，表面粗糙干燥，质脆易刮下，边缘清楚，坏死组织如苔垢状	圆形，表面光滑、湿润，边缘模糊，坏死组织呈黏性，不易剥下
病原体检查	刮片可见孢子或菌丝，培养有真菌生长	细菌培养阳性
治疗	抗真菌药物	抗细菌药物

【护理问题】

1. 感知紊乱 视力障碍，与角膜炎症影响有关。

2. 潜在并发症 角膜穿孔、眼内炎，与严重溃疡或治疗不及时有关。

3. 焦虑、恐惧 与视力障碍严重、病程长、愈合慢及担心愈后不良有关。

4. 知识缺乏 缺乏真菌性角膜炎的防治知识。

【护理措施】

一、治疗配合

1. 清除病灶 表面麻醉下刮除溃疡面坏死组织，并用5%碘酊烧灼。

2. 遵医嘱局部应用抗真菌药物 常用药物有0.25%两性霉素B、0.2%氟康唑、5%匹马霉素悬浮液等，每30分钟~1小时滴眼一次，睡前涂眼膏。病情严重者可结膜下注射咪康唑5~10mg球结膜下注射，一天一次。痊愈后应药坚持用药一段时间，减少复发。

3. 散瞳 应用1%阿托品眼液或眼膏扩瞳。

4. 全身用药 可口服酮康唑或静脉滴注咪康唑等药物，全身补充大量维生素。

5. 手术治疗 对长期不愈或角膜有穿孔危险者，可行结膜瓣遮盖或角膜移植术。

二、病情观察

密切观察视力和结膜充血有无改善，角膜溃疡有无进一步发展，有无角膜穿孔，注意有无药物副作用出现，如发现异常应及时报告医生。

三、心理护理

认真做好患者的心理疏导工作，消除焦虑心情。并传授有关防护知识，充分调动治疗疾病积极性，争取早日康复。

【健康指导】

（1）防止角膜外伤，尤其是农业外伤，亦应警惕戴角膜接触镜的损伤。

（2）避免滥用抗生素和激素，对长期应用抗生素和糖皮质激素的患者要注意有无真菌性角膜炎的发生。

（苑明茹）

练习题

一、A1 型题

1. 细菌性角膜炎护理错误的是
   A. 护理操作时，动作应轻柔，避免压迫眼球
   B. 安慰患者，稳定其情绪
   C. 局部频繁滴用抗生素眼液
   D. 结膜囊冲洗，清理分泌物
   E. 禁止加压包扎患眼，以免溃疡穿孔

2. 下列哪种角膜炎，不属于化脓性角膜炎
   A. 匐行性角膜炎   B. 树枝状角膜炎
   C. 真菌性角膜炎   D. 铜绿假单胞菌性角膜炎
   E. 以上都不是

3. 哪一种角膜溃疡病情发展最凶猛

    A. 匐行性角膜溃疡   B. 绿脓杆菌性角膜溃疡

    C. 真菌性角膜溃疡   D. 病毒性角膜溃疡

    E. 蚕蚀性角膜溃疡

4. 单纯疱疹病毒性角膜炎的最常见类型是

    A. 树枝状角膜炎   B. 地图状角膜炎

    C. 盘状角膜炎   D. 坏死性角膜基质炎

    E. 点状角膜炎

5. 对真菌性角膜炎进行护理评估时，最不重要的询问是

    A. 病前有无角膜外伤史   B. 有无眼部长期滴用广谱抗生素

    C. 有无全身使用免疫抑制剂   D. 诊疗经过

    E. 有无反复发作史

6. 治疗真菌性角膜炎可适用的药物是

    A. 庆大霉素滴眼液   B. 氧氟沙星滴眼液

    C. 链霉素滴眼液   D. 两性霉素 B 滴眼液

    E. 氯霉素滴眼液

7. 下列哪种药物不能用于树枝状和地图状角膜炎的护理

    A. 抗生素   B. 三氟胸腺嘧啶核苷

    C. 环胞苷   D. 碘苷

    E. 糖皮质激素

8. 细菌性角膜溃疡的危险性在于

    A. 前房积脓   B. 剧烈眼痛

    C. 可发生角膜穿孔   D. 将遗留角膜瘢痕

    E. 结膜高度充血、水肿

9. 单纯疱疹病毒性角膜炎描述错误的是

    A. 以抗病毒治疗为主   B. 护理评估时应询问有无反复发作史

    C. 需用 1% 阿托品散瞳护理   D. 致盲率低

    E. 角膜刺激症状较轻

二、A2 型题

10. 患者，男性，34 岁。主诉：左眼红痛伴畏光、流泪 3 天。现病史：3 天前患者于感冒后出现左眼红痛，并伴有畏光流泪，异物感等不适。1 年前有类似发作。检查：视力：右眼：1.0，左眼 0.6，左眼睫状充血，角膜荧光素染色（＋），着色区呈表浅的树枝状，该区角膜知觉减退。根据症状和体征，这是那种角膜炎

    A. 树枝状角膜炎   B. 地图状角膜炎

    C. 盘状角膜炎   D. 坏死性角膜基质炎

    E. 细菌性角膜炎

11. 患者，男性，65 岁，被确诊为真菌性角膜炎，下列各项最可能的诱发因素是

    A. 慢性泪囊炎   B. 沙眼

    C. 佩戴角膜接触镜   D. 植物性外伤史

    E. 营养不良

三、A3 型题

患者，男，42 岁。主诉：取除左眼角膜铁屑异物后眼痛伴视力下降 2 天入院。查：视力左眼手动，结膜混合性充血，结膜囊可见黄绿色脓液，角膜中央有直径约 5mm 的圆形溃疡灶，边缘呈灰白色浓密浸润，溃疡表面大量淡绿色分泌物附着，前房可见约 2mm 积脓。

12. 该病最可能的诊断是

    A. 匐行性角膜炎   B. 真菌性角膜炎

    C. 盘状角膜炎   D. 坏死性角膜基质炎

    E. 铜绿假单胞菌性角膜炎

13. 这类角膜炎的最突出特征是

    A. 结膜混合充血   B. 溃疡边缘匐行扩展

    C. 前房积大量黏稠脓液   D. 溃疡发展迅速并有黄绿色分泌物

    E. 视力急剧下降

第四节　白内障患者的护理

    白内障（cataract）指由各种原因导致的晶状体混浊。白内障已成为首位致盲性眼病，全世界盲人中有 46% 是因为白内障而致盲，我国每年新增白内障盲人约为 40 万。白内障的发病机制比较复杂，与营养、代谢、环境、机体外伤和遗传等多种因素有关。根据发病原因白内障可分为年龄相关性白内障、外伤性白内障、并发性白内障、代谢性白内障、先天性白内障、辐射性白内障、中毒性白内障及后发性白内障等。本节选择其中的年龄相关性白内障和先天性白内障进行介绍。

年龄相关性白内障

    案例　患者，男性，60 岁。因双眼视力下降 5 年，视物不能 1 年就诊。眼科检查：视力：右眼数指/30cm，左眼手动/50cm。双眼晶状体呈均匀的灰白色混浊，虹膜投影消失。请问作为当班护士应该采集患者的哪些病史资料？并在接诊中应该向患者及家属介绍哪些白内障相关知识？

    年龄相关性白内障（age－related cataract）又称老年性白内障，为最常见的白内障类型。多发生于 40 岁以上中老年人，且随着年龄的增加，患病率明显升高。双眼同时或先后发病，主要表现为渐进性、无痛性视力减退。具体发病机制尚不明确，可能与年龄、紫外线、全身性疾病（如糖尿病、高血压、动脉硬化等）外伤、等因素多种因素有关。根据晶状体初发混浊的部位分为皮质性、核性和后囊下三种类型，其中以皮质性最为常见。

    治疗原则：目前尚无疗效肯定的药物，仍以手术治疗为主。

【护理评估】

一、健康史

    评估患者的年龄、紫外线照射、全身性疾病（如糖尿病、高血压、动脉硬化等）等因素，评估患者的身体素质状况。

二、身体状况评估

（一）症状与体征

    主要症状为渐进性、无痛性视力下降，直至眼前手动或仅有光感。患者早期可有眼前固定不动的黑影，随病情发展亦可有单眼复视或多视。核性白内障可出现近视加重和老视减轻现象。

1. 皮质性白内障 按发展过程分为4期：

（1）初发期（图3-21）（彩图28）：晶状体周边部皮质出现灰白色楔形混浊，尖端指向晶状体中央，混浊在瞳孔区还不明显，常需散瞳才能发现，视力多正常。

（2）膨胀期（图3-22）（彩图29）：又称未熟期，混浊逐渐向中央发展，并进入瞳孔区，视力明显下降。晶状体皮质吸收水分体积膨胀，推虹膜前移，使前房变浅，易诱发急性闭角型青光眼。用斜照法检查时，在患眼瞳孔区投照侧出现新月形阴影，即虹膜投影阳性。

（3）成熟期（图3-23）（彩图30）：晶状体全部混浊呈均匀乳白色，皮质水肿消退，体积和前房深度恢复正常，虹膜投影消失，眼底无法窥见，视力降至手动或光感。

（4）过熟期（图3-24）（彩图31）：持续数年的成熟期晶状体可发生水分丢失，体积变小，囊膜皱缩。晶状体皮质分解液化呈乳状物，晶体核下沉，上方前房变深，虹膜失去支撑，出现虹膜震颤。液化的皮质渗漏到囊膜外时，可引起晶状体过敏性葡萄膜炎和晶状体溶解性青光眼。

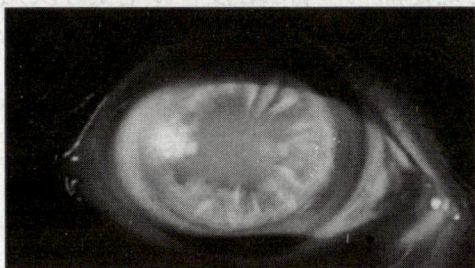

图3-21 年龄相关性白内障初发期 彩图28

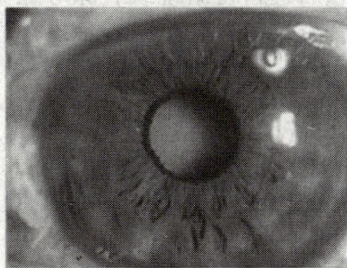

图3-22 年龄相关性白内障膨胀期
—— 虹膜投影阳性 彩图29

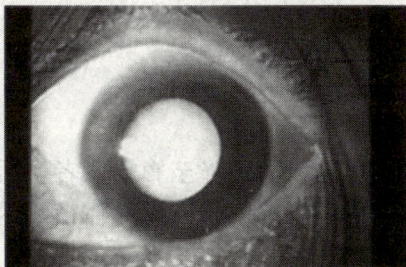

图3-23 年龄相关性白内障成熟期 彩图30

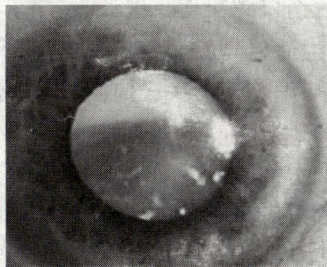

图3-24 年龄相关性白内障过熟期 彩图31

2. 核性白内障（图3-25）（彩图32） 较皮质性白内障少见，发病早，40岁左右开始，进展缓慢。混浊始于胚胎核或成人核，直至成人核完全混浊。早期晶状体核呈黄色，周边部透明，视力不受影响。随着晶状体核密度增加，屈光力增强，患者可出现近视加重和老视减轻现象。随混浊逐渐加重，视力明显下降，其颜色也逐渐变成棕黄色或棕黑色。

3. 后囊下白内障（图3-26）（彩图33） 是在晶状体后囊膜下的皮质浅层出现的黄色混浊，其间夹杂着小空泡和金黄色或白色结晶样颗粒。由于混浊位于视轴区，早期即可出现视力障碍。

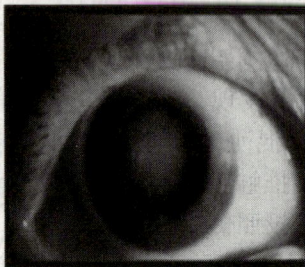

图3-25　核性白内障　彩图32

图3-26　后囊下白内障　彩图33

（二）并发症

1. 膨胀期　可出现急性闭角型青光眼。

2. 过熟期　可出现晶状体过敏性葡萄膜炎、晶状体溶解性青光眼等。

（三）辅助检查

散瞳后进行检眼镜或裂隙灯显微镜检查，可确定晶状体混浊程度；眼电生理及光定位检查，可排除视网膜及视神经疾病；角膜曲率及眼轴长度检查，以计算植入人工晶状体的度数。

三、心理、社会状况

老年人因视力障碍，行动不便，影响外出活动和社交，易产生孤独感，出现社交障碍。

【护理问题】

1. 感知紊乱　视力下降，与晶状体混浊有关。

2. 潜在并发症　继发性闭角型青光眼、晶状体过敏性葡萄膜炎、晶状体溶解性青光眼、术后伤口感染等。

3. 生活自理缺陷　与视力下降及手术有关。

4. 知识缺乏　缺乏白内障自我保健知识。

【护理措施】

以手术治疗为主，目前尚无疗效肯定的药物治疗。当视力下降至影响患者生活或工作时即可考虑进行手术。通常采用的手术为：白内障囊外摘除联合人工晶体植入术。晶状体摘除后术眼呈高度远视状态，需植入人工晶体或术后佩戴凸透镜以矫正视力，其中植入人工晶体是目前最好最有效的矫正方法；如无条件者可行白内障囊内摘除术并于术后佩戴凸透镜。

一、一般护理

向患者及家属介绍病区相关护理常识，使患者适应病区生活环境，预防意外损伤；指导做好个人生活卫生，洗头洗澡时，勿让脏水入眼；给予清淡易消化食物，保持大便通畅。

二、治疗配合

1. 遵医嘱用药　白内障早期，可滴用谷胱甘肽、白内停、卡他林等眼液，口服维生素 C、维生素 E 等药物，以延缓白内障的进展。在膨胀期慎用散瞳剂如阿托品，避免诱发青光眼。

2. 白内障手术患者的护理

（1）向患者讲明手术目的、方式及复明效果，解释术中、术后可能出现的问题、注意事项及采取的应对措施，减轻患者的思想顾虑，使其积极配合治疗。

（2）术前眼部准备：术前 3 天滴抗生素眼药水、冲洗结膜囊及泪道、剪术眼睫毛；检查视功能、眼压、角膜曲率半径和眼轴长度。

（3）配合医生完善术前全身检查：包括血压、血糖、心电图、胸透、肝功、血尿常规、凝血功能等。教患者学会转动眼球，用舌尖顶压上腭或用手指按压人中穴的方法来抑制咳嗽和打喷嚏，防止术后出血或伤口裂开。

（4）术后注意观察术眼有无疼痛、充血、视力下降、分泌物增多等，如有异常应及时报告医生。术后进行眼部护理操作时严格执行无菌原则，动作轻柔，不要挤压眼球。嘱患者勿揉压术眼、剧烈活动及用力排便等，以免伤口出血或裂开。同时，加强生活护理，术后生活不能自理者，应协助患者完成饮食、大小便、洗漱等。嘱其出院后定期门诊复查。

三、病情观察

（1）如患者术前突然出现眼胀、眼痛，提示发生青光眼。

（2）术后注意观察术眼辅料是否干燥、固定，如术眼出现疼痛、脓性分泌物、视力下降等应警惕眼内感染；对于突然出现的术眼疼痛、视力明显减退，提示发生手术伤口裂开。

四、心理护理

对患者及家属介绍手术复明知识、预后效果及可能出现的问题，使患者能顺利接受手术并保持情绪稳定，避免因情绪激动而导致并发症的发生。

【健康指导】

1. 宣传防盲治盲知识　白内障是我国当前防盲治盲工作的重点，积极宣传白内障防治知识，讲述其发病原因、治疗现状及预后，建立防治网络，做到群防群治。

2. 对早期患者定期进行门诊随访，教会患者学会自我监测病情变化，如出现虹视、眼疼、头痛、恶心、呕吐等，提示可能发生急性青光眼，应及时到医院就诊。

3. 避免紫外线、红外线、放射线等直接、长时间照射眼部，外出时可戴太阳镜保护。

4. 指导患者掌握人工晶状体植入术后的护理要点，提高自我保健能力，避免意外发生。术中未植入人工晶状体者，术后 3 个月配普通框架眼镜（双眼）或角膜接触镜矫正视力。

先天性白内障

先天性白内障（congenital cataract）是由于在胎儿发育过程中，因晶状体发育障碍所导致的晶状体混浊。多数患儿出生时即已存在，少数出生后才开始混浊。表现为各种形态与部位的晶状体混浊，可为单眼或双侧。

先天性白内障发病有内源性和外源性两种原因。内源性与染色体基因有关，有遗传性。外源性与母亲妊娠前3个月病毒感染、滥用药物、放射线照射、营养缺乏及全身病变等影响胎儿晶状体的发育有关。

治疗原则：有明显视力障碍者尽早手术，以恢复视力，减少弱视和盲的发生。

【护理评估】

一、健康史

询问患儿母亲孕期有无接触紫外线、营养缺乏及病毒感染史，有无家族遗传史等；询问发现患儿眼部和视力异常的时间及有无发展。

二、身体状况评估

（一）症状与体征

1. 症状 可双眼或单眼发病，多为静止性，少数出生后继续发展。患儿视力障碍程度可因混浊发生部位和形态不同而异。有的可不影响视力，有的出生后只有光感。

2. 体征 根据晶状体混浊发生部位和形态分为：前、后极性白内障、点状白内障、冠状白内障、绕核性白内障和全白内障。其中绕核性白内障为最常见的类型。常合并其他眼病如斜视、眼球震颤、先天性小眼球等。

（二）并发症

弱视、斜视及眼球震颤。

（三）辅助检查

实验室检查如染色体、血糖、尿糖和酮体检查等，可以帮助了解病因。

三、心理、社会状况

一般情况下患儿家长对孩子的视力障碍非常担心，但是对疾病的预后缺乏了解。

【护理问题】

1. 感知紊乱 视力下降，与晶状体混浊、视力障碍有关。

2. 自理缺陷 与视力障碍有关。

3. 潜在并发症 斜视、弱视和眼球震颤与晶状体混浊导致视网膜只能有效接受光线刺激而影响视功能发育有关。

【护理措施】

一、一般护理

帮助家属制定患儿生活自理计划，指导有效实施。

二、治疗配合

（1）视力影响不明显者，一般不需治疗，定期随访。

（2）有明显视力影响者，应尽早给予手术治疗。手术愈早，获得良好视力的机会愈大。一般宜在出生后3~6个月手术，最迟不超过2岁，以免发生弱视。

（3）无晶状体眼者需进行屈光矫正，屈光矫正方法有：框架眼镜、角膜接触镜、人工晶状体植入。

（4）如已发生弱视，应抓紧弱视训练治疗，指导家长对其进行正确的弱视训练：如遮盖疗法、光学药物压抑法、精细动作训练等。

三、心理护理

对于视力障碍明显或术后效果不佳者，应给予低视力康复治疗和教育。将本病有关防护知识介绍给家庭主要成员，以便患者能够得到正确的家庭护理。

【健康指导】

（1）做好社区宣教工作，避免先天性白内障的发生。

（2）内源性先天性白内障具有遗传性，注意优生优育。外源性先天性白内障应做好孕妇早期保健护理，特别是母体怀孕后前 3 个月内。

（3）对于视力极差或手术效果不佳者，应作低视力健康教育及治疗。

（苑明茹）

练习题

一、A1 型题

1. 我国目前最常见的白内障类型是
   A. 先天性白内障　　　　　　　　B. 外伤性白内障
   C. 糖尿病性白内障　　　　　　　D. 年龄相关性白内障
   E. 并发性白内障

2. 对年龄相关性白内障膨胀期患者进行散瞳护理可能会导致：
   A. 视力急剧下降　　　　　　　　B. 晶体囊膜破裂
   C. 皮质液化　　　　　　　　　　D. 诱发闭角性青光眼急性发作
   E. 晶体脱位

3. 提高白内障患者晶体摘除术后视力的最好最有效方法是
   A. 佩戴凸透镜　　　　　　　　　B. 佩戴凹透镜
   C. 佩戴角膜接触镜　　　　　　　D. 植入人工晶体
   E. 尽早手术治疗

4. 年龄相关性白内障的主要症状是
   A. 视力下降　　　　　　　　　　B. 患眼胀痛
   C. 视野缺损　　　　　　　　　　D. 视疲劳
   E. 复视

5. 年龄相关性白内障患者术后护理错误的是
   A. 局部滴用抗生素和糖皮质激素眼液
   B. 保持大便通畅
   C. 如术眼出现明显疼痛，给予止痛药物即可
   D. 滴散瞳剂
   E. 避免揉压眼部

二、A2 型题

6. 患者男，67 岁，近十年来双眼逐渐出现视物模糊不清。眼科检查：视力．右眼光感，，左眼手动／50cm；双眼晶状体呈乳白色完全混浊，虹膜投影消失。该患者最佳治疗方案为

A. 手术治疗　　　　　　　　　B. 药物治疗

C. 配镜矫正　　　　　　　　　D. 饮食调理

E. 理疗及热敷

7. 患儿男，3 个月，出生后一个月，家属发现患儿双眼瞳孔区呈乳白色，并且不能追随物体转动眼球。对该患儿家属进行健康指导时应着重指出

A. 无需紧张，随患儿生长情况会自然改善

B. 加强母乳喂养，改善营养状况

C. 应尽早手术，以免导致弱视

D. 进行视力康复训练

E. 注意患儿的保护，避免受伤

三、A3 型题

患者，女，72 岁，右眼视物模糊 2 年，近 3 个月视力明显下降，且在情绪激动时偶感眼胀痛。检查发现：右眼视力 0.05，眼压 21mmHg，晶状体呈乳白色混浊，眼底窥不清，虹膜投影阳性；左眼无明显异常发现。

8. 该患者目前最需警惕的护理问题是

A. 感知紊乱　　　　　　　　　B. 生活自理缺陷

C. 知识缺乏　　　　　　　　　D. 有诱发闭角性青光眼急性发作的危险

E. 有发生过敏性葡萄膜炎的危险

9. 护理该患者时应特别注意尽量避免

A. 使用抗生素滴眼　　　　　　B. 揉压眼部

C. 使用谷胱甘肽滴眼　　　　　D. 便秘

E. 使用阿托品滴眼

第五节　青光眼患者的护理

青光眼（glaucoma）是眼压水平与视神经等组织的耐压能力失衡，使眼内压超过了视神经耐受压而引起的，以特征性视神经损害和视野缺损为特征的一组眼病。病理性眼压增高是其主要危险因素。青光眼性失明无法逆转恢复，是致盲的主要眼病之一，若能及早进行正确诊治和护理，多数患者可避免失明。

眼压是眼球内容物作用于眼球内壁的压力，亦称眼内压（intraocular pressure）。一般将正常人眼压值定义在 10～21mmHg（1mmHg ＝0.133 kPa）范围。正常眼压具有双眼对称，昼夜压力相对稳定等特点，即 24 小时眼压波动范围≤8 mmHg（1.06 kPa），双眼眼压差≤5 mmHg（0.66 kPa）。一般来讲，眼压升高是引起视神经及视野损害的重要因素，但视神经对眼压的耐受程度有很大的个体差异。在临床上，部分患者的眼压已超过统计学的正常上限，长期随访观察并不出现视神经损害和视野缺损，称为高眼压症；也有部分患者眼压在正常范围内，却发生了青光眼典型的视神经萎缩和视野缺损，称为正常眼压性青光眼。因此，高眼压并不都是青光眼，正常眼压也不能排除青光眼。

正常眼压对维持正常视功能起着重要作用。眼压的稳定性主要通过房水的产生与排

出之间的动态平衡来维持。房水生成率、房水通过小梁网流出的阻力和上巩膜静脉压是影响眼压高低的主要因素。对青光眼的治疗和护理也要遵循这一规律，或增加房水排出，或减少房水生成，以达到降低眼压，保存视功能的目的。

根据前房角形态、病因及发病机制、年龄等因素，将青光眼分为原发性青光眼、继发性青光眼和先天性青光眼三大类。根据眼压升高时前房角的开放状态，原发性青光眼又分为闭角型青光眼和开角型青光眼。

急性闭角型青光眼

案例 患者，女，58岁。自诉昨晚与人发生冲突后即感左眼剧烈疼痛，伴头痛、呕吐2次，服止痛药勉强入睡。今晨起后左眼视物不清，急来我院就诊。查体：左眼视力光感，角膜雾状水肿，前房变浅，瞳孔7mm，眼压Tn+2，初步印象：左眼急性闭角型青光眼急性发作期，右眼临床前期。

1. 能诱发急性闭角型青光眼发作的诱因有哪些？
2. 目前采取的药物治疗护理措施有哪些？

急性闭角型青光眼（acute angle–closure glaucoma，ACG），是一种以眼压急剧升高并伴有相应症状和眼前段组织改变为特征的眼病，又称急性充血性青光眼。多见于50岁以上女性，男、女发病比约为1:2。可双眼同时或先后发病，与遗传因素有关。

病因尚不能充分阐明，具有遗传倾向的解剖变异是本病的主要因素，包括眼轴短、角膜小、前房浅、房角窄、以及晶状体较厚、位置靠前等。随年龄增长，晶状逐渐增厚，使房水进入前房的阻力增大而出现生理性瞳孔阻滞现象。常见的诱发因

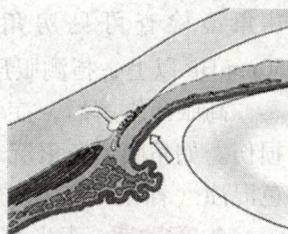

图3-27 房角关闭

素：情绪激动、过度疲劳、暗室停留时间过长、长时间阅读，局部或全身应用抗胆碱类药物等在上述因素共同作用下，周边虹膜膨隆，与小梁网接触，导致房角关闭（图3-27），阻断了房水排出通道，使房水潴留，眼压升高而诱发急性闭角型青光眼急性发作。

治疗原则：急性闭角型青光眼的基本治疗原则是手术。术前应积极采用综合药物治疗，以缩小瞳孔，开放房角，迅速控制眼压，减少组织损害，积极挽救视力。

【护理评估】

一、健康史

患者大多有遗传史及家族史；发病前有无情绪剧烈波动或上述有关的诱发因素发生。

二、身体状况评估

（一）症状与体征

急性闭角型青光眼有以下几个不同的临床阶段（分期），不同的病期各有其一定的特点。

1. 临床前期 当一眼已被确诊为本病，另一眼只要具有前房浅、房角狭窄等解剖因

素，尚未发作，则该眼即为临床前期；或两眼虽均未发病，但有家族史且存在浅前房，做激发试验后眼压明显升高者，亦称临床前期。

2. 前驱期（先兆期） 表现为一过性或反复多次的小发作，多出现在傍晚时分。表现为轻度的眼胀痛伴同侧偏头痛、视力减退、鼻根部酸胀，轻度睫状充血、角膜轻度雾状混浊、眼压略高，休息后上述症状体征可自行缓解。

3. 急性发作期 起病急，表现出典型的急性闭角性青光眼的身体状况（图3-28）（彩图34）。

（1）症状 突然发作剧烈的眼胀、眼痛，伴剧烈的头痛、恶心、呕吐。有时易被误诊为胃肠道疾病、颅脑疾患等疾病。视力迅速下降，甚至仅存光感。

（2）体征 ①眼睑肿胀，球结膜混合充血、水肿；②角膜水肿，呈雾状或毛玻璃状，角膜内皮可有色素性KP；③瞳孔中等散大，常呈竖椭圆形，对光反射迟钝或消失，有时可见局限性后粘连；④虹膜因水肿而纹理不清，后期可留有萎缩区；⑤前房极浅，周边部前房几乎完全消失，房角镜检查可见房角完全关闭；⑥眼压升高，多在

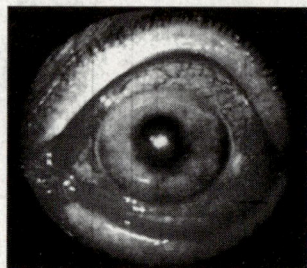

图3-28 急性发作期 彩图34

50mmHg以上，指测眼压时眼球坚硬如石。

高眼压缓解后，症状多减轻或消失，但视力仅部分恢复，眼前段常留下永久性组织损伤。如角膜后色素沉着、虹膜节段性萎缩及色素脱落、晶状体前囊下点状或片状灰白色混浊（青光眼斑），统称为急性闭角性青光眼三联征，有诊断意义。

4. 间歇期 青光眼急性发作后，经治疗或自然缓解，房角重新开放，不用药或仅用少量缩瞳剂就能将眼压维持在正常范围内症状和体征减轻或消失，但视力仅部分恢复。因瞳孔阻滞等病理基础尚未解除，遇到诱发因素可再次急性发作。

5. 慢性期 急性大发作或反复小发作后，房角广泛粘连（通常>180°），小梁网功能严重损害，眼压持续中度升高，视力进行性下降。随病情发展，逐渐出现青光眼性视乳头萎缩和凹陷，并有相应的视野缺损。

6. 绝对期 指眼压持续升高过久，眼组织特别是视神经遭到严重破坏，视力已降至无光感且无法挽救的晚期病例，偶可因眼压过高或角膜变性而出现顽固性眼痛。

（二）辅助检查

眼压检查、视野检查、前房角镜检查有相应阳性体征。可疑患者应进行相关的激发试验，如暗室试验、饮水试验等。暗室试验：即在暗室内，患者清醒状态下，静坐1~2小时，然后在暗光下测眼压，如测得的眼压比试验前升高>8mmHg，则为阳性。进一步的检查有：眼底彩照、OCT检查、视野检查等。

三、心理、社会状况

急性闭角性青光眼发病急骤，患者视力下降明显，并且反复发作后视力难以恢复。患者心理负担较重，情绪变化较大，表现为紧张、焦虑、暴躁、恐惧、绝望等。

【护理问题】

1. 急性疼痛 眼痛伴偏头痛，与眼压升高有关

2. 感知紊乱 视力障碍，视野缺损 与眼压升高致角膜水肿、视网膜及视神经损害有关

3. 知识缺乏 与缺乏急性闭角型青光眼的相关防治及护理知识有关

4. 焦虑 与对青光眼的预后缺乏信心，担心预后不良有关

【护理措施】

一、治疗配合

1. 遵医嘱迅速给予降眼压药物，并注意观察药物疗效及不良反应。

（1）拟副交感神经药（缩瞳剂） 使瞳孔缩小、房角开放，从而降低眼压。常用药以 1~2% 毛果芸香碱为代表。每隔 5~10 分钟 1 次，瞳孔缩小眼压降低后，改为 1~2 小时 1 次。每次点药后应压迫泪囊区数分钟。如果出现恶心、呕吐、流涎、出汗、腹痛、肌肉抽搐等症状，应及时停药，严重者可用阿托品解毒。

（2）碳酸酐酶抑制剂 能减少房水生成而降低眼压，常用乙酰唑胺。如服用后出现口周及手脚麻木，停药后症状即可消失。此药不可长期服用，可引起尿路结石、肾绞痛、血尿及小便困难等副作用。若发生上述症状，应嘱患者停药，并少量多次饮水。

（3）β-肾上腺能受体阻滞剂 通过抑制房水生成而降低眼压。常用 0.25%~0.5% 噻吗洛尔滴眼液，每日滴眼 2 次。注意心率变化，对心脏房室传导阻滞、窦性心动过缓和支气管哮喘者禁用。

（4）高渗剂 本类药能提高血浆渗透压，吸收眼内水分，使眼压迅速下降，但作用时间短，常用甘露醇注射液 250ml 快速静脉点滴。对年老体弱或有心血管疾病者，应注意呼吸及脉搏变化，以防发生意外，糖尿病患者也应慎用。药物作用使颅压降低，部分患者可出现头痛、恶心等症状，用药后宜平卧休息。

（5）辅助药物 重视神经保护性治疗，神经营养药物可起到一定保护视神经的作用。必要时可给予止吐、镇静、安眠药物。

2. 手术治疗 待药物将眼压控制以后，可行手术治疗，以防复发。

其目的是打通阻塞，建立房水引流的新通道。根据房角开放情况选择周边虹膜切除术、激光虹膜切开术，或滤过性手术如小梁切除术等。按内眼手术患者的护理常规做术前准备和术后护理。

二、病情观察

密切观察患者眼压及症状的变化，在给予降眼压药物和缩瞳剂时，注意观察药物的副作用。如患者出现异常反应，应立即报告医生，及时处理。

三、心理护理

医护人员根据青光眼患者性情急躁、易激动的特点，做好患者心理疏导，指导患者掌握放松技巧，如深呼吸、静坐放松，缓解急躁、紧张、焦虑心理，良好心态接受治疗及护理。

【健康指导】

（1）闭角性青光眼是重要而常见的致盲眼病，加强宣传，对疑似病例，有家族史

者，或眼科检查前房浅，房角窄者应密切观察眼压，以便早期诊断与治疗。

（2）对已确诊的患者，解释坚持用药，定期复查的重要性。指导患者及家属学会自我监测病情，一旦出现眼痛、头痛、虹视、视力下降等症状要及时到医院诊治。

（3）保证充足的睡眠，避免情绪激动，如过度兴奋或忧郁等。

（4）避免黑暗环境中停留时间太久，不看或少看电视

（5）避免短时间内饮水量过多（一次饮水量 < 300ml 为宜），以免加重病情或引起发作。

（6）选择清淡易消化的饮食，保持大便通畅，忌烟酒、浓茶、咖啡和辛辣等刺激性食物。

（7）严重视功能障碍的患者外出应有家人陪同，防止发生意外。

开角型青光眼

开角型青光眼（open – angle glaucoma，OAG）是一种眼压升高而致视神经损害、视野缺损、终至失明的眼病，亦称慢性单纯性青光眼。其特点为：发病隐匿，进展缓慢，发作时眼压虽然升高，但房角始终开放。多见于中年人，双眼先后或同时发病。

发病机制尚不明确，主要为小梁网病变，网眼变窄或闭塞，使房水排出的阻力增加所致。

治疗原则：控制眼压升高，防止或延缓视功能进一步损害。以药物治疗为主，无效时再进行手术。亦有主张滤过性手术可作为首选的治疗手段。

【护理评估】

一、健康史

评估患者有无青光眼家族史、有无糖尿病、心血管疾病等病史。

二、身体状况评估

（一）症状与体征

1. 症状　早期自觉症状不明显或无自觉症状，可有轻度雾视、眼胀等症状。不易早期发现，患者多在视野严重受损甚至已经单眼失明时才引起注意而就医。

2. 体征

（1）眼压　早期眼压不稳定，呈波动性升高，早期通过测定 24 小时眼压曲线有助于诊断。24 小时眼压差 ≥8mmHg，激发试验为阳性体征。

（2）视野　典型的早期视野改变为旁中心暗点、弓形暗点。随着病情发展，可出现鼻侧阶梯、环形暗点、向心性缩小，晚期仅存颞侧视岛和管状视野（图 3 – 29）。除视野改变外也损害黄斑功能，出现获得性色觉障碍、视觉对比敏感度下降及某些视觉电生理异常等。

（3）眼底　主要是视盘（视乳头）的改变。典型的眼底表现为：①视盘生理凹陷进行性扩大和加深，杯/盘（C/D）>0.6（图 3 – 30）（彩图 35）；②双眼凹陷不对称，C/D 差值 >0.2；③视乳头上或其周围浅表线状出血；④视网膜神经纤维层缺损。

眼压升高、视乳头损害、视野缺损是开角型青光眼的三大诊断指标，其中的两项为

阳性，检查房角是开放的，即可诊断为开角型青光眼。

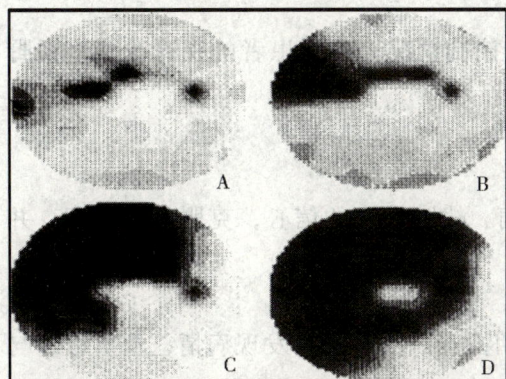

A.旁中心暗点　B.弓形暗点及鼻侧阶梯
C.象限性缺损　D.管状视野和颞侧视岛

图3－29　开角型青光眼视野改变

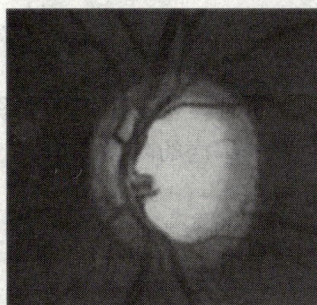

图3－30　开角型青光眼眼底改变（青光眼杯）
彩图35

（二）辅助检查

24 小时眼压测定、眼压描记、饮水试验、Goldmann 视野计超阈值静点检查或计算机自动视野计阈值定量检查、眼底照相、对比敏感度检查、视觉电生理检查等。

三、心理、社会状况

开角型青光眼不仅引起视野改变，还可造成黄斑功能受损，严重影响患者的工作和生活，患者常表现出焦虑、烦躁心理，并因担心预后视力恢复不理想而悲观。

【护理问题】

1. 感知紊乱　视野改变，与眼压升高、视神经纤维受损有关

2. 焦虑　与担心疾病预后不良有关

3. 自理缺陷　与视神经损害导致视野改变有关

4. 知识缺乏　缺乏开角型青光眼相关的防治知识

【护理措施】

一、治疗配合

1. 药物治疗　可首选 β－肾上腺能受体阻滞剂。如用一种药物不能控制眼压，可联合用药。药物使用原则：浓度最低、次数最少、效果最好。

（1）缩瞳剂　常用 1～2% 毛果芸香碱眼药水滴眼，3～4 次/天。

（2）β－肾上腺能受体阻滞剂　通过抑制房水生成而降低眼压。常用的为 0.25%～0.5% 噻吗洛尔眼药水滴眼，每日两次，或 0.5% 贝他根滴眼，每日 1～2 次。

（3）酸酐酶抑制剂　多用于局部用药的补充，不宜久用，以免引起全身副作用。

2. 手术治疗　药物治疗不理想者，可选用氩激光小梁成形术或小梁切除术等。近年来亦有主张滤过性手术（小梁切除术）可作为首选的治疗手段，认为比长期药物治疗失败后再做手术的效果更好。

二、病情观察

应注意 24 小时眼压的观察，以便了解眼压控制情况。观察患者的视野改变，视野缺损明显者，鼓励其寻求帮助。

三、心理护理

注意心理护理，协助患者树立积极治疗疾病、战胜疾病的信心，克服自卑心理，并向患者传授有关本病的防治知识。

【健康指导】

（1）有开角型青光眼家族史者，嘱患者定期检查，便于及时发现病情，及早诊断与治疗。

（2）强调遵医嘱坚持用药和按时复诊的重要性，根据眼压和视功能变化，及时调整治疗方案。

（3）开角型青光眼经治疗后，即使眼压得以控制，仍应指导患者每 3~6 个月按时进行复查，包括眼压、眼底、视野和视力。

先天性青光眼

先天性青光眼（congenital glaucoma）是由于胚胎发育时期，前房角发育异常，影响了房水外流导致眼压升高。根据发病年龄的早晚分为婴幼儿型青光眼和青少年型青光眼。

病因尚不完全清楚。一般认为，先天性青光眼属常染色体显性、隐性或多因素遗传病，常伴其他先天异常如虹膜缺损、白内障及心脏病等。婴幼儿型青光眼指 3 岁以内，约 50% 病例出生时就有临床表现，80% 在 1 岁内出现症状。青少年型青光眼 指在 6 岁以后，30 岁以前发病的先天性青光眼。

治疗原则：手术是治疗的主要措施，一旦确诊应及早手术治疗。常用手术方式有房角切开术、小梁切开术等。术前用药物控制眼压。

【护理评估】

一、健康史

评估患者出现眼部外观异常及症状的时间、有无家族史等。

二、身体状况评估

（一）症状与体征

1. 婴幼儿型青光眼　见于新生儿或婴幼儿时期。常有畏光、流泪、眼睑痉挛等症状。检查：①眼球扩大，前房加深，呈轴性近视。②角膜直径增大，横径常 >12mm。角膜上皮水肿，外观呈雾状混浊。③眼压升高（常在全麻下测量）。④眼底可见青光眼性视乳头凹陷，且出现早、进展快。

2. 青少年型青光眼　于 6~30 岁时发病。早期一般无自觉症状，发展到一定程度可出现虹视、眼胀、头痛等症状。其房角多数是开放的，视野、眼底表现与开角型青光眼相似；有轴性近视；眼压升高，且波动较大。

（二）辅助检查

超声波测量和随访眼轴长度变化，婴幼儿可在全麻下可进行眼压测量、前房角镜检查等。

三、心理、社会状况

注意家庭成员对患儿疾病的认知程度，应注意较大儿童患先天性青光眼，会出现恐惧、孤单、悲哀等心理变化。

【护理问题】

1. 感知紊乱　视野缺损、视力下降，与眼压升高、视神经受损等有关。

2. 潜在并发症　前房出血、眼球破裂，与眼球扩大、组织变薄易受外伤有关。

3. 家庭应对无效　与患者或家属缺乏对该病的防治知识有关。

4. 功能障碍性悲哀　与视力下降、视野缺损有关。

【护理措施】

一、治疗配合

（1）药物治疗多不敏感，一旦确诊应及早手术治疗，如房角切开术、小梁切开术或房角分离术等。

（2）手术护理　参照内眼手术护理常规。

二、病情观察

如遇眼球明显增大的患儿，应特别注意保护眼睛，避免受到意外的伤害而出现眼球破裂。

三、心理护理

向家庭主要成员介绍本病的有关防治知识，对于年龄较大的患儿要正确引导，做好心理护理工作，消除自卑情绪，恢复小朋友间的正常交往。

【健康指导】

（1）婴幼儿如出现畏光、流泪及不肯睁眼者，应及时到医院检查；如确诊为本病，应积极进行手术治疗。

（2）对于婴幼儿青光眼眼压控制后还应尽早争取适当的措施防治弱视。

（苑明茹）

练习题

一、A1 型题

1. 我国正常人眼压范围

    A. ≥21 mmHg

    B. 10～21 mmHg

    C. >10 mmHg

    D. 10～24 mmHg

E. ≤24 mmHg

2. 一眼急性闭角型青光眼急性发作，对侧未发作眼为
    A. 临床前期　　　　　　　　　B. 先兆期
    C. 间歇期　　　　　　　　　　D. 慢性期
    E. 正常眼

3. 可使房角开放的药物是
    A. 0.5% 噻吗心安眼水　　　　　B. 20% 甘露醇
    C. 乙酰唑胺　　　　　　　　　D. 苏打片
    E. 1% 匹罗卡品

4. 急性闭角型青光眼急性发作期表现不正确的是
    A. 剧烈头痛、眼痛、视力下降、眼压升高
    B. 混合性充血
    C. 角膜上皮水肿呈雾状
    D. 前房极浅
    E. 瞳孔缩小

5. 口服乙酰唑胺可出现
    A. 瞳孔缩小　　　　　　　　　B. 四肢末端麻木
    C. 心率减慢　　　　　　　　　D. 眼压升高
    E. 房角开放

6. 开角型青光眼典型的眼底表现是
    A. 视乳头凹陷进行性扩大和加深
    B. 黄斑区樱桃红点
    C. 眼底有新生血管
    D. 微血管瘤形成
    E. 视网膜隆起

二、A2 型题

7. 患者，男，46 岁。突然发作剧烈的眼球胀痛、头痛、雾视、视力急剧下降，伴有恶心呕吐等；检查眼睑充血水肿，角膜水肿呈雾状混浊，前房极浅，房角关闭，对光反射消失，眼压 60mmHg。现在处理的最关键措施是
    A. 药物缩瞳降眼压　　　　　　B. 手术治疗
    C. 镇静止痛　　　　　　　　　D. 止吐
    E. 神经保护性治疗

三、A3 型题

患者，李某，女，65 岁，退休工人。晚上八点左右与丈夫发生剧烈争吵，半夜感右眼剧烈疼痛，呕吐一次，服止痛药勉强入睡。次日晨起床后发现右眼视物不能，由儿子陪同来院就诊。查体：右眼视力眼前光感，角膜水肿，前房极浅，瞳孔 8mm，眼压 T_{n+2}。

8. 哪些因素能诱发急性闭角型青光眼的发作
    A. 情绪激动　　　　　　　　　B. 暗室停留过久
    C. 用抗胆碱药　　　　　　　　D. 一次大量饮水
    E. 以上都是

9. 根据症状和体征判断此患者右眼属于闭角性青光眼的那个临床阶段
    A. 间歇期　　　　　　　　　　B. 急性发作期
    C. 前驱期　　　　　　　　　　D. 临床前期
    E. 绝对期

第六节　葡萄膜及视网膜疾病患者的护理

急性虹膜睫状体炎

案例　患者，男性，25 岁。1 天前右眼突然视力下降伴眼红、眼痛、畏光、流泪。眼科检查：视力：右眼 0.3，左眼 1.0。右眼混合充血，kp（＋），房水闪辉，虹膜纹理不清，瞳孔直径 1mm，对光反射迟钝。请问应该采集患者的哪些病史资料？为该患者制定护理计划。

急性虹膜睫状体炎是虹膜、睫状体的急性炎症，多发于青壮年，病程长易反复发作。根据病因可分为感染性和非感染性两大类。感染性是由细菌、病毒、真菌、寄生虫等病原体感染所致。非感染性又分为外源性和内源性，外源性主要是由于外伤、手术等物理化学损伤所致；内源性主要是由于免疫反应以及对变性组织、坏死肿瘤组织的反应所致。

治疗原则：立即散瞳，防止虹膜后粘连；迅速抗炎，防止并发症。

【护理评估】

一、健康史

询问患者有无虹膜睫状体炎反复发作史，有无风湿性疾病、结核病、溃疡性结肠炎、梅毒等全身相关性疾病史，有无眼外伤史或眼部其他感染病史。

二、身体状况评估

（一）症状与体征

1. 症状　患眼疼痛、畏光、流泪、视力减退。

2. 体征　球结膜睫状充血或混合性充血（图 3－31）（彩图 36）。角膜后沉着物（keratic precipitates，KP）：由于炎症程度及渗出物的成分不同，KP 的形态和色调也不同，一般分为尘状 KP、羊脂状 KP 和色素性 KP 三种类型。房水蛋白含量增加，裂隙灯下前房内光束增强，呈灰白色半透明带，称为房水闪光，或称 Tyndall 现象（图 3－32）（彩图 37）。虹膜充血水肿、纹理不清，慢性炎症时虹膜与周围组织发生粘连，如与角膜粘连称虹膜前粘连，与晶状体粘连称虹膜后粘连（图 3－33）（彩图 38），若瞳孔缘完全后粘连，则称为瞳孔闭锁。瞳孔缩小、光反射迟钝或消失。晶状体前表面有色素沉积。玻璃体前部混浊、后部及眼底正常。

（二）并发症

并发性白内障、继发性青光眼、低眼压及眼球萎缩等。

（三）辅助检查

血常规、血沉、HLA－B27 抗原分型等实验室检查，病原学检查可发现病原体。

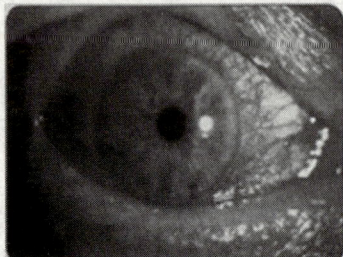

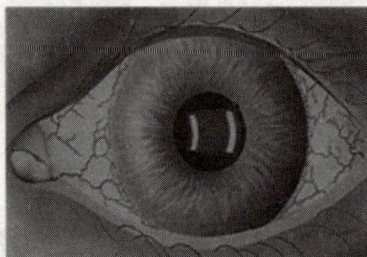

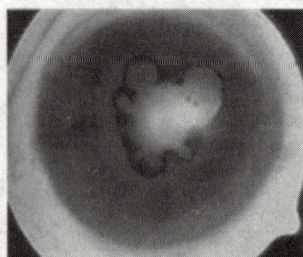

图 3－31　结膜混合充血	图 3－32　Tyndall 现象	图 3－33　虹膜后粘连
彩图 36	彩图 37	彩图 38

（四）心理、社会状况

患者反复发作视力障碍，眼部疼痛，容易产生焦虑、悲观等情绪，影响正常的生活、工作和学习。

【护理问题】

1. 急性疼痛　与虹膜睫状体炎症刺激有关。

2. 感知紊乱　视力障碍与房水混浊、角膜后沉着物、继发性青光眼、并发性白内障及黄斑水肿等有关。

3. 焦虑　与视力下降、病程长易反复发作等有关。

4. 潜在并发症　继发性青光眼、并发性白内障、眼球萎缩等。

【护理措施】

一、治疗配合

（1）遵医嘱应用散瞳剂，及时充分散瞳是治疗本病的关键。局部常用后马托品或阿托品眼膏，效果不理想者可在瞳孔未散开部位相邻近的球结膜下注射散瞳合剂（1% 阿托品、1% 可卡因和 0.1% 肾上腺素等量混合）0.1～0.2ml。散瞳剂可避免和解除虹膜后粘连，防止并发症；可解除瞳孔括约肌和睫状肌痉挛，减轻疼痛；增加睫状前动脉供血，改善血液循环，促使炎性渗出物吸收。

（2）遵医嘱应用糖皮质激素，常用 0.5% 醋酸可的松、0.1% 地塞米松眼液滴眼。

（3）遵医嘱进行其他药物治疗　应用非甾体抗炎眼液，给予抗感染治疗，选择性使用安妥碘等促进炎症吸收的药物以及免疫抑制剂如环磷酰胺等。

（4）积极查找病因，进行病因治疗。

二、病情观察

注意观察散瞳合剂、糖皮质激素的药物疗效及可能产生的副作用。

三、心理护理

向患者介绍本病的特点，说明坚持用药的重要性，帮助患者掌握本病的保健知识，树立战胜疾病的信心，积极配合治疗与护理。

【健康指导】

（1）嘱患者加强锻炼、增强体质、戒除烟酒，防止复发。

（2）避免强光刺激，外出可戴有色眼镜。

（3）定期复查，如有异常及时就医，避免并发症的发生。

视网膜中央动脉阻塞

视网膜中央动脉属于终末动脉，分支间无吻合，一旦发生阻塞，神经上皮层血供中断，引起急性缺血缺氧，严重损害视功能，视力急剧下降。常由于高血压、糖尿病、动脉硬化等疾病引起的视网膜中央动脉血管内各种栓子栓塞，或血管痉挛，血管受压所致。

治疗原则：迅速恢复血流，局部和全身给予扩张血管药物、降低眼压。

【护理评估】

一、健康史

询问患者有无高血压、动脉硬化、静脉周围炎、糖尿病、红细胞增多症等病史。

二、身体状况评估

（一）症状与体征

患眼突然发生无痛性完全失明，在阻塞之前，可先有血管痉挛，患者有一过性黑矇，为时几秒钟或几分钟。患眼瞳孔直接光反射消失，间接光反射存在。视网膜呈灰白色，黄斑区呈现"樱桃红斑"（图3-34）（彩图39），是本病的典型体征。视网膜中央动脉及其分支变细，管径不规则。

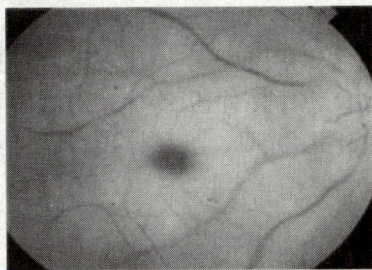

图3-34　视网膜中央动脉阻塞　彩图39

（二）辅助检查

眼底检查及眼底荧光血管造影。

三、心理、社会状况

视力突然完全丧失或视野缺损，患者难以接受现实，悲观、郁闷，影响外出活动，出现社交障碍。

【护理问题】

1. 焦虑、恐惧　与患者突然无痛性视力下降，担心视力能否恢复有关。

2. 感知紊乱　与视力下降有关。

3. 有外伤的危险　与视力下降有关。

4. 部分生活自理能力缺乏　与视力突然下降有关。

5. 知识缺乏　缺乏眼底疾病和全身病变防护知识。

【护理措施】

一、治疗配合

遵医嘱协助患者尽快吸入亚硝酸异戊酯或舌下含服硝酸甘油等扩张血管药物。球后注射阿托品或山莨菪碱，注射后按压注射点 5～10 分钟；前房穿刺、口服乙酰唑胺或静脉注射甘露醇降低眼压；用 95% 氧与 5% 二氧化碳混合气体吸氧；反复按摩眼球，每次按摩至少 15 分钟；进行全身检查，特别注意颈动脉及心血管系统的异常体征，以寻找病因，积极治疗全身疾病，预防另一只眼发病。

二、病情观察

观察患者视力变化，急救期（12h 内）应 1～2 小时检查一次，急救期后每天检查 2 次。视力改变时及时报告医生做好相应处理。治疗过程中注意观察药物副反应。

【健康指导】

（1）避免剧烈活动、疲劳、精神紧张及各种不良刺激。

（2）因此病与高血压、糖尿病紧密相关，故应注意相关用药情况。

（3）定期复查，检查视力，如出现阵发性黑矇、视力下降应立即就医。

视网膜中央静脉阻塞

视网膜中央静脉阻塞（central retinal vein occlusion，CRVO）主要是由于视网膜中央动脉粥样硬化压迫筛板或其后的视网膜中央静脉，造成静脉血流淤滞，血管内皮损伤，血栓形成而引起。本病比视网膜中央动脉阻塞更多见，常为单眼发病。

治疗原则：积极治疗，对大面积毛细血管无灌注区或已产生新生血管者，应采用激光全视网膜光凝，玻璃体出血者可考虑玻璃体切割术或经结膜冷凝术。

【护理评估】

一、健康史

询问患者有无心脑血管疾病、高血压、动脉硬化、血液黏滞度增高、糖尿病、青光眼等病史。

二、身体状况评估

（一）症状与体征

患眼视力多有明显下降。各象限的视网膜静脉扩张、迂曲，视网膜内水肿，视网膜布满火焰状的出血斑（图 3-35）（彩图 40），其间有灰白色渗出斑，黄斑区弥漫性或囊样水肿。

（二）并发症

玻璃体积血、增殖性玻璃体视网膜病变、视网膜脱离、新生血管性青光眼等。

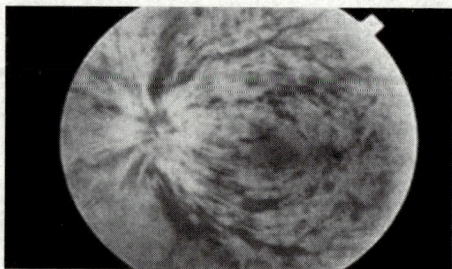

图 3-35 视网膜中央静脉阻塞 彩图 40

（三）辅助检查

眼底检查；荧光血管造影可发现视网膜毛细血管无灌注区，有助于分型和指导选择治疗。

三、心理、社会状况

患者视力下降，悲观、郁闷，影响正常的生活、工作和学习，出现社交障碍。

【护理问题】

1. 感知紊乱 与视力下降、视网膜出血有关。

2. 自理缺陷 与视力突然下降有关。

3. 焦虑恐惧 与视力下降，担心视力能否恢复有关。

4. 有外伤的危险 与视力下降有关。

5. 知识缺乏 缺乏视网膜中央静脉阻塞防护知识。

【护理措施】

（1）遵医嘱用药，可用糖皮质激素，长期小剂量应用阿司匹林，疾病恢复期可用碘剂促进吸收，根据全身情况，必要时用扩血管和维生素类药物，眼压高者应行降眼压治疗。

（2）广泛毛细血管无灌注，应采用全视网膜光凝，治疗前注意充分散瞳。

（3）玻璃体出血者应考虑玻璃体切割术。按内眼手术常规护理。

高血压性视网膜病变

高血压性视网膜病变（hypertensive retinopathy）是指由于高血压导致视网膜血管内壁损害的总称。长期高血压作用使视网膜动脉管壁硬化、管径狭窄，血管管壁渗漏，致使视网膜水肿、渗出等。

【护理评估】

一、健康史

询问患者有无高血压及嗜铬细胞瘤等病史。

二、身体状况评估

（一）症状与体征

1. 症状 患眼可有不同程度的视力下降。

2. 体征 高血压性视网膜病变分为四级：Ⅰ级：视网膜小动脉反光带加宽，管径不规则，动静脉交叉处压迹虽不明显，但透过动脉管壁见不到其深面的静脉血柱。Ⅱ级：动脉反光带加宽，呈铜丝或银丝状外观，动静脉交叉处压迹明显，深面的静脉血管有改变，视网膜可见硬性渗出或线状小出血。Ⅲ级：动脉管径明显变细，视网膜水肿，可见棉绒斑及片状出血。Ⅳ级：Ⅲ级眼底改变加有视乳头水肿。

【护理问题】

1. 感知紊乱，视力下降 与视网膜及视神经损害有关。

2. 自理缺陷 与视力下降有关。

3. 焦虑 与视力下降、病程长、反复发作等因素有关。

【护理措施】

（1）积极治疗高血压，使血压稳定在正常范围之内。

（2）遵医嘱应用维生素 C、芦丁、碘剂及扩血管剂，以促进视网膜水肿、渗出及出血的吸收。

视网膜脱离

案例 周某，男，35 岁，双眼高度近视，右眼不慎被篮球击中。自觉突然视力显著下降。查体：右眼裸眼视力指数/30cm，散瞳后查眼底，视网膜后极部有一圆形裂孔，以右眼视网膜脱离为诊断收入院。待完善各项检查后拟进行手术治疗，请为周某制订手术前后的护理计划。

视网膜脱离（retinal detachment，RD）是指视网膜神经上皮层和色素上皮层之间的脱离。可分为孔源性（原发性）、牵拉性及渗出性（又称继发性）三类。孔源性视网膜脱离最常见，多见于高度近视、白内障摘除术后无晶体眼、老年人和眼外伤者。

治疗原则：尽早手术治疗，封闭裂孔。

【护理评估】

一、健康史

询问患者有无高度近视、白内障摘除术后无晶体眼和眼外伤病史。有无中心性浆液性脉络膜视网膜病变、葡萄膜炎、后巩膜炎、妊娠高血压综合症、高血压以及特发性葡萄膜渗漏综合症等疾病。有无玻璃体出血、糖尿病病史。

二、身体状况评估

（一）症状与体征

早期有"飞蚊症"，眼前有闪光感和黑影飘动，脱离区对应范围的视野缺损，如累及黄斑区则视力明显减退。检查可见眼压下降，眼底可见脱离区视网膜呈青灰色隆起，孔源性视网膜脱离者可查见视网膜裂孔（图 3-36）（彩图 41）。

（二）并发症

玻璃体积血、低眼压，甚至眼球萎缩等。

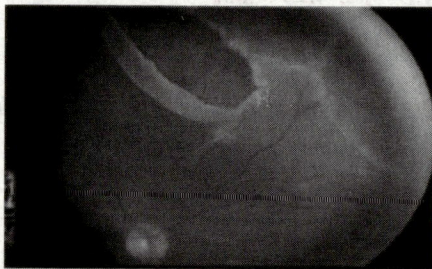

图 3-36　视网膜脱离　彩图 41

（三）辅助检查

散瞳后用间接检跟镜、巩膜压迫或用三面镜仔细检查眼底，可发现视网膜裂孔；眼部 B 超检查可协助诊断。

三、心理、社会状况

患者视力障碍，担心预后不好，常有紧张、焦虑等心理表现，影响正常的工作、生活和学习。

【护理问题】

（1）感知紊乱、视力下降及视野缺损与视网膜脱离有关。

（2）焦虑　与视功能损害及担心预后有关。

（3）知识缺乏　缺乏视网膜脱离的相关防治和护理知识。

【护理措施】

一、一般护理

帮助患者适应病房环境，做好无障碍设施护理，协助患者卧床期间的生活护理，满足患者各项生活所需。卧床休息，取使视网膜裂孔处于最低位置的体位。术后半流质饮食1~2天。注意补充足够的维生素，尤其是维生素C和B族。

二、治疗配合

（1）按内眼手术护理常规进行术前准备。

（2）术后双眼包扎，安静卧床休息一周，避免活动，以减少出血。玻璃体注气或注油的患者采取低头或俯卧位，待气体吸收后改为正常卧位。

三、心理护理

向患者说明手术的重要性，术后可能出现的情况。术前、术后配合的知识，耐心解答患者的疑问，消除患者不良心理，增强对手术的信心。

【健康指导】

（1）高危人群如高度近视、白内障摘除术后无晶体眼、老年人应避免剧烈运动和眼外伤。

（2）术后半年内勿剧烈运动及从事重体力劳动，防止头部碰撞。

（闫锡秋）

练习题

一、A1 型题

1. 以下哪项不是急性虹膜睫状体炎的体征
   A. 结膜混合性充血　　　　　　B. 房水闪光
   C. 角膜后沉着物　　　　　　　D. 瞳孔扩大
   E. 虹膜前后粘连

2. 预防1%阿托品滴眼引起中毒的方法是
   A. 滴后多饮水　　　　　　　　B. 稀释后滴眼
   C. 滴后即用缩瞳剂　　　　　　D. 指压泪囊区3~5分钟
   E. 以上均不是

3. 下列哪项不是视网膜中央动脉阻塞的典型表现
   A. 视力突然下降　　　　　　　B. 视网膜出血
   C. 视网膜动脉变细　　　　　　D. 视乳头苍白
   E. 黄斑樱桃红

4. 视力丧失最快的眼病是
   A. 视网膜中央静脉阻塞　　　　B. 视网膜中央动脉阻塞

    C. 急性闭角型青光眼　　　　　　D. 急性虹膜睫状体炎

    E. 中心性浆液性脉络膜视网膜病变

5. 裂孔在颞侧的视网膜脱离患者卧床体位为

    A. 半卧位　　　　　　　　　　　B. 仰卧位

    C. 鼻侧卧位　　　　　　　　　　D. 颞侧卧位

    E. 自由体位

二、A2 型题

6. 患者，男性，25 岁。风湿性关节炎病史两年。1 天前右眼突然视力下降伴眼红、眼痛、畏光、流泪。眼科检查：视力：右眼 0.3，左眼 1.0。右眼混合充血，kp（+），房水闪光，虹膜纹理不清，瞳孔直径 1mm，光反射迟钝。该患者最关键的治疗措施是

    A. 散瞳　　　　　　　　　　　　B. 角皮质类固醇激素滴眼

    C. 热敷　　　　　　　　　　　　D. 抗感染

    E. 病因治疗

7. 患者男，50 岁，高血压病史三十年。突然左眼视力无痛性完全丧失。眼科检查：左眼前节未见明显异常，眼底可见视乳头颜色苍白，视网膜动脉变细，黄斑区樱桃红斑，该患者最可能的诊断是

    A. 视网膜中央动脉阻塞　　　　　B. 视网膜中央静脉阻塞

    C. 视网膜脱离　　　　　　　　　D. 糖尿病视网膜病变

    E. 高血压视网膜病变

三、A3 型题

患者，男，30 岁，高度近视。三小时前右眼被拳头打伤，自觉右眼视力突然显著下降、眼前有飘动的黑影。查体：右眼裸眼视力指数/30cm，散瞳后查眼底，后极部视网膜有一圆形裂孔，以右眼视网膜脱离为诊断收入院。

8. 视网膜脱离的高危因素不包括下列哪一项

    A. 老年人　　　　　　　　　　　B. 高度近视

    C. 高度远视　　　　　　　　　　D. 眼外伤

    E. 无晶体眼

9. 护理该患者时应特别注意尽量避免

    A. 双眼包扎　　　　　　　　　　B. 活动

    C. 散瞳　　　　　　　　　　　　D. 裂孔区处于最低位

    E. 戴小孔眼镜

第七节　屈光不正和老视患者的护理

屈光不正是指当眼的调节静止时，来自 5m 以外的平行光线，经过眼的屈光系统屈折后，不能聚焦于视网膜上清晰成像者，包括远视、近视和散光。调节是指眼通过睫状肌收缩，使晶状体增加，屈光力增强，从而使近距离物体能在视网膜上聚焦清晰成像的一种生理活力。所视越近，所需调节越强。随年龄增大，调节能力逐渐下降，出现近距离用眼困难，即老视。

近　视

案例　患者，女性，13 岁，自觉视力逐渐下降，视力检查：左眼 0.3、右眼 0.2，诊断为"双眼近视"。试为其制订治疗方案。如果患者需要行近视激光手术，如何进行

护理和健康教育？

近视（myopia）是指眼在调节静止时，平行光线经眼的屈光系统屈折后，聚焦在视网膜之前的一种屈光状态（图3-37）。近视的病因比较复杂，可能与以下因素有关：

1. 环境因素 主要与长时间近距离阅读、用眼卫生不当有关。此外，大气污染、微量元素的不足、营养成分的失调和教具不符合学生的人体工程力学要求等也是形成近视的诱发因素。

2. 发育因素 婴幼儿时期眼球较小，为生理性远视，随着年龄增长，眼球各屈光成分协调生长，逐步变为正视。如眼轴过度发育，即成为轴性近视。

3. 遗传因素 高度近视可能为常染色体隐性遗传。中低度近视可能为多因子遗传：既服从遗传规律又有环境因素参与，以环境因素为主。

根据程度近视可分为轻度、中度、重度三种。低于-3.00D为轻度近视；-3.00D ~-6.00D为中度近视；高于-6.00D为高度近视。亦有把轻中度近视称为单纯性近视，而伴有退行性病变的高度近视称为病理性近视；按屈光成分近视可分为轴性近视和屈光性近视，前者由于眼轴过长所致，后者由于角膜或晶状体弯曲度过大或房水、晶状体屈光指数增强，使眼的屈光力过强所致；根据是否参与调节作用，近视可分为调节性近视、真性近视和混合性近视。青少年因长时间近距离阅读，睫状肌痉挛而出现的一过性近视，称调节性近视或假性近视，应用睫状肌麻痹剂后，呈正视或轻度远视。真性近视应用睫状肌麻痹剂后，近视屈光度数无改变或降低度数低于0.50D。混合性近视应用睫状肌麻痹剂后，近视屈光度数降低大于0.50D，但不能恢复至正视。

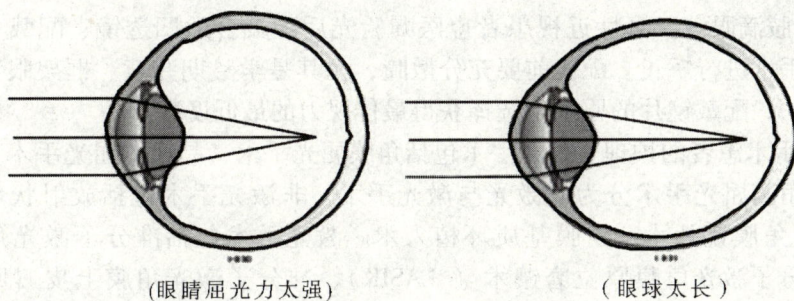

（眼睛屈光力太强）　　　（眼球太长）

图3-37 近视

治疗原则：验光配戴合适的凹透镜，可选用框架眼镜或角膜接触镜，审慎选择屈光手术。

【护理评估】

一、健康史

询问患者近视发生的时间、进展程度、治疗经过，平时用眼卫生习惯及有无家族史等。

二、身体状况评估

（一）症状与体征

患者远视力下降，近视力正常，并发眼底或玻璃体病变者远近视力均下降。由于调节和集合功能不协调常引起视疲劳，患者出现异物感、眼胀、头痛等。高度近视易出现外斜视。

高度近视可出现不同程度的眼底退行性病变。如玻璃体混浊、液化，豹纹状眼底，近视弧形斑，黄斑部色素紊乱、变性、萎缩、出血，后巩膜葡萄肿，周边视网膜可出现格子样变性、囊样变性，如出现视网膜裂孔，可导致视网膜脱离。

（二）并发症

外斜视、弱视、开角型青光眼、白内障、玻璃体混浊、脉络膜–视网膜变性、黄斑变性、黄斑出血、视网膜脱离、后巩膜葡萄肿等，以高度近视者多见。

（三）辅助检查

常用的客观验光法有视网膜检影法、自动验光仪法。常用的主观验光法有插片法、雾视法等。

【护理问题】

1. 感知紊乱　与远视力下降有关。

2. 潜在并发症　黄斑变性、视网膜脱离、青光眼、白内障等。

3. 知识缺乏　缺乏近视预防和治疗的有关知识。

【护理措施】

1. 对假性近视者遵医嘱使用睫状肌麻痹剂松弛调节，常用1%阿托品滴眼液或0.5%托品卡胺滴眼液。真性近视患者遵医嘱验光后配戴合适凹透镜、配戴角膜接触镜或选择屈光手术进行矫正。配镜前要充分散瞳，尤其是学龄期儿童。框架眼镜是最常用和最好的方法，配戴镜片的原则是选择获得最佳视力的最低度数。

2. 屈光手术患者的护理。屈光手术包括角膜屈光手术、晶状体屈光手术和巩膜屈光手术三种。角膜屈光手术分为非激光与激光手术。非激光手术包括放射状角膜切开术（RK）、表面角膜镜片术、角膜基质环植入术。激光手术包括准分子激光角膜切削术（PRK）、准分子激光角膜原位磨镶术（LASIK）、准分子激光角膜上皮瓣原位磨镶术（LASEK）。

（1）角膜屈光手术患者术前护理　①按内眼手术护理常规进行行术前准备。②术前停戴软性角膜接触镜1~2周，停戴硬性透氧性隐形眼镜1个月以上。术前3天眼部停用化妆品。③全面检查眼部，包括远近视力、屈光度、瞳孔直径、眼底、眼压、角膜地形图、角膜厚度和眼轴长度测量等。

（2）角膜屈光手术患者术后护理　①指导患者正确使用眼药，定期复查，如使用激素眼液应定期测量眼压，一旦发现眼部充血、畏光流泪、分泌物增多时，立即到医院诊治。②术后3天内避免洗头和眼部进水，1周内禁止眼部化妆，1个月内严禁揉眼睛，避免剧烈活动及碰撞眼部，外出时配戴太阳镜，尽量避免眼疲劳。③多食易消化、清淡、富含维生素的食物，以利于角膜营养，促进角膜伤口愈合。

（3）眼内屈光手术　目前已开展的手术治疗方法有透明晶状体摘除及人工晶体植入

术、有晶状体眼人工晶体植入术等。

（4）巩膜屈光手术　如后巩膜加固术、巩膜扩张术等。

【健康指导】

（1）指导患者养成良好的用眼卫生习惯　①读书写字时，姿势要端正，眼与读物距离保持 25cm ~ 30cm 左右。②不要在乘车、走路、躺卧及阳光直射或暗光下看书。③避免长时间近距离阅读，控制收看电视和玩游戏机的时间。

（2）教室光线应充足，无眩光或闪烁，黑板无反光，桌椅高度要合适。

（3）定期检查视力，青少年一般每半年检查一次，如有异常及时矫正。

（4）高度近视患者应定期检查视力和眼底，避免剧烈运动，防止眼底出血或视网膜脱离等，如眼前出现闪光或有黑影飘动等异常情况，应立即到医院就诊。

（5）严格执行角膜接触镜配戴规则和注意用眼卫生，避免角膜并发症。

（6）保持身心健康，注意合理饮食，避免挑食，多食富含高蛋白、维生素的食物，保证充足的睡眠时间，锻炼身体，增强体质，使眼和全身正常发育。

（7）加强优生优育宣传教育，减少高度近视遗传因素的影响。

远　视

远视（hyperopia）是指眼在调节静止时，平行光线经眼的屈光系统屈折后，聚焦于视网膜之后的一种屈光状态（图 3 - 38）。远视按程度分为：+3.00D 以下者为轻度远视；+3.00D ~ +6.00D 之间者为中度远视；+6.00 D 以上者为高度远视。

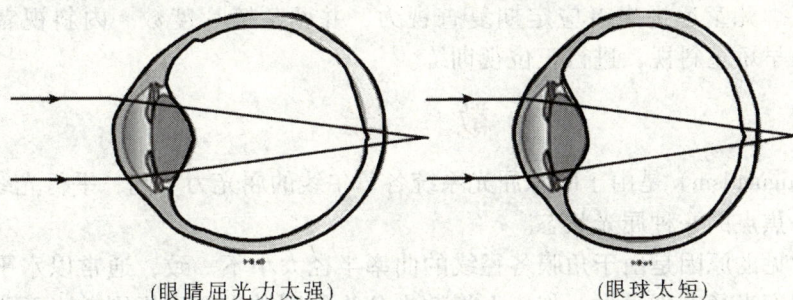

(眼睛屈光力太强)　　　　(眼球太短)

图 3 - 38　远视

远视的病因与发病机制：①轴性远视是指眼的屈光力正常，眼球前后径较正常人短，为远视中最常见的原因。②屈光性远视指眼球前后径正常，由于眼的屈光力较弱所致。其原因有：角膜或晶状体弯曲度降低，如扁平角膜；晶状体全脱位或无晶状体眼。

治疗原则：验光配戴合适的凸透镜。对于严重屈光参差患者，如单眼无晶状体眼者，可选择角膜接触镜。亦可行屈光手术。

【护理评估】

一、健康史

询问患者有无阅读书写时眼胀不适，甚至恶心、呕吐病史，儿童有无内斜视。

二、身体状况评估

（一）症状与体征

1. 视疲劳 是远视患者的常见症状，表现为视物模糊、头痛、眼球胀痛、眉弓部胀痛、畏光、流泪等。闭目休息后，症状减轻或消失。

2. 视力下降 视力表现受远视程度和调节能力影响，可分别表现为三种状态：远近视力均正常；远视力正常，近视力下降；远近视力均下降，以近视力下降为主。

3. 内斜视、弱视 见于远视程度较高的幼儿。

4. 其他 视乳头较正常小而色红，边界较模糊，但视力可矫正，视野正常，称为假性视乳头炎，长期观察眼底像保持稳定。

（二）并发症

内斜视、弱视、闭角型青光眼等。

（三）辅助检查

进行验光、眼底、角膜曲率计等项检查以确定远视及度数。

【护理问题】

1. 舒适改变 眼酸胀、头痛等与远视引起的视疲劳有关。

2. 知识缺乏 缺乏远视的相关防治知识。

【护理措施】

无症状者可不配镜，如有症状，尤其伴有斜视者，必须配镜。遵医嘱散瞳验光，配戴凸透镜矫正。儿童远视患者应定期复查视力，并调整镜片度数。内斜视者给予全矫正，遵医嘱及早矫正斜视，进行正位视训练。

散　　光

散光（astigmatism）是由于眼球屈光系统各子午线的屈光力不同，平行光线进入眼内不能形成统一焦点的一种屈光状态。

散光最常见的原因是由于角膜各径线的曲率半径大小不一致，通常以水平及垂直两个主径线的曲率半径差别最大。临床上将散光分为规则散光和不规则散光两类。最大屈光力和最小屈光力主子午线相互垂直者为规则散光。不规则散光者，眼球的屈光状态不但各径线的屈光力不相同，在同一径线上各部分的屈光力也不同，没有规律可循，不能形成焦线，也不能用柱镜片矫正，常见于圆锥角膜、角膜瘢痕或晶状体疾病等所致角膜或晶状体屈光面不规则所致。

治疗原则：规则散光用柱镜矫正，不规则散光可试用角膜接触镜矫正，必要时进行屈光手术治疗。

【护理评估】

一、健康史

询问患者有无视疲劳、视物模糊、重影，是否配戴眼镜等。

二、身体状况评估

（一）症状与体征

看远及看近均不清楚，似有重影。伴视疲劳、眯眼视物、代偿头位及散光性弱视等表现。视乳头呈垂直椭圆形，边缘模糊，用检眼镜不能清晰地看清眼底。

（二）辅助检查

验光、角膜曲率计可以确定散光轴向和度数。角膜地形图能全面反映角膜前表面屈光状态，可精确测定不规则散光。

【护理措施】

（1）规则散光遵医嘱配戴圆柱镜片矫正，不规则散光可试用硬性高透氧性角膜接触镜（RGP）矫正。准分子激光屈光性角膜手术可以矫正散光。

（2）指导患者掌握正确的配戴眼镜或角膜接触镜的方法和护理养护知识。

（3）高度散光常伴有弱视，在矫正散光的同时还应进行弱视的治疗。

老　视

由于年龄增长所致的生理性调节功能减弱称为老视（presbyopia）。由于随年龄增长，晶状体逐渐硬化，弹性降低，睫状肌的功能减弱所致，出现阅读等近距离用眼困难。老视是一种生理现象，不属于屈光不正。

治疗原则：配戴框架凸透镜，改善视近功能。目前有单光镜、双光镜和渐变多焦镜三种配镜方式。

【护理评估】

一、健康史

询问患者有无视疲劳及将近距离读物移远的现象。

二、身体状况评估

（一）症状与体征

阅读等近距离用眼困难，有近物移远现象，易出现视疲劳。

（二）辅助检查

远、近视力检查和验光，可确定老视及其度数。

【护理问题】

1. 舒适改变　头痛、眼胀等，与老视有关。

2. 知识缺乏　缺乏老视相关知识。

【护理措施】

遵医嘱验光配戴凸透镜，镜片的屈光度依年龄和原有的屈光状态而定，一般规律是：原为正视眼者，45岁配戴+1.00D；50岁配戴+2.00D；60岁为+3.00D。非正视眼者，所需镜片的屈光度数为上述年龄所需的屈光度与原有屈光度的代数和。近年推出的渐变多焦点镜能满足远中近不同距离的视觉需求。

（闫锡秋）

练习题

一、A1 型题

1. 正常情况下，婴儿为生理性的
   A. 近视眼　　　　　　　　　　B. 远视眼
   C. 散光眼　　　　　　　　　　D. 正视眼
   E. 以上均不是

2. 调节静止时，平行光线经眼的屈光焦点落在视网膜之前，其屈光状态为
   A. 正视　　　　　　　　　　　B. 远视
   C. 近视　　　　　　　　　　　D. 散光
   E. 弱视

3. 调节静止时，平行光线经眼的屈光系统后不能形成统一焦点，其屈光状态为
   A. 正视　　　　　　　　　　　B. 远视
   C. 近视　　　　　　　　　　　D. 散光
   E. 弱视

4. 屈光不正不包括
   A. 近视　　　　　　　　　　　B. 远视
   C. 散光　　　　　　　　　　　D. 屈光参差
   E. 老视

5. 高度近视并发症不包括
   A. 外斜视　　　　　　　　　　B. 玻璃体混浊
   C. 视网膜脱离　　　　　　　　D. 闭角青光眼
   E. 开角青光眼

二、A2 型题

6. 患者，55 岁。近半年出现长时间阅读后视物模糊，将读物移远才能看清。裸眼远视力均为 1.0，裂隙灯检查和眼底检查未发现异常。该患者最可能的诊断为
   A. 近视　　　　　　　　　　　B. 远视
   C. 老视　　　　　　　　　　　D. 散光
   E. 无屈光异常

7. 患者，45 岁，以往正视，近半年阅读时看不清楚小的字体，常将注视目标放得远些才能看清。诊断为双眼老视，下列护理措施哪项正确
   A. 配戴 +1.00D 凸透镜　　　　B. 配戴 +2.00D 凸透
   C. 配戴 +3.00D 凸透镜　　　　D. 配戴 +1.00D 凹透镜
   E. 配戴 +2.0D 凹透镜

三、A3 型题

患者小王，20 岁，因视力逐渐下降而就诊，查视力：左眼 0.3，右眼 0.2，诊断为"双眼近视"。

8. 治疗近视最常用和最好的方法是
   A. 戴框架眼镜　　　　　　　　B. 戴隐形眼镜
   C. 角膜屈光手术　　　　　　　D. 晶状体屈光手术
   E. 巩膜屈光手术

9. 若该患者为假性近视，下列治疗哪项错误

A. 点阿托品　　　　　　B. 雾视疗法
C. 配凹透镜　　　　　　D. 眼保健操
E. 针灸推拿

第八节　斜视和弱视患者的护理

斜　视

案例　患儿，女性，6岁，自幼双眼眼位不正，向内侧偏斜看，伴双眼视力下降。眼科检查：视力：右眼裸视0.3，矫正视力0.4；左眼裸视0.4，矫正视力0.5；双眼散瞳验光度数为：右眼+3.50D，左眼+3.75D。双眼角膜透明，无结膜充血，瞳孔等大形圆。晶体、玻璃体无混浊。请问应该采集患者的哪些病史资料？在接诊中应该向患者及家属介绍哪些斜视相关知识及注意事项？

斜视（strabismus）是指两眼不能同时注视目标，一眼注视目标时另一眼偏离目标，表现为眼位不正。根据病因分为共同性斜视和麻痹性斜视两大类。共同性斜视（concomitant strabismus）也称共转性斜视，是指双眼轴分离，并且在向各方向注视时、偏斜度均相同。是由于拮抗肌力量不平衡引起得眼位偏斜，眼外肌本身及其支配神经无器质性病变，眼球无运动障碍。主要与眼部解剖、神经支配、屈光不正、视系统功能发育以及遗传有关。麻痹性斜视（paralytic strabismus）又称为非共同性斜视。是由于病变累及眼外肌运动神经核、神经或肌肉等结构而致的眼位偏斜，以眼球运动受限、复视，并伴眩晕、恶心、步态不稳等全身症状为主要临床特征。其可能的发病因素有：①先天性眼外肌发育异常。②支配眼外肌的神经因炎症、外伤、肿瘤压迫等原因引起麻痹。③眼外肌直接损伤。④代谢性、血管性、退行性病变如糖尿病等。

治疗原则：积极病因治疗，矫正屈光不正，同时治疗弱视，进行正位视训练。对于经非手术治疗半年后仍然偏斜者，应及时行手术矫正眼位。

【护理评估】

一、健康史

询问患者或家属斜视发生的时间，有无屈光不正、复视、代偿头位及家族史，有无糖尿病、外伤、感染等全身病史。

二、身体状况评估

（一）症状与体征

1. 共同性斜视　单眼或双眼交替性眼位偏斜，眼球运动基本正常。第一斜视角（健眼固视时斜视眼的偏斜角度）与第二斜视角（斜视眼固视时健眼偏斜的角度）相等。患者常有屈光不正、弱视和异常视网膜对应。

2. 麻痹性斜视　多为单眼位偏斜，患眼运动受限、复视，伴头晕和恶心、呕吐等症状，遮盖一眼，症状可消失。眼球向麻痹肌作用相反的方向偏斜，第二斜视角大于第一斜视角。头向麻痹肌作用方向偏斜，遮盖一眼则代偿头位消失。

（三）辅助检查

视力检查，可发现是否存在双眼视力差异、偏心注视等问题；屈光检查；同视机检查；眼球运动检查；斜视的定量检查。

三、心理、社会状况

患者由于眼位偏斜，面容受到影响，常引起自我贬低、性格内向、不愿与人交流等。

【护理问题】

1. 自卑感 与眼位偏斜，容貌受影响有关。

2. 舒适改变 复视、头晕，与眼外肌麻痹有关。

3. 有受伤的危险 与患儿双眼视力差，双眼眼位不正有关。

4. 知识缺乏 缺乏斜视康复、治疗知识。

【护理措施】

一、一般护理

（1）指导患儿及家属配合训练，建立正常的双眼视功能。同时寻找病因进行治疗。

（2）如暂时不能消除复视，可说服患者遮盖一眼（最好健眼），以消除因复视引起的全身不适和预防拮抗肌的挛缩。

二、治疗配合

1. 共同性斜视患者应矫正屈光不正：内斜伴远视、外斜伴近视或散光应全部矫正；配合弱视治疗和正位视训练。

2. 遵医嘱对麻痹性斜视患者进行药物治疗，具体用药应根据病因进行。如肌内注射维生素 B_1、B_{12} 和 ATP，针灸及理疗，以促进麻痹肌的恢复。类固醇激素和抗生素，可用于神经炎和肌炎引起的麻痹性斜视。

3. 光学疗法，可采用三棱镜消除复视。

4 协助医生手术治疗

（1）先天性麻痹性斜视考虑手术治疗。后天性麻痹性斜视主要是病因治疗，半年以上无效者可考虑手术治疗。

（2）按外眼手术常规准备。需全身麻醉的患儿，做好禁饮、禁食及全麻复苏准备。

（3）术后双眼包扎，防止肌肉缝线因眼球转动而被撕脱。

三、病情观察

密切观察术后眼部情况，如发现分泌物增多等，应报告医生并协助处理；观察眼位及视力的变化，对有屈光不正的患者，术后及时配镜。

四、心理护理

向患者及家属解释斜视相关知识、治疗方法和预后等，通过沟通交流，使患者解除自卑心理，增强治疗信心。成人共同性斜视只能手术改善外观，要做好耐心细致地解释工作。

【健康指导】

术后告诉患儿及家属不要自行去掉健眼敷料，或自行观察矫正情况。根据医嘱，指导家属及患者继续进行弱视及正位视训练，以巩固和提高视功能。

弱　　视

案例　李某，男，4岁，家长近日发现患儿喜欢眯眼看东西。检查：右眼裸视力0.2，左眼裸视力0.1，散瞳验光结果：右眼+5.00DS→0.3，左眼+7.00DS→0.2，初步诊断为双眼弱视。如何为该患儿设计训练计划？弱视训练时机？

弱视（amblyopia）是指在视觉发育期间，视觉系统有效刺激不足，影响了视觉的发育，导致最佳矫正视力低于0.8，而眼部无明显器质性病变的一种视觉状态。按发病机制的不同，弱视一般可分为：

1. 斜视性弱视　大脑皮层抑制由斜视眼传入的视觉冲动，该眼黄斑功能被抑制而形成弱视。

2. 屈光参差性弱视　屈光参差未矫正时，双眼的视觉刺激不均衡，视力较差眼容易形成弱视。

3. 形觉剥夺性弱视　由于各种因素导致视觉刺激降低，如眼屈光间质混浊（如白内障、角膜瘢痕等）、完全性上睑下垂、不恰当的眼罩遮盖眼等，限制了视觉感知的充分输入，干扰了视觉正常发育。

4. 屈光性弱视　多见于双眼高度屈光不正，在发育期间未能矫正，造成视觉发育的抑制，而形成弱视。

治疗原则：遮盖视力较好眼，强迫弱视眼注视，并积极治疗原发病，纠正屈光不正。

【护理评估】

一、健康史

询问患者出生时的情况及有无眼病与不当用眼史等。

二、身体状况评估

（一）症状与体征

1. 视力下降，最佳矫正视力<0.8，且眼科检查无器质性病变。

2. 拥挤现象，即对排列成行的视标分辨力较单个差。

3. 双眼单视功能障碍。

4. 弱视眼的电生理发生改变及对比敏感度下降。

（二）并发症

遮盖性弱视。

（三）辅助检查

在睫状肌麻痹状态下作屈光检查；眼部检查，尤其是眼底检查，除外引起视力低下的眼底病；注视性质的检查等。

三、心理、社会状况

遮盖疗法影响患者容貌，因此产生自卑、焦虑等心理，不愿与他人交流。

【护理措施】

一、治疗配合

1. 遮盖疗法　遮盖视力较好眼，强迫弱视眼注视，是最有效的治疗方法。年龄越小，治疗效果越好。6 岁以后弱视治疗效果降低。鼓励患儿用弱视眼做描画、写字、编织、穿珠子等精细目力的作业。

2. 后像疗法　用强光炫耀弱视眼，在闪烁的灯光下，注视某一视标，此时被保护的黄斑区可见视标，而被炫耀过的旁黄斑区则看不见视标。

3. 其他疗法　压抑疗法，视觉刺激疗法（光栅疗法）；红色滤光胶片疗法等。

二、病情观察

密切观察，避免发生遮盖性弱视。

三、心理护理

向患儿和家属详细解释弱视的危害性、可逆性、治疗方法及可能发生的情况等，取得信任与合作。加强心理疏导，尤其是遮盖疗法影响儿童仪容的患者。

【健康指导】

向患儿及家长解释遮盖疗法的注意事项。遮盖要严格而彻底，同时警惕发生遮盖弱视。为巩固疗效、防止弱视复发，所有治愈者均应随访观察，一直到视觉成熟期。

（闫锡秋）

练习题

一、A1 型题

1. 导致弱视的原因不包括
   A. 先天性白内障　　　　　　　　B. 先天性黄斑缺损
   C. 斜视　　　　　　　　　　　　D. 屈光不正
   E. 不恰当的遮盖治疗

2. 眼部无器质性病变，下列哪种情况为弱视
   A. 远视力≤0.5，近视力达到 1.0/20cm
   B. 远视力≤0.5，矫正视力达到 1.0
   C. 远视力≤0.8，近视力≤0.8/25cm
   D. 远视力≤0.8，针孔视力达到 1.0
   E. 远视力≤0.8，矫正视力 <0.8

3. 眼球向内侧偏斜，提示下列那条神经可能有功能障碍
   A. 动眼神经　　　　　　　　　　B. 三叉神经

    C. 滑车神经   D. 面神经

    E. 展神经

4. 当治疗儿童间歇性交替性内斜视时，首先必须检查有无

    A. 发病时间   B. 近视

    C. 外展神经麻痹   D. 弱视

    E. 远视

二、A2 型题

5. 患儿 6 岁，双眼向内偏斜，诊断为中度远视内和斜视，该患儿如何配镜

    A. 不配镜   B. 全屈光矫正配镜

    C. 过度矫正配镜   D. 尽量低度矫正配镜

    E. 减去屈光度总量的 1/3 配镜

6. 患儿 5 岁，双眼眼位不正，向外侧偏斜，伴双眼视力差，无眼球运动障碍，无复视，诊断为共同性外斜视，主要治疗方法为

    A. 屈光矫正   B. 手术矫正眼位

    C. 集合训练   D. 同视机训练

    E. 以上都不是

三、A3 型题

李某，男，4 岁，家长近日发现患儿喜欢眯着看东西。检查：右眼裸视力 0.2，左眼裸视力 0.1，散瞳验光结果：右眼 +5.00DS→0.3，左眼 +7.00DS→0.2。

7. 针对该患儿所患疾病类型一般应尽量在几岁内治疗

    A. 3 岁   B. 6 岁

    C. 10 岁   D. 14 岁

    E. 青春发育期前

8. 治疗该类型疾病的最经典方法是

    A. 戴镜   B. 遮盖疗法

    C. 精细作业   D. 治疗仪训练

    E. 药物治疗

第九节　眼外伤患者的护理

眼表异物伤

眼表异物伤是指细小异物进入眼内，附着或嵌于结膜或角膜表面。一般及时处理预后较好；但是如果异物位于角膜深层或处理不当，容易继发感染，并发角膜溃疡等。

治疗原则：及时清除异物，局部应用抗生素预防感染。

【护理评估】

一、健康史

询问患者是否有明确的异物溅入史、异物的种类、性质、致伤的经过及诊治过程。

二、身体状况评估

（一）症状与体征

患眼有眼部异物感、疼痛、畏光、流泪、视力下降等。结膜异物多位于睑板下沟或结膜穹隆部。角膜异物轻者黏附在角膜表层，重者嵌入角膜实质层，伴有睫状充血。如为金属异物，可在异物周围形成"锈环"。如继发感染患眼充血加重，角膜表面有脓性或黏液性分泌物，异物周围形成灰白色浸润或溃疡。

（二）并发症

角膜溃疡、虹膜睫状体炎。

（三）辅助检查

进行裂隙灯显微镜检查，可直接查见细小异物。

三、心理、社会状况

患者因眼部疼痛、感知紊乱、视力下降，易产生恐惧感，影响外出活动和社交。

【护理问题】

1. 舒适改变　眼部疼痛、畏光、流泪等与异物引起的刺激有关。

2. 感知紊乱　视力下降　与异物有关。

3. 有感染的危险　与异物停留时间较长、处理不当及异物的性质有关。

4. 潜在并发症　角膜溃疡、虹膜睫状体炎等。

5. 知识缺乏　缺乏角结膜异物的防治知识。

【护理措施】

一、治疗配合

（1）遵医嘱用生理盐水或消毒棉签蘸生理盐水拭出结膜异物，用抗生素眼液滴眼。

（2）遵医嘱剔除角膜异物时，先滴0.5%丁卡因眼液3次，再用消毒的角膜异物刀或针尖剔除异物，术毕涂抗生素眼膏，包盖伤眼。应严格执行无菌操作，防止发生化脓性角膜溃疡。

二、病情观察

注意观察患眼角膜刺激征、结膜充血、视力、角膜或结膜有无异物遗留、有无脓性或黏脓性分泌物、是否形成浸润或溃疡，如有异常，立即通知医生并协助处理。

【健康指导】

（1）加强安全教育，提高自我防范意识，注意劳动时配戴防护眼镜，减少眼表异物伤的发生。

（2）若发现异物溅入眼内，切忌揉擦眼部或自行处理剔除异物，应及时到医院进行诊治。

（3）嘱患者术后不要揉眼，次日务必复查。如患眼疼痛剧烈，及时来院就诊。

眼钝挫伤

案例 患者，男性，25岁。右眼被拳击伤后出现视物重影，视力下降，瞳孔略大欠圆，前房深浅不一，角膜中央部区可见一弧形明暗相间改变。应该采集患者的哪些病史资料？试为该患者制定护理计划。

眼钝挫伤（ocular blunt trauma）是眼部受机械性钝力打击引起的眼外伤。机械性钝力在打击部位产生直接损伤，并可在眼内和球壁传递，引起眼球、眼附属器多处间接损伤，严重危害视功能。

治疗原则：对症治疗，预防感染及并发症，包括药物和手术治疗。

【护理评估】

一、健康史

询问患者外伤发生的时间、地点、致伤物、致伤的过程、受伤后经何急诊处理等以及受伤前眼部和全身情况。

二、身体状况评估

（一）症状与体征

1. 眼睑挫伤 轻者患眼眼睑水肿、皮下瘀血、皮下出血。重者出现眼睑裂伤、泪小管断裂、眶壁骨折、眼睑皮下气肿等。

2. 结膜挫伤 结膜充血、水肿、结膜下淤血、结膜裂伤。

3. 角膜挫伤 有明显疼痛、畏光和流泪症状，伴视力减退；轻者角膜上皮擦伤，角膜水肿、混浊，重者可致角膜裂伤。

4. 巩膜挫伤 常见于角巩膜缘处或直肌附着部位的后部，可引起眼球破裂伤。患眼眼压低，前房及玻璃体积血，球结膜出血水肿，角膜可变形，视力严重下降甚至无光感。

5. 虹膜睫状体挫伤 可引起外伤性虹膜睫状体炎、外伤性瞳孔散大（瞳孔括约肌断裂）、虹膜根部离断（瞳孔呈"D"形，图3－39）（彩图42）及前房积血、房角后退，甚至导致房角后退性青光眼。

6. 晶状体挫伤 可引起晶状体脱位、半脱位或外伤性白内障。

7. 脉络膜或睫状体、视网膜及视神经挫伤 可引起脉络膜破裂出血、玻璃体积血、视网膜震荡、视网膜脱离以及视神经损伤。

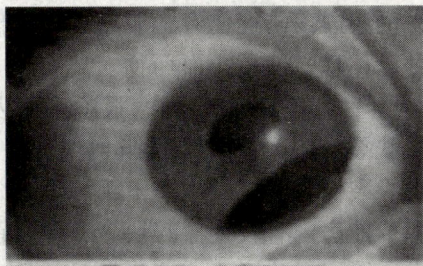

图3－39 外伤性虹膜根部离断 彩图42

（二）并发症

继发性青光眼、外伤性白内障、前房积血、玻璃体积血、外伤性视网膜脱离等。

（三）辅助检查

裂隙灯显微镜检查、检眼镜检查；X线、CT及超声波等影像学检查可发现损伤部位的相应体征以及确定是否有眶骨及颅骨骨折。

三、心理、社会状况

眼钝挫伤多为意外损伤，轻者出现眼痛、畏光、流泪，视力下降，影响工作、学习和生活。重者直接影响视功能和眼部外形，患者一时很难接受，容易产生焦虑、紧张及悲伤等情绪。

【护理问题】

1. 急性疼痛　与眼组织损伤及眼压升高等因素有关。

2. 感知紊乱　与突然视力下降或丧失有关。

3. 自理能力缺陷　与视力下降，眼部包扎等因素有关。

4. 焦虑与恐惧　与担心视力不能恢复有关。

5. 潜在并发症　继发性青光眼、前房积血、白内障、玻璃体积血、视网膜脱离等。

6. 知识缺乏　缺乏眼顿挫伤的防治常识

【护理措施】

一、一般护理

重者需卧床休息，应给患者提供安静的环境；鼓励患者多进食富含纤维素、易消化的软食，保持大便通畅，避免用力排便、咳嗽及打喷嚏。如患者双眼视力受损，还应协助生活护理。

二、治疗配合

1. 遵医嘱用药　单纯的结膜水肿、球结膜下淤血及结膜裂伤者，用抗生素眼液预防感染。角膜上皮擦伤者，涂抗生素眼膏后包扎；角膜基质层水肿者，可选用糖皮质激素治疗。外伤性虹膜睫状体炎者应用散瞳剂、糖皮质激素滴眼和涂眼。前房积血者，取半卧位卧床休息，双眼包扎，给予镇静剂及止血药物；伴眼压升高者，予以降眼压药物。视网膜震荡与挫伤者，服用皮质类固醇、血管扩张剂及维生素类药物；视网膜出血者应卧床休息，使用止血药物。

2. 配合各项治疗操作　眼睑水肿及皮下淤血者，早期局部冷敷，24小时后热敷。眼睑皮肤裂伤、严重的结膜撕裂伤、提上睑肌断裂、泪小管断裂者，应手术缝合修复。角巩膜缘裂伤者应在显微镜下手术缝合。严重虹膜根部离断伴复视者，可考虑虹膜根部缝合术。前房内有较大血凝块者，应行前房穿刺冲洗，或切开前房取出血凝块，避免角膜血染。必要时给予止痛药物。晶状体混浊可行白内障摘除术，晶状体脱位导致的继发性青光眼，可手术治疗。玻璃体积血者，伤后3个月以上未吸收可考虑做玻璃体切割手术，若伴有视网膜脱离应及早手术治疗，争取视网膜复位。需手术的患者做好手术前后护理工作。

三、病情观察

密切观察患者视力和伤口的变化，如前房积血应注意眼压变化和每日积血的吸收情况。

四、心理护理

耐心向患者解释病情，给予心理疏导，使患者消除顾虑，配合治疗与护理。

眼球穿通伤

案例 患者，女性，50岁。1小时前左眼不慎被剪刀戳伤，眼痛、流泪、视力下降。裂隙灯检查可见左眼角膜颞上方一全层裂口，长约3mm，虹膜脱出、嵌顿，前房变浅。请问作为当班护士应该采取哪些护理措施？

眼球穿通伤（perforating injury of eyeball）是由锐器造成的眼球壁全层裂开，使眼内容物与外界沟通，可伴有眼内组织脱出或球内异物，甚至并发交感性眼炎。其预后和功能恢复主要取决于损伤的严重程度和部位、有无感染和并发症以及治疗的及时与正确性等。按其损伤部位眼球穿通伤分为角膜穿通伤、角巩膜穿通伤和巩膜穿通伤3类以角膜穿通伤最常见。

治疗原则：初期及时缝合伤口以恢复眼球的完整性；常规注射破伤风抗毒血清；防治感染等并发症的发生，必要时行二期手术。

【护理评估】

一、健康史

同眼球钝挫伤。

二、身体状况评估

（一）症状与体征

1. 症状 患眼突发性视力减退和眼部疼痛，刺激症状明显。

2. 体征 角膜穿通伤伤口较小时，常自行闭合，形成点状混浊或白色条纹。大的伤口常伴有虹膜脱出、嵌顿、前房变浅、晶状体囊穿孔或破裂；角巩膜穿通伤可引起虹膜睫状体、晶状体和玻璃体的损伤、脱出及眼内出血（图3-40）（彩图43）；巩膜穿通伤比较少见，患眼结膜下出血，大的伤口常伴有脉络膜、玻璃体和视网膜损伤。伴有葡萄膜组织嵌顿于伤口或有球内异物存留的眼球穿通伤，可能引起交感性眼炎（sympathetic

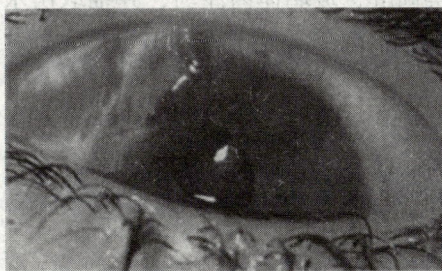

图3-40 角巩膜穿通伤 彩图43

ophthalmia）的发生，即在伤眼经过一段时间的肉芽肿性（非化脓性）全葡萄膜炎后，另一眼也发生同样性质的全葡萄膜炎，是与细胞免疫有关的迟发性自身免疫性疾病。穿通性外伤眼称诱发眼，另一眼称交感眼 。

（二）并发症

眼内炎，交感性眼炎，外伤性增生性玻璃体视网膜病变。

（三）辅助检查

裂隙灯检查，X线、CT、超声波及 MRI 等影像学检查排除眼内异物。

三、心理、社会状况

眼球穿通伤发病突然，患者一时很难接受视力下降，甚至眼球丧失的事实，容易出现焦虑、绝望及自卑心理，影响正常的生活、工作及学习。

【护理问题】
1. 感知紊乱　视力下降，与眼组织损伤及眼内积血有关。
2. 焦虑　恐惧　与视力下降及担忧失明有关。
3. 潜在并发症　眼内炎、交感性眼炎、外伤性增生性玻璃体视网膜病变等。
4. 知识缺乏　缺乏眼穿通伤的防治常识。

【护理措施】

一、一般护理

禁止按压伤眼，以免眼内容物脱出和出血；禁止冲洗结膜囊。

二、治疗配合

1. 遵医嘱及时用药并观察药物反应　全身及眼局部应用广谱抗生素和糖皮质激素，散瞳、包扎伤眼，常规注射抗破伤风血清。

2. 协助医生缝合伤口，恢复眼球完整性。小于 2～3mm 的角膜伤口可不缝合，大于 3mm 以上伤口应在显微手术条件下缝合。严格执行各项无菌操作，对于复杂病例采用二步手术，即初期缝合伤口，恢复前房，控制感染，在 1～2 周内，再行内眼或玻璃体手术。

3. 如果发生感染性眼内炎，遵医嘱充分散瞳，局部和全身应用大剂量抗生素和皮质类固醇，玻璃体内注药，并抽取房水及玻璃体液做细菌培养和药敏试验，做好玻璃体切割手术准备。

三、病情观察

注意观察伤口有无出血及分泌物以及外伤眼和健眼视力的变化，如有异常，立即通知医生并协助处理。

四、心理护理

耐心安慰患者，积极面对现实，密切配合治疗。对视功能及眼球外形恢复无望，行眼球摘除术者，应详细向患者和家属介绍手术的原因及术式、术后安装义眼等事项。

【健康指导】
工作中注意安全，远离致伤物，必要时戴防护眼镜。教育儿童不玩耍刀、剪等利器。

眼化学伤

眼化学伤（ocular chemical burns）是指由化学性的溶液、粉尘或气体引起的眼部损伤，也称眼化学性烧伤，多发生在化工厂、实验室或施工场所。最常见的是酸碱烧伤。酸性化学伤多见于硫酸、盐酸、硝酸等。强酸能使眼组织蛋白凝固坏死，形成一凝固层，阻止酸性物质继续向深层渗透，因此组织损伤相对较轻。碱性烧伤多见于氢氧化钠、石灰、氨水等。碱能溶解脂肪和蛋白质，与组织接触后能很快渗透到组织深层和眼内，使细胞分解坏死，因此碱性烧伤的后果严重，预后较差。

治疗原则：尽快清除化学物质；控制眼部炎症反应；促进组织修复；针对并发症进行手术治疗。

【护理评估】

一、健康史

详细询问患者眼化学烧伤的时间、致伤物质的名称、浓度、量及与眼部接触时间，是否进行过现场冲洗或其他急救处理等。

二、身体状况评估

（一）症状与体征

1. 轻度眼化学伤 多由弱酸或稀释的弱碱引起。患眼眼睑与结膜轻度充血、水肿，角膜上皮可有点状脱落或水肿，数日后水肿消退，上皮修复，不留瘢痕。

2. 中度眼化学伤 强酸和低浓度碱可引起。患眼眼睑皮肤形成水疱或糜烂，结膜水肿，出现小片缺血坏死；角膜有明显混浊、水肿，上皮层完全脱落或形成白色凝固层。愈后可留有角膜斑翳，影响视力。

3. 重度眼化学伤 多由强碱引起。患眼结膜广泛的缺血性坏死，呈灰白色混浊。角膜全层混浊或呈瓷白色，基质层溶解，形成角膜溃疡甚至穿孔。可引起葡萄膜炎、继发性青光眼及并发性白内障，愈合后会形成角膜白斑、角膜葡萄肿或眼球萎缩。

（二）并发症

眼睑内翻、眼睑外翻、睑球粘连、结膜干燥症、角膜溃疡、虹膜睫状体炎、继发性青光眼、并发性白内障、眼球萎缩等。

（三）辅助检查

结膜囊内滴入1%荧光素钠，在裂隙灯下详细检查角膜损伤情况。对不知致伤物的性质和名称者，可做结膜囊PH值测定，确定是酸性烧伤或是碱性烧伤。

三、心理、社会状况

眼化学伤为意外伤，患者出现视力障碍的同时伴有剧烈眼痛，常有焦虑及悲伤心理，对患者的工作、学习和生活造成明显影响。

【护理问题】

1. 眼痛 与化学物质刺激眼部组织有关。

2. 感知紊乱 视力障碍与化学物质引起的眼组织损伤有关。

3. 恐惧 与突然视力下降甚至丧失及担心预后有关。

4. 潜在并发症 角膜溃疡、穿孔、虹膜睫状体炎、继发性青光眼、并发性白内障及眼睑畸形等。

5. 知识缺乏 缺乏眼化学伤的相关防治知识。

【护理措施】

一、治疗配合

1. 现场急救 急救原则：现场立即用大量清水彻底冲洗。现场冲洗至少30分钟，送至医疗单位后，根据时间的早晚可再次冲洗。

2. 遵医嘱进一步中和处理 酸性化学伤可用2%碳酸氢钠溶液冲洗，球结膜下注射5%磺胺嘧啶钠溶液1～2ml；碱性化学伤用3%硼酸液冲洗，结膜下注射维生素C1～2ml。

3. 其他后续治疗 遵医嘱应用止痛剂；1%阿托品眼液或眼膏散瞳；局部应用胶原酶抑制剂如0.2%半胱氨酸滴眼液等，防止角膜溃疡及穿孔；遵医嘱适时应用糖皮质激素，可减轻炎症反应和抑制新生血管的形成；局部应用抗生素控制感染，重者还应全身应用；为防止睑球粘连，可安放隔膜，换药时用玻璃棒分离睑球粘连区，并大量涂抗生素眼膏；尽早剪除坏死组织。

4. 手术治疗后期并发症，按眼科手术患者的常规护理。

二、病情观察

密切观察患者视力、眼组织的变化，如出现眼压升高等异常情况，及时通知医生并协助处理

三、心理护理

多与患者沟通，进行心理疏导，耐心向患者解释病情及治疗效果，消除患者紧张、悲观等心里障碍，使患者情绪稳定，配合治疗和护理。

电光性眼炎

电光性眼炎（electric ophthalmia）指由电焊、紫外线灯、雪地及水面反光等发出的紫外线被组织吸收，引起的眼部损伤。在高原、冰川雪地、海面或戈壁上作业和旅游而发病者称日光性眼炎或雪盲。

治疗原则：对症处理，减轻疼痛，预防感染。

【护理评估】

一、健康史

询问患者有无紫外线接触史、接触时间以及诊治经过等。

二、身体状况评估

（一）症状与体征

本病潜伏期一般为3～8小时。表现为双眼异物感、剧痛、畏光、流泪、眼睑痉挛、结膜充血、水肿，角膜上皮剥脱，瞳孔缩小。

（二）并发症

角膜感染。

【护理问题】

1. 疼痛 眼痛，与角膜上皮受损有关

2. 知识缺乏 缺乏电光性眼炎相关防治知识

【护理措施】

眼部刺激症状明显者，遵医嘱局部应用丁卡因，涂抗生素眼膏包扎，预防感染。

【健康指导】

（1）在电焊、紫外灯、野外强太阳光下作业时注意戴防护眼罩或眼镜。

（2）嘱患者勿用手揉眼，防止角膜感染。

（闫锡秋）

练习题

一、A1 型题

1. 眼睑淤血和肿胀较明显时，可在伤后（ ）内冷敷，以后热敷

    A. 12h   B. 24h

    C. 36h   D. 48h

    E. 72h

2. 眼球穿通伤的紧急处理不宜进行

    A. 预防感染   B. 封闭伤口

    C. 彻底冲洗   D. 止血

    E. 止痛

3. 眼球穿通伤角膜伤口小于（ ）不须缝合

    A. 3mm   B. 1mm

    C. 2mm   D. 4mmm

    E. 5mm

4. 电光性眼炎一般在照射后多长时间发作

    A. 1～2h   B. 2～3h

    C. 3～8h   D. 8～16h

    E. 16～24h

二、A2 型题

5. 患者女，52 岁，一小时前不慎被剪刀戳伤右眼，右眼痛、畏光、流泪、视力下降。眼科检查可见右眼角膜颞上方有一规则裂口，长约 4mm，虹膜嵌顿，前房深浅不一，瞳孔不圆，眼底窥不清。诊断为角膜穿通伤，护理措施错误的是

    A. 避免揉搓挤压伤眼   B. 禁冲洗结膜囊

    C. 角膜伤口可不缝合   D. 注射破伤风抗毒血清

    E. 显微镜下缝合角膜伤口

6. 患者男，72 岁，5 小时前左眼被小孩头部撞伤，眼胀痛，视力下降，并有虹视现象。检查：右眼视力 1.2，左眼视力 0.1；右眼眼压 17mmHg，左眼眼压 43mmHg。左眼混合性充血，角膜轻度雾样水肿，周边部前房 12：00 处约 1/2CT，6：00 处呈裂隙状，上方虹膜震颤，瞳孔稍散大，眼底看不清。本例引起高眼压的最可能原因是

A. 原发性急性闭角型青光眼　　B. 原发性慢性闭角型青光眼急性发作

C. 原发性开角型青光眼　　D. 房角后退性青光眼

E. 继发于晶状体脱位的青光眼

三、A3 型题

某男，28 岁，右眼被石灰烧伤

7. 现场急救应

A. 包扎伤眼，转送医院　　B. 硼酸液点眼

C. 消炎药点眼　　D. 涂红霉素眼膏

E. 大量清水反复冲洗

8. 如果在现场采用清水冲洗伤眼，应至少冲洗

A. 10 分钟　　B. 20 分钟

C. 30 分钟　　D. 50 分钟

E. 60 分钟

耳鼻咽喉的应用解剖与生理

1. 掌握中耳、鼻腔、鼻窦、鼻咽、口咽和喉腔的解剖特点及与临床疾病之间的关系。
2. 熟悉耳鼻咽喉的生理特征,熟悉气管、支气管和食管的解剖特点及与疾病的关系。
3. 了解外耳、内耳、外鼻、喉咽、咽淋巴环、喉软骨和喉肌的解剖特点。
4. 能在人体或模型上辨认耳鼻咽喉的组织结构。
5. 能应用耳鼻咽喉、气管、支气管和食管的解剖生理特点解释临床疾病的发生。

第一节　耳的应用解剖与生理

一、耳的应用解剖

耳(ear)是司听觉和平衡觉的外周感觉器官,由外耳、中耳和内耳三部分组成(图4-1)。外耳和中耳具有传导声音的功能,内耳有听觉和平衡觉的感受器。除耳廓外,主要结构隐藏于颞骨内。

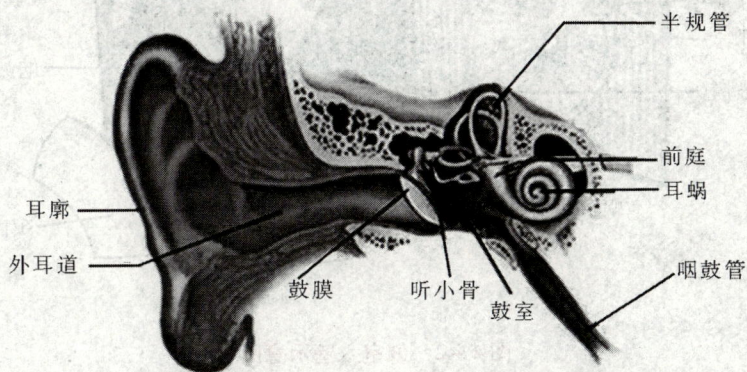

图4-1　外耳、中耳和内耳主要结构关系图

(一) 外耳

由耳廓和外耳道组成。

1. 耳廓 (auricle)　耳廓除耳垂由脂肪与结缔组织构成外,其余均为软骨组织外覆软骨膜和皮肤构成。耳廓的皮肤菲薄,血管位置表浅,低温时容易发生冻疮。耳廓软骨

与外耳道软骨相连续，当患外耳道疖时，牵拉耳廓可致疼痛加重。

2. 外耳道（external acoustic meatus）　略呈"S"形弯曲，起自外耳道口，向内止于鼓膜，成人长约 2.5~3.5 cm，由软骨部和骨部组成。外侧 1/3 为软骨部，内侧 2/3 为骨部，骨部与软骨部交界处及骨部中段较为狭窄，常为异物嵌顿处。检查外耳道深部及鼓膜时，需将耳廓向后上外方向提起，使外耳道呈一直线，方能窥清。婴幼儿软骨和骨部尚未发育成熟，检查时应向后下方牵拉耳廓。软骨部皮肤含有耵聍腺，能分泌耵聍，并富有毛囊和皮脂腺，外耳道疖多发生于此。如耵聍分泌过多或外耳道狭窄，可致耵聍栓塞。外耳道皮下组织少，皮肤与软骨膜、骨膜紧密相贴，外耳道炎性肿胀时疼痛较为剧烈。

（二）中耳

中耳（middle ear）包括鼓室、鼓窦、乳突和咽鼓管四部分。

1. 鼓室（tympanic cavity）　是位于颞骨内，介于鼓膜和内耳外侧壁之间的一个略似六面体的不规则含气空腔。向前借咽鼓管与鼻咽部相通，向后借鼓窦入口与鼓窦及乳突气房相通。鼓室内有 3 块听骨，即锤骨、砧骨和镫骨，借韧带与关节相连构成听骨链。其中外侧由锤骨柄与鼓膜相接，内侧由镫骨足板借环状韧带连于前庭窗。鼓室以鼓膜紧张部上、下边缘的水平面为界，分为上、中、下鼓室三部分。

鼓室有内、外、前、后、顶、底 6 个壁（图 4-2）

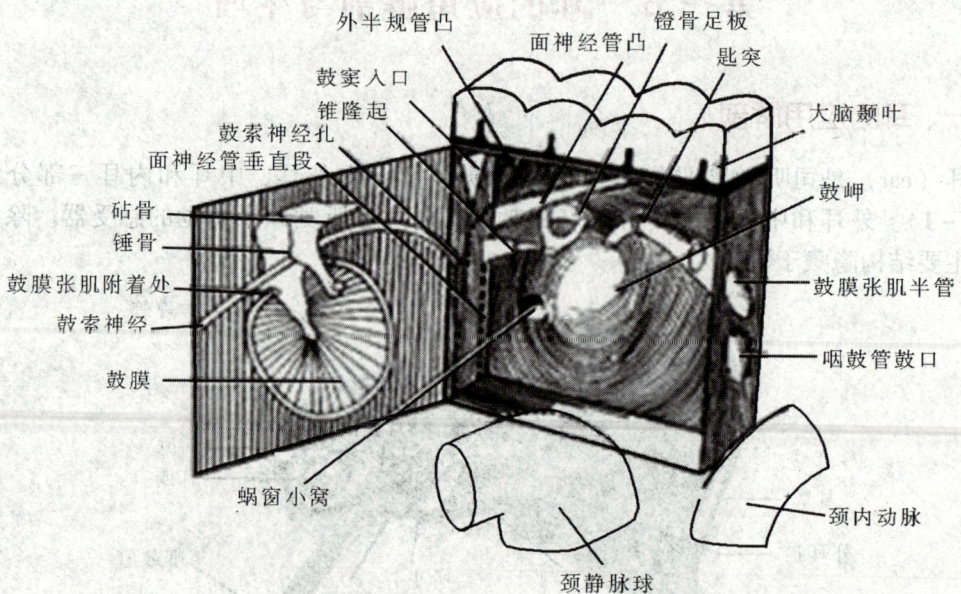

图 4-2　鼓室六壁示意图

（1）外壁：包括骨部和膜部，主要由膜部即鼓膜构成。鼓膜为一椭圆形、半透明的漏斗状薄膜，凹面向外，高约 9mm、宽约 8mm、厚约 0.1mm。在锤骨短突前后各有一皱襞，分别称为鼓膜前、后皱襞，依此将鼓膜分为上下两部分，上部为鼓膜松弛部，下部为鼓膜紧张部。正常鼓膜有鼓膜脐、锤骨柄、锤骨短突、光锥和鼓膜前、后皱襞等解剖标志。（图 4-3）（彩图 44）。

（2）内壁：即内耳外侧壁，表面凸凹不平，从上自下有外半规管凸、面神经管凸、前庭窗、鼓岬及蜗窗等重要解剖标志。

（3）前壁：该壁上部有上、下二口，上口为鼓膜张肌半管的开口，下口为咽鼓管的鼓室口。

（4）后壁：该壁上宽下窄，又名乳突壁。其上部有一小孔，为鼓窦入口，上鼓室借此与鼓窦相通，并间接与乳突气房相连。当鼓室发生化脓性感染时，可经此孔向鼓窦及乳突扩散。面神经

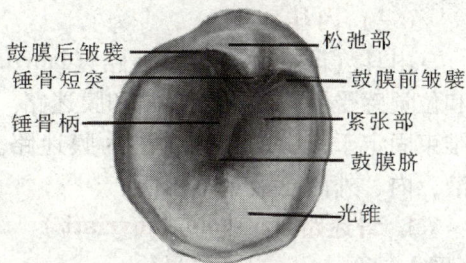

图 4 - 3　右耳鼓膜模拟图　彩图 44

的垂直段在此壁的内侧通过，如该处骨壁受损，可导致耳源性面瘫。

（5）上壁：又称鼓室盖，鼓室借此壁与颅中窝的大脑颞叶相隔，此壁损伤可致脑脊液耳漏。

（6）下壁：为一薄骨板，也称颈静脉壁，将鼓室与颈静脉球分隔。

2. 咽鼓管（eustachian tube）　为沟通鼓室与鼻咽的管道。起于鼓室前壁，向内、前、下斜行，止于鼻咽外侧壁，此处开口称为咽鼓管咽口。其外 1/3 为骨部，内 2/3 为软骨部。软骨部在静息状态时闭合成一裂隙，仅在张口、吞咽、呵欠或歌唱时借助咽部肌肉运动而开放，可使空气进入鼓室，以调节中耳与外界气压的平衡，维持中耳正常的生理功能。咽鼓管黏膜为假复层纤毛柱状上皮，纤毛运动朝向鼻咽部，可以排出鼓室内分泌物。小儿咽鼓管与成人相比，具有宽、短且接近水平位的特点（图 4 - 4），因此，细菌易经此侵入鼓室引起感染，故小儿易患化脓性中耳炎。

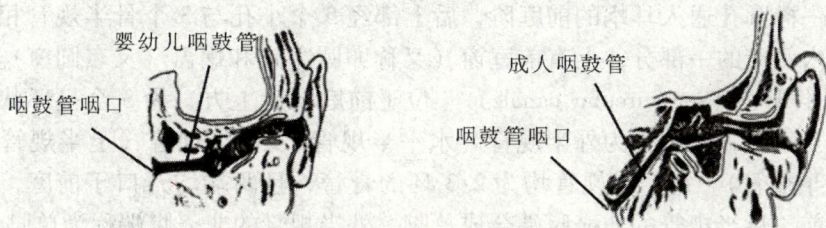

图 4 - 4　婴幼儿与成人咽鼓管比较

3. 鼓窦（tympanic antrum）　位于鼓室后上方的含气空腔，为鼓室与乳突气房相互交通的枢纽。向前经鼓窦入口与上鼓室相通，向后下通向乳突气房，上方以鼓窦盖与颅中窝相隔。

4. 乳突（mastoid process）　含有许多大小不等、相互连通的气房，内有无纤毛的黏膜上皮覆盖。根据乳突气房发育程度可分为四种类型：气化型、板障型、硬化型和混合型。

考点提示

1. 中耳包括：鼓室、鼓窦、乳突和咽鼓管。

2. 鼓膜的标志性结构包括：鼓膜脐、锤骨柄、锤骨短突、光锥和鼓膜前、后皱襞。

3. 咽鼓管具有调节中耳与外界气压平衡及排除鼓室分泌物的功能；婴幼儿咽鼓管短、平、宽，临床易患中耳炎。

（三）内耳

内耳（inne ear）又称迷路（labyrinth），位于颞骨岩部，结构复杂而微小，内含听觉和位觉感受器，包括骨迷路和膜迷路。外层由致密的骨组织形成的骨管为骨迷路，借纤维束固定于其中的膜性管称为膜迷路。两者之间充满外淋巴液，膜迷路内充满内淋巴液，内、外淋巴液互不相通。

1. 骨迷路（osseous labyrinth） 由致密的骨质构成，包括耳蜗、前庭和半规管（图 4 - 5）。

（1）耳蜗（cochlea） 位于前庭的前面，形似蜗牛壳，由中央的蜗轴和周围的骨蜗管组成。骨蜗管自上而下分为三个管腔，即前庭阶、中阶和鼓阶。前庭阶和鼓阶的外淋巴通过蜗孔相通（图 4 - 6），中阶即膜蜗管。

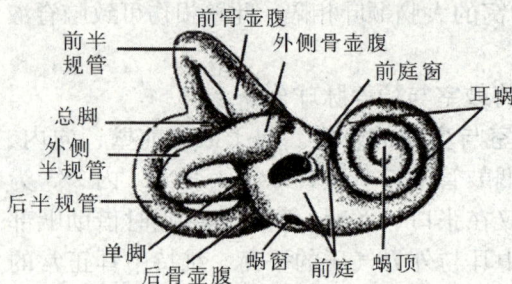

图 4 - 5　骨迷路

图 4 - 6　耳蜗横截面

（2）前庭（vestibule） 为一不规则椭圆形骨性管腔，位于耳蜗与骨半规管之间。其前下部有一椭圆孔通入耳蜗的前庭阶，后上部经 5 个小孔与 3 个骨半规管相通，其外侧壁为鼓室内侧壁的一部分，上有前庭窗（又称卵圆窗）和蜗窗（又名圆窗）。

（3）骨半规管（semicircular canals） 位于前庭的后上方，为 3 个呈环状弯曲的骨管，彼此相互垂直，分别称为外半规管（水平半规管）、前半规管（上半规管）和后半规管（垂直半规管）。每个半规管均为 2/3 环的骨管，且两端均开口于前庭，其一端膨大称壶腹，前、后半规管的非壶腹端合成总脚，外半规管的非壶腹端称为单脚。

2. 膜迷路（membranous labyrinth） 借纤维束固定于骨迷路内，可分为膜蜗管、椭圆囊、球囊和 3 个膜半规管，各部相互连通，其内充满内淋巴液。椭圆囊位于前庭后上部，内有椭圆囊斑，球囊位于前庭的前下方，内有球囊斑。椭圆囊斑和球囊斑可感受位觉，亦称位觉斑。膜半规管附着于骨半规管的外侧壁，在骨半规管的壶腹部相应膨大，称为膜壶腹，内含壶腹嵴，也是位觉感受器。膜蜗管即中阶，其外侧壁为螺旋韧带，顶壁为前庭膜，底壁为基底膜。在基底膜上有螺旋器，又名 Corti 器，是听觉感受器。

二、耳的生理

耳是位听器官，具有听觉和平衡觉两种生理功能。

（一）听觉生理

声音通过空气传导和骨传导两种途径同时传入内耳。正常情况下，以空气传导为主。

1. 空气传导（air conduction） 声波被耳廓收集，通过外耳道传至鼓膜，引起鼓膜、听骨链机械振动。此时，声波振动强度被放大。再经镫骨足板的振动通过前庭窗传入内耳，激起内耳外、内淋巴液波振动。此途径称为空气传导，简称气导。内耳淋巴液的波振动引起基底膜振动，使位于其上的螺旋器毛细胞受到刺激产生神经冲动，经听神经传到大脑颞叶听觉中枢形成听觉。声音的空气传导过程如下：

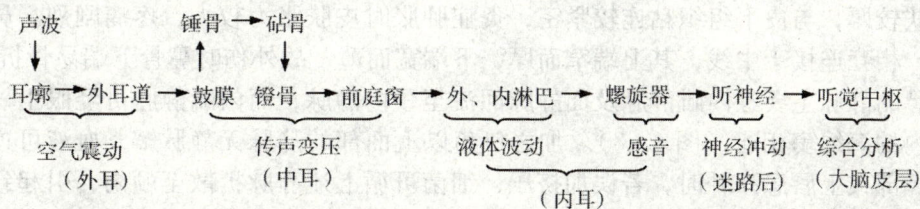

```
                    锤骨 ━━► 砧骨
        声波          ▲
         │            │
         ▼            │
 耳廓━━►外耳道━━► 鼓膜  镫骨 ━━►前庭窗━━► 外、内淋巴━━►螺旋器━━►听神经━━►听觉中枢

     空气震动         传声变压          液体波动      感音     神经冲动   综合分析
     （外耳）        （中耳）                              （迷路后） （大脑皮层）
                                        （内耳）
```

（2）骨传导（bone conduction）　简称骨导，是指声波直接经颅骨传导至内耳使外、内淋巴产生相应波振动而引起基底膜发生振动，并激动耳蜗的螺旋器产生听觉神经冲动，传到听中枢形成听觉。

2. 平衡生理　人体主要依靠前庭、视觉和本体感觉这 3 个系统的协调作用来维持身体的平衡，其中以前庭系统最为重要。前庭系统能感知头部位置及其变化，其中椭圆囊斑和球囊斑主要感受直线加速度的刺激，半规管内的壶腹嵴主要感受正负角加速度的刺激，以维持身体的平衡。

知识链接

前庭神经核隶属于前庭系统的中枢部分，不仅可以传导来自前庭系统感受器的神经冲动，还与小脑、眼运动神经核团、脊髓前角运动神经元以及脑干网状结构迷走神经核等有广泛联系。当前庭系统发生病变（如发生于内耳的梅尼埃病）或受到非生理性刺激时（如持续旋转身体或用冷、热水灌注于外耳道），机体将发生各种异常反应，表现出各种前庭功能障碍，如体位调节障碍（平衡障碍）、视线调节障碍（眼球震颤）、主观空间定位障碍（眩晕）以及自主神经系统功能异常表现如恶心、呕吐、面色苍白、心悸、出冷汗等症状。

第二节　鼻的应用解剖与生理

一、鼻的应用解剖

鼻（nose）由外鼻、鼻腔和鼻窦三部分组成。

知识链接

临床上，可将鼻腔、鼻窦、鼻咽和中耳看成为一个相互紧密关联的单位。鼻窦除由窦口经鼻腔得到通气引流外，其黏膜也与鼻腔黏膜相连续，因此，当一方发生疾病如炎症时，可影响致另一方发生疾病。中耳有咽鼓管与鼻咽相通，并经此完成通气和引流功能，而鼻咽又位于鼻腔的后方，故当鼻或鼻咽部发生病变时也常会引起中耳发生炎症。

（一）外鼻

外鼻（external nose）外鼻（图4-7）由骨和软骨构成支架，外覆皮肤。鼻尖、鼻翼和鼻前庭富含皮脂腺和汗腺，且腺口较大，为鼻疖、痤疮和酒渣鼻的好发部位。软骨部的皮肤较厚，与皮下组织粘连较紧密，炎症肿胀时皮肤张力较大，疼痛剧烈。鼻骨左右各一，相互连接于中线，其上端窄而厚，下端宽而薄，故外伤时鼻骨下端易骨折。

外鼻的静脉主要经内眦静脉及面静脉回流至颈内静脉，而内眦静脉可经眼上、下静脉与颅内的海绵窦相通（图4-8）。加之口角以上面部的静脉无静脉瓣，血液可逆向流动，故鼻部或上唇患疖肿时，若误加挤压，细菌可循上述静脉扩散至颅内，引起致命的海绵窦血栓性静脉炎或其他颅内并发症。临床上将此区称为"危险三角"。

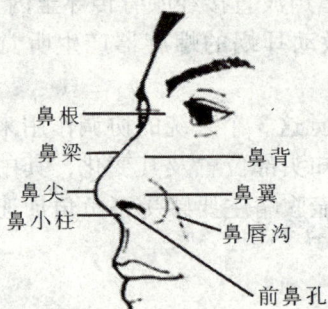

图4-7 外鼻

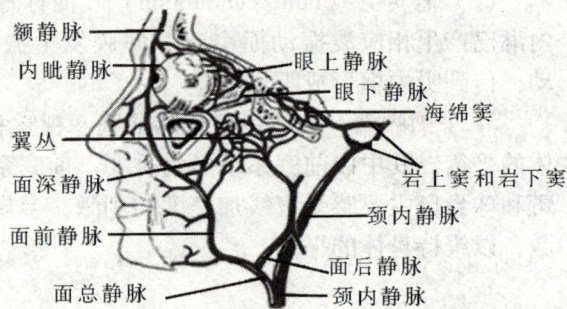

图4-8 外鼻静脉与海绵窦的关系

（二）鼻腔

鼻腔（nasal cavity）为顶窄底宽的不规则腔隙，由鼻中隔将其分隔为左右两腔。自前起于前鼻孔，向后止于后鼻孔并与鼻咽部相通。每侧鼻腔包括鼻前庭和固有鼻腔，通常所指的鼻腔为固有鼻腔。鼻前庭皮肤与固有鼻腔黏膜移行处的外侧，有一弧形隆起称为鼻阈。

1. 鼻前庭（nasal vestibule） 即鼻翼内面所对应的区间，位于鼻腔前端，前界为前鼻孔，后界为鼻内孔（即鼻阈）。该处由皮肤覆盖，长有鼻毛，富有皮脂腺和汗腺，易发生疖肿。

2. 固有鼻腔（nasal fossa proper） 简称为鼻腔，起自鼻阈，止于后鼻孔，由黏膜覆盖，有内、外、顶、底四个壁。

（1）内侧壁 即鼻中隔（nasal septum）。主要由鼻中隔软骨、筛骨垂直板（筛骨正中板）和犁骨构成支架。在鼻中隔前下部的黏膜下小动脉血管丰富，汇聚成丛，称利特尔区（Little area），是鼻出血的最常见部位，又称"易出血区"（图4-9）。

（2）外侧壁 该壁自上而下有3个呈阶梯形排列的长条骨片，外覆黏膜，称为鼻甲，依次为上、中、下鼻甲。各鼻甲下缘游离向下悬垂于鼻腔，均与相应的鼻腔外侧壁之间形成一裂隙样空间，称为鼻道，分别为上、中、下鼻道。鼻腔外侧壁（图4-10）（彩图45）与鼻中隔之间的间隙称总鼻道，中鼻甲游离缘平面以上的总鼻道称为嗅裂，亦称为嗅沟。

上鼻甲最小，其后上方有一凹陷，为蝶筛隐窝，是蝶窦的开口之处。上鼻道的外侧壁上有后组筛窦的开口。

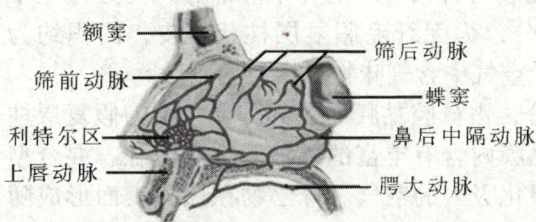

图 4-9 利特尔区（易出血区）

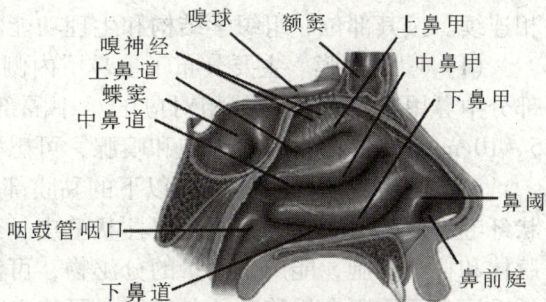

图 4-10 鼻腔外侧壁 彩图 45

中鼻道外侧壁解剖结构复杂，也是内窥镜鼻窦手术进路中最为重要的区域。在中鼻道外侧壁上有两个隆起，前下为钩突，后上为筛泡，两者之间有一半月形裂隙，称为半月裂孔。半月裂孔向前下和外上逐渐扩大形成的漏斗状沟槽，称为筛漏斗，前组鼻窦均开口于此。半月裂孔实为筛漏斗在中鼻道外侧壁上的开口，是前组鼻窦和中鼻道之间通气引流的裂孔。中鼻甲、中鼻道及附近的区域统称为窦口鼻道复合体（ostiomeatal compiex，OMC）（图 4-11）（彩图 46）。

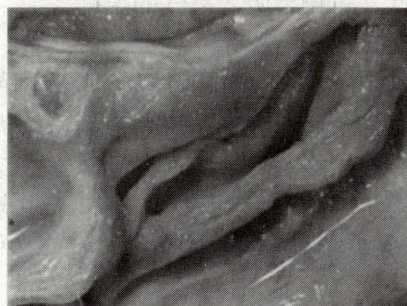

图 4-11 窦口鼻道复合体（中鼻甲已切除）
彩图 46

下鼻甲最大、最靠前，前端接近鼻阈，距前鼻孔约 2cm，后端距咽鼓管咽口约 1~1.5 cm，故下鼻甲肿胀或肥大时常引起鼻塞，也可影响咽鼓管通气出现耳鸣和听力下降等耳部症状。下鼻道前上方有鼻泪管开口。上颌窦位于下鼻道的外侧，两者间有一骨壁相隔。下鼻道的外侧壁前段近下鼻甲附着处，骨壁较薄且血管少，是上颌窦穿刺的最佳进针位置。在下鼻道外侧壁的后端近鼻咽处有表浅、扩张的鼻-鼻咽静脉丛，是中老年人鼻出血的好发部位。

知识链接

窦口鼻道复合体（ostiomeatal compiex，OMC）：是指以筛漏斗为中心的附近区域，包括：筛漏斗、沟突、筛泡、半月裂孔、中鼻甲、中鼻道、前组和中组筛泡、前组鼻窦的开口等一系列结构。窦口鼻窦复合体的通气和引流障碍是鼻窦发生炎症的主要原因，以该理论为基础建立的功能性鼻内镜鼻窦手术（functional endoscopic sinus surgery，FESS）已得到广泛的认同和推广。该手术是目前治疗慢性鼻窦炎的主要术式，其中沟突、筛泡和中鼻甲是鼻内镜手术的标志和进路。

（3）顶壁 主要为筛骨水平板构成，借此与颅前窝相隔。筛骨水平板骨质薄而脆，外伤或手术时容易损伤，导致脑脊液鼻漏。

（4）底壁 即硬腭，由上颌骨腭突和腭骨水平部构成，与口腔相隔。

3. 鼻腔黏膜 广泛分布于鼻腔各壁及各个鼻道，并与鼻咽部、鼻泪管和鼻窦的黏膜相连续。按其部位、组织学结构和生理功能的不同分为嗅区黏膜和呼吸区黏膜两部分。

（1）嗅区黏膜　主要分布于上鼻甲内侧面和与其相对应的鼻中隔部分，可延伸至小部分中鼻甲内侧面及与其相对应的鼻中隔部分，为无纤毛假复层柱状上皮，面积约为 $5\sim10cm^2$。黏膜内含有嗅细胞和嗅腺，可感受空气中含气味物质微粒的刺激。

（2）呼吸区黏膜　指嗅区以下的黏膜部分，占鼻腔黏膜的大部分，主要为假复层柱状纤毛上皮，另有少部分假复层柱状上皮。黏膜内含有丰富的黏液腺、浆液腺、混合型腺体和杯状细胞，能产生大量的分泌物，可湿化吸入的空气。分泌物在黏膜表面形成随纤毛运动而不断向后移动的黏液毯，可将空气中的尘埃、细菌等异物吸附并排送至鼻咽部。在中鼻甲下缘及下鼻甲黏膜下有丰富的由静脉血管构成的海绵状血窦，具有灵敏的舒缩性，可调节吸入空气的温度。

（三）鼻窦

鼻窦（nasal sinuses）为鼻腔周围颅面骨内与鼻腔相通的含气空腔。左右成对，共4对，分别依其所在颅骨命名为额窦、筛窦、上颌窦和蝶窦（图4-12），各鼻窦借自然开口与鼻腔相通。鼻窦按其解剖位置及窦口所在部位，分为前后两组。前组鼻窦包括额窦、前组筛窦和上颌窦，均开口于中鼻道；后组鼻窦包括后组筛窦和蝶窦，分别开口于上鼻道和蝶筛隐窝。

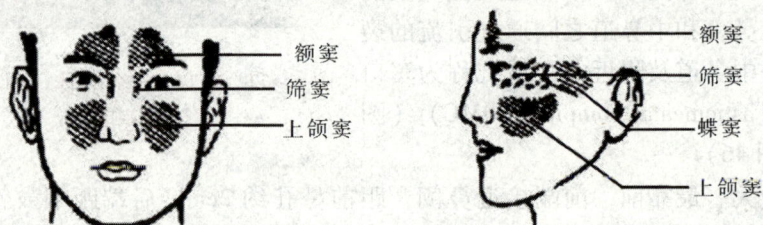

图 4-12　鼻窦的面部投影

1. 上颌窦（maxillary sinus）　位于上颌骨体内，为鼻窦中容积最大者。窦腔的容积个体差异较大，平均约为15ml。有5个壁，分别为前壁、后外侧壁、上壁、底壁、内侧壁。前壁又称为面壁，其中央薄而凹陷，称为尖牙窝，是常用的上颌窦手术进路。后外侧壁与翼腭窝和颞下窝毗邻，上颌窦恶性肿瘤破坏此壁累及翼内肌可致张口受限。上壁即眼眶底壁内侧部分，上颌窦疾病与眶内疾病可相互影响。底壁即上颌骨牙槽突，常低于鼻腔底部。此壁与上颌第二前磨牙及第一、第二磨牙的根部关系密切，牙根感染可引起牙源性上颌窦炎，上颌窦恶性肿瘤侵犯牙根可引起牙齿疼痛，甚至牙齿脱落。内侧壁即鼻腔外侧壁下部，有上颌窦口开于中鼻道。上颌窦窦腔大、窦口小、开口位置较高，不利于引流，且易受相关牙根病变影响，是上颌窦易发生炎症的重要原因。

2. 筛窦（ethmoid sinus）　位于鼻腔外上方的筛骨体内，呈蜂窝状气房结构。成人筛窦每侧约含4~17个气房，以开口所在部位可将这些气房分为前后两组，开口于中鼻道的为前组筛窦，开口于上鼻道的为后组筛窦，两组筛窦的气房互不相通。筛窦顶壁与颅前窝相隔，骨质较薄，易因颅脑外伤骨折，发生脑脊液鼻漏。其外侧壁即眼眶内侧壁，由泪骨和筛骨纸样板构成，纸样板菲薄如纸，筛窦病变、外伤或手术时可造成颅内或眶内并发症。

3. 额窦（frontal sinus）　位于额骨体内，向下经鼻额管开口于中鼻道前端。前壁为额骨外骨板；后壁为额骨内骨板，较薄，是颅前窝前壁的一部分；底壁相当于眼眶内上角，此壁最薄，急性额窦炎时，该处压痛最为明显。

4. 蝶窦（sphenoid sinus） 位于颅底深部的蝶骨体内，居鼻腔后上方。顶壁为蝶鞍底；前壁有窦口，开口于蝶筛隐窝；下壁为鼻咽顶部；外侧壁与颅中窝、海绵窦、颈内动脉和视神经管毗邻，故蝶窦病变常累及上述结构，且该处手术如不慎可导致失明及大出血等。

二、鼻的生理

（一）鼻腔的生理

1. 呼吸功能 鼻腔是呼吸道的起始部，除通气外，还对吸入的空气有调温、调湿和清洁过滤作用。

（1）清洁和过滤作用 鼻前庭的鼻毛可以阻挡和过滤吸入气流中的较大颗粒状物；鼻腔黏膜表面的黏液毯可吸附细小尘埃颗粒及微生物，并通过纤毛的定向运动排向咽部；喷嚏反射也可排除侵入鼻腔的粉尘和异物；鼻腔分泌物中还含有溶菌酶、干扰素、SIgA 等物质，可以抑制和杀灭侵入的病原微生物。

（2）调节温度的作用 鼻腔黏膜内有丰富的血管组织，可随外界气温的变化而迅速扩张或收缩，从而使吸入的空气相对恒定的达到与机体自身相适应的温度。

（3）调节湿度的作用 鼻腔黏膜中含有大量的腺体和杯状细胞，在 24 小时内可产生约 1000ml 的分泌物，其中大部分用以提高吸入空气的湿度，少部分向后流入咽部。

2. 嗅觉功能 空气中的气味颗粒随气流到达嗅区后，被嗅腺的分泌液溶解，刺激嗅觉细胞产生神经冲动，经嗅神经传至嗅觉中枢，形成嗅觉。

3. 共鸣作用 鼻腔对喉发出的声音具有共鸣作用，可使之清晰、洪亮、悦耳。当鼻腔患阻塞性病变时可出现闭塞性鼻音，鼻咽腔闭合不全如腭裂时可出现开放性鼻音。

4. 反射功能 鼻腔内神经分布丰富，当鼻黏膜受到物理性或化学性刺激时，可引起广泛的心血管和呼吸等方面的反应，包括打喷嚏、流泪、眼睑痉挛、支气管收缩、肺顺应性降低、肺容量下降等，严重者可致呼吸、心跳停止，如突发性反射性心跳停止。

（二）鼻窦的生理

鼻窦的生理功能迄今仍无定论，一般认为鼻窦对鼻腔的呼吸共鸣等功能有辅助作用，另外，鼻窦还可减轻头颅重量，缓冲外来冲击力，对保护重要器官有一定作用。

考点提示

1. 鼻腔前部最常见的出血部位是：鼻中隔前下部的利特尔区；鼻腔后部最常见的出血部位是：下鼻道后端的鼻-鼻咽静脉丛

2. 上颌窦穿刺的最佳进针部位在下鼻道外侧壁前段近下鼻甲处

3. 中鼻甲、中鼻道及附近的区域称为"窦口鼻道复合体"

4. 鼻窦包括四对，按其开口位置分为前、后两组，前组鼻窦包括额窦、上颌窦和前组筛窦，均开口于中鼻道；后组鼻窦包括开口于蝶筛隐窝的蝶窦和开口于上鼻道的后组筛窦。其中上颌窦最易发生炎症

5. 鼻的生理功能主要有呼吸、嗅觉、共鸣和反射功能，其中呼吸功能包括通气和对吸入空气的调温、调湿及清洁过滤

第三节　咽的应用解剖与生理

一、咽的应用解剖

咽（pharynx）上起颅底，下达第6颈椎下缘水平，续于食管，是呼吸和消化的共同通道。以软腭游离缘和会厌上缘为界，将咽自上而下分为鼻咽、口咽及喉咽3部分（图4-13）（彩图47）。

（一）鼻咽

鼻咽（nasopharynx）位于颅底与软腭游离缘平面之间，向前经后鼻孔与鼻腔相通，向下与口咽相通。在距下鼻甲后端约1~1.5 cm的鼻咽侧壁处，左右各有一个咽鼓管咽口，如咽鼓管咽口受到阻塞可导致分泌性中耳炎。咽鼓管咽口后上方的隆起，称咽鼓管圆枕。咽鼓管圆枕后上方与

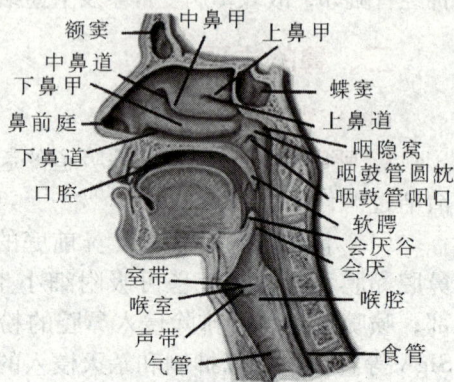

图4-13　咽的矢状切面　彩图47

咽后壁之间有一纵行的凹陷，称为咽隐窝，是鼻咽癌的好发部位。鼻咽顶部和后壁呈倾斜的圆拱形，常合称为顶后壁。在顶后壁有一呈桔瓣状的淋巴组织，称为腺样体，又称咽扁桃体。腺样体在婴幼儿较发达，10岁后完全退化。

（二）口咽

口咽（oropharynx）位于软腭与会厌上缘平面之间，向前经咽峡与口腔相通。咽峡是指由上方的悬雍垂（腭垂）、软腭游离缘、两侧的腭舌弓和腭咽弓及下方的舌根共同构成的环形狭窄部分。软腭游离缘向两侧延续为两对向下的黏膜皱襞，前面的为腭舌弓，后面的为腭咽弓。两者之间有一凹陷为扁桃体窝，容纳腭扁桃体（俗称扁桃体）（图4-14）（彩图48）。腭扁桃体为咽部最大的淋巴组织，其外侧有一潜在间隙，称为扁桃体周围间隙。间隙的上部称为扁桃体上窝，是扁桃体周围脓肿的好发部位。腭扁桃体（图4-15）内侧面黏膜上皮向扁桃体实质凹陷，形成6~20个深浅不一呈分支状的盲管，称为扁桃体隐窝。病原微生物在其中存留繁殖，当机体抵抗力下降时，易导致扁桃体发生感染。腭咽弓后方有纵行的条索状淋巴组织，称为咽侧索；舌根处的淋巴组织称为舌扁桃体；咽后壁黏膜下有散在的淋巴滤泡。

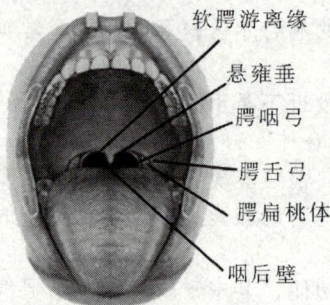

图4-14　口咽部　彩图48

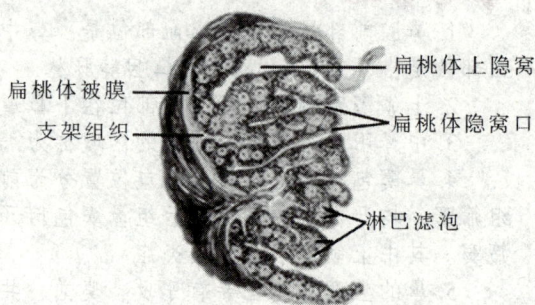

图4-15　腭扁桃体的冠状剖面

（三）喉咽

喉咽（laryngopharynx）位于会厌上缘平面至环状软骨下缘平面之间（图 4-16）（彩图 49）。上接口咽，下与食管相连，是咽腔最狭窄的部分。舌根与会厌之间有一凹陷，由舌会厌襞于正中将其一分为二，称为会厌谷。喉咽在喉入口的两侧，有一对较深的隐窝称为梨状隐窝。会厌谷和梨状窝都是异物易滞留的部位。

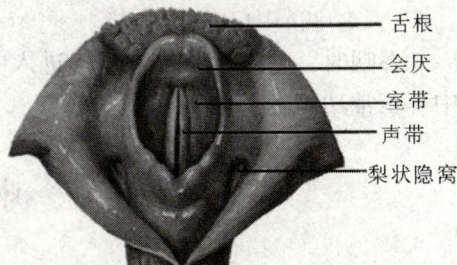

图 4-16　喉咽及喉入口　彩图 49

（四）咽淋巴环

咽部有丰富的淋巴组织，较大的淋巴组织团通过淋巴管相互连通，呈环状排列，称为咽淋巴环。其中腺样体、咽鼓管扁桃体、腭扁桃体、舌扁桃体、咽侧索、咽后壁淋巴滤泡通过淋巴管相互连通构成咽淋巴环的内环。内环的淋巴均通过淋巴管流入外环淋巴结。外环主要由咽后淋巴结、下颌角淋巴结、颌下淋巴结、颏下淋巴结等组成。咽淋巴环（图 4-17）具有重要的防御和免疫功能，咽部感染或恶性肿瘤可扩散或转移到相应的外环淋巴结。

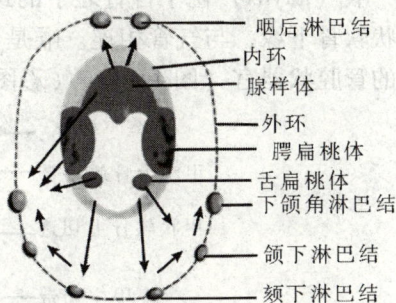

图 4-17　咽淋巴环示意图

二、咽的生理功能

（一）呼吸功能

咽腔不仅是吸入空气的通道，在咽腔黏膜及黏膜下还含有丰富的腺体，对吸入的空气具有调温、调湿和清洁作用，但均弱于鼻腔黏膜的类似功能。

（二）吞咽功能

吞咽是由多种肌肉参与完成的反射性协同运动，以使食物从口腔进入食管。当食物进入咽部触及舌根与咽峡时，即引起吞咽反射。通过一系列神经反射和肌肉运动，使食物团进入咽腔，并在压力下向下移动；同时软腭封闭鼻咽，会厌覆盖关闭喉的入口，声门紧闭，喉咽和梨状窝开放，食物团越过会厌进入食管。

（三）保护功能

在吞咽或呕吐时，咽肌收缩可封闭鼻咽和喉的入口，使食物不致反流入鼻腔或吸入气管。若有异物误入并刺激到咽部，可引起呕吐反射，从而将异物排出。来自鼻腔、鼻窦、喉及咽鼓管的分泌物，可借咽的反射作用咳出，或咽下后由胃酸将其中的细菌杀灭。

（四）共鸣作用

发音时，咽腔形态可根据需要发生相应的改变，并由软腭、口、唇、舌、齿等协同作用，使声音清晰、悦耳。

（五）免疫功能

咽部富含淋巴组织，对机体具有重要的免疫作用，尤其是腭扁桃体。咽部的分泌物中还含有溶菌酶和 SIgA，有抑制和溶解细菌的作用。

（六）调节中耳气压功能

吞咽时，咽鼓管开放，空气进入中耳，使中耳气压与外界气压保持平衡，从而维持中耳正常功能。

第四节 喉的应用解剖与生理

一、喉的应用解剖

喉（larynx）位于舌骨之下的颈前正中部，上端为会厌上缘，与喉咽相通，下端为环状软骨下缘，与气管相连。喉是由软骨、肌肉、韧带、纤维组织及黏膜构成的形似锥形的管腔状器官（图4－18）（彩图50）。

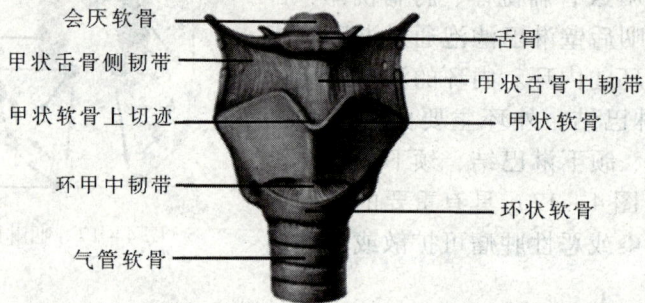

图4－18 喉的前面观 彩图50

（一）喉软骨

喉由软骨构成支架。喉的软骨有单个而较大的甲状软骨、环状软骨和会厌软骨，成对而较小的杓状软骨、小角软骨、楔状软骨。

1. 会厌软骨（epiglottic cartilage） 在喉的上部，位于喉入口的前面，上宽下窄、扁平如叶片状。上端游离呈弧形，下端借韧带附着于甲状软骨切迹的后下方。会厌分舌面和喉面，舌面黏膜下组织疏松，炎症时肿胀明显，严重者可导致喉阻塞而引起呼吸困难。

2. 甲状软骨（thyroid cartilage） 为喉部最大的软骨，由左右对称的四边形甲状软骨板在前缘正中线融合而成。融合处形成一夹角，男性夹角较小且向前突出，称为喉结，女性近似钝角，喉结不明显。甲状软骨上缘正中有"V"形凹陷，称甲状软骨上切迹，是颈部手术中识别颈正中线的标志。

3. 环状软骨（cricoid cartilage） 位于甲状软骨的下方，是喉部惟一呈完整环形的软骨，对保持喉腔的通畅具有重要意义。如受损伤，可引起喉狭窄。环状软骨弓与甲状软骨之间有环甲膜，其中央增厚部分称为环甲中韧带，是环甲膜切开术的手术入口处，紧急时可经此切开入喉以解除窒息。

4. 杓状软骨（arytenoid cartilages） 位于环状软骨的上缘，形似三角锥形，左右各一。与环状软骨形成环杓关节，该关节的运动可引起声带内收或外展。

（二）喉肌

喉肌分为内外两组。喉外肌将喉与周围结构相连，可升降和固定喉体；喉内肌可开闭声门及喉入口、紧张和松弛声带。依其功能分为 4 组：①使声门张开的主要是环杓后肌；②使声门关闭的有环杓侧肌和杓肌；③使声带紧张的有环甲肌，使声带松弛的有甲杓肌；④使会厌活动以关闭喉入口的杓会厌肌和开放喉入口的甲状会厌肌。

（三）喉腔

喉腔以声带为界分为声门上区、声门区和声门下区（图4-19）（彩图51）。

1. 声门上区（supraglottic portion） 指喉入口至声带以上的区域，包括喉前庭、室带和喉室。室带也称假声带，位于声带上方，与声带平行，呈淡红色，左右各一。喉前庭是指喉入口与室带之间的部分。喉室是每侧声带与室带之间的腔隙，内有黏液腺分泌黏液，可润滑声带。

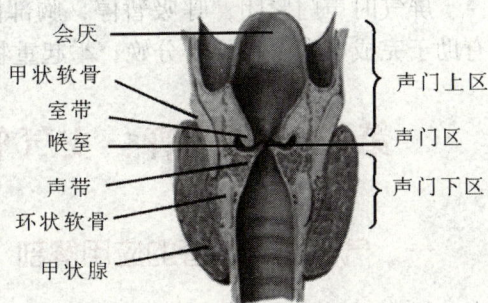

图4-19 喉腔的分区 彩图51

2. 声门区（glottic portion） 是指两侧声带之间的区域。声带左右各一，在间接喉镜下呈白色带状，边缘整齐。声带游离缘黏膜下有疏松的间隙，当炎症或损伤时易出现水肿，导致声嘶。两侧声带外展时在声门区可出现一顶向前的等腰三角形裂隙，称为声门裂，简称声门，是喉腔最狭窄处。

3. 声门下区（infraglottic portion） 是指声带下缘以下至环状软骨下缘以上的喉腔部分，该区上小下大。小儿此区黏膜下组织疏松，炎症时容易发生水肿，常引起喉阻塞。

（四）神经

喉的神经包括喉上神经和喉返神经，两者均为迷走神经的分支。

1. 喉上神经（superior laryngeal nerve） 分为内、外两支。内支主要为感觉神经，分布于会厌谷和声门上区等处的黏膜。外支主要为运动神经，支配环甲肌和咽下缩肌，但也有感觉支分布到声带。

2. 喉返神经（recurrent laryngeal nerve） 为喉的主要运动神经，支配除环甲肌以外的喉内各肌，但亦有感觉支分布于声门下区等处的黏膜。由于左侧喉返神经路径较右侧长，较易受到损伤。喉返神经单侧受损可出现声音嘶哑和发声无力，如两侧均受损，可引起呼吸困难。

二、喉的生理功能

（一）呼吸功能

喉是呼吸的通道。吸气时声带外展，声门增宽，气流阻力减小，有利于空气进入；呼气时声带内收，声门变小，气流阻力增大，有利于肺泡与血液中的气体交换。

（二）发音功能

喉是发音器官，发音时声带内收、拉紧，呼出的气流冲击声带使之振动而发出声音（基音），再经咽、口、鼻的共鸣，由唇、舌、颊、齿及软腭构语，从而产生各种不同的声音和语言。

（三）保护功能

喉对下呼吸道起保护作用，吞咽时，喉体上提，会厌向后下倾斜盖住喉入口，同时室带和声带内收，声门关闭，防止食物或呕吐物等进入下呼吸道。喉黏膜的敏感性很高，异物刺激可引起剧烈的反射性咳嗽，以排出异物，防止误吸。

（四）屏气功能

屏气时声门紧闭，呼吸暂停，胸部固定，通过控制膈肌运动，使腹腔内压力增加，有助于完成咳嗽、排便、分娩、举起重物等行为的进行。

第五节　气管、支气管及食管的应用解剖与生理

一、气管、支气管的应用解剖

气管（trachea）位于颈前正中，由弹性透明软骨、平滑肌、黏膜和结缔组织构成。起自环状软骨下缘，下端进入胸腔，在第五胸椎上缘水平的气管隆凸处分成左、右主支气管（bronchi）。气管由 16～20 个呈 "C" 字形的软骨环构成支架，其软骨环的缺口处向后，缺口部分由弹性结缔组织纤维和平滑肌加以封闭，并与食管前壁紧密相贴，各气管环之间由韧带将其相互连接。在第 2～4 气管环前面有甲状腺峡部越过，是气管切开术的重要解剖标志。

主支气管（bronchi）分左、右主支气管。右主支气管较短、粗、直，与气管纵轴的延长线约成 20°～30°角；左支气管较细、长、斜，与气管纵轴成 40°～45°角，因此气管异物进入右侧的机会较左侧多见。

二、食管的应用解剖

食管（esophagus）为一纵行的肌性管道，上接喉咽，下与胃的贲门相连，成人的食管长度平均约为 25cm。食管自上而下有四个生理性狭窄，是食管易受损伤和异物停留的部位，分别是：第 1 狭窄为食管入口部，为食管最狭窄处，亦是食管异物最易停留之处，此处在食管镜检查时较难以通过，容易导致食管损伤；第 2 狭窄为主动脉弓横过食管前壁之处，相当第 4 胸椎平面；第 3 狭窄相当第 5 胸椎平面，为左主支气管横过食管前壁之处；第 4 狭窄相当第 10 胸椎平面，是食管穿过横膈食管裂孔处。

三、气管、支气管、食管的生理

（一）气管、支气管的生理

1. 通气和呼吸调节功能　气管和支气管是呼吸及气体交换的通道。气管、支气管管腔的大小随呼吸运动发生扩张和收缩，可改变其平滑肌中感受器的兴奋状态，从而兴奋或抑制吸气中枢，调节通气和呼吸。同时还可改变气道的阻力，从而影响气体的交换。

2. 清洁功能　气管、支气管的黏膜内富含腺体，其分泌物在黏膜表面形成黏液层，可吸附空气中的尘埃、细菌及其他微粒。并随纤毛的节律性单向摆动，被推向喉部经咳嗽排出，以净化和保护呼吸道。被吸进气管和支气管的空气在其内还将被进一步的加温和加湿，以适应机体的需要。

3. 免疫功能　呼吸道的免疫功能包括特异性和非特异性免疫。非特异性免疫包括由黏液纤毛运载系统将各种吸入下呼吸道的微生物和微粒排出体外的过程，及由多种可溶

性因子如溶菌酶、乳铁蛋白、补体等成分对细菌、病毒的抑制和灭活来完成。同时呼吸道分泌物中含有多种免疫球蛋白和淋巴因子，具有特异性的免疫功能，在防止下呼吸道感染中也起到重要的作用。

4. 防御性呼吸反射功能　包括咳嗽反射和屏气反射。气管黏膜下有丰富的神经末梢，受刺激后可引起咳嗽反射，以防止异物和分泌物进入肺泡，有助于保持呼吸道的清洁和通畅。在突然吸入冷空气或刺激性化学气体时可反射性引起呼吸暂停，声门关闭，支气管平滑肌收缩等反应。

（二）食管的生理

食管的主要生理功能是通过蠕动将咽下的食团和液体从下咽部运送到胃。当食团通过食管时，刺激该部位的感受器，产生神经冲动，引起食管肌肉按顺序的收缩，这一过程称为食管蠕动，食管蠕动是使食团向下推进的主要动力。在贲门以上的食管有一段高压区，长约 4~6cm，其内压力比胃内压力高，是阻止胃内容物逆流入食管的屏障，可起到类似生理括约肌的作用。食管黏膜的感觉迟钝，轻微的病变一般无明显的症状。

练习题

一、A1 型题

1. 眩晕症状可出现于下列何结构的病变中
   A. 鼻窦　　　　　　　　B. 鼻咽
   C. 中耳　　　　　　　　D. 喉腔
   E. 内耳

2. 中耳结构不包括
   A. 鼓室　　　　　　　　B. 咽鼓管
   C. 鼓窦　　　　　　　　D. 乳突
   E. 耳蜗

3. 小儿较成人更易患中耳炎与下列何因素有关
   A. 小儿腺样体生理性肥大　　B. 咽鼓管短、平、宽的解剖特点
   C. 下鼻甲肥大　　　　　　　D. 小儿尚未养成卫生习惯
   E. 洗澡时小儿外耳道易进水液

4. 鼻腔最常见的出血部位是
   A. 下鼻甲后端　　　　　B. 鼻腔顶部
   C. 下鼻道后端　　　　　D. 鼻腔底部
   E. 鼻中隔前下部

5. 鼻腔生理功能不包括
   A. 通气　　　　　　　　B. 嗅觉
   C. 共鸣　　　　　　　　D. 调温、调湿
   E. 免疫防御

6. 咽部最主要的淋巴组织是
   A. 腺样体　　　　　　　B. 腭扁桃体
   C. 舌扁桃体　　　　　　D. 咽侧束
   E. 颌下淋巴结

7. 对维持喉腔通畅具有重要作用的是
   A. 中状软骨
   B. 声带
   C. 环状软骨
   D. 喉内肌
   E. 会厌软骨

8. 喉腔最狭窄的部位是
   A. 声门裂
   B. 声门上区
   C. 喉室
   D. 声门下区
   E. 喉入口

9. 咽鼓管的开口部位是
   A. 喉咽部
   B. 口咽部
   C. 下鼻道
   D. 鼻咽外侧壁
   E. 鼻咽顶后壁

10. 咽鼓管的重要功能是
    A. 调节中耳与外界的气压平衡
    B. 排出鼓室空气
    C. 免疫防御
    D. 清洁过滤
    E. 平衡功能

11. 声带的特点不包括
    A. 左右对称
    B. 炎症时可引起声嘶
    C. 呈白色带状
    D. 边缘整齐
    E. 位置固定

12. 鼓膜标志不包括
    A. 光锥
    B. 锤骨短突
    C. 鼓膜紧张部
    D. 鼓膜脐部
    E. 锤骨柄

13. 患者中耳手术后出现面瘫，分析术中鼓室六个壁中最可能受到损伤的是
    A. 前壁
    B. 后壁
    C. 内侧壁
    D. 外侧壁
    E. 下壁

14. 与窦口鼻道复合体无关的是
    A. 是鼻内镜手术的理论基础
    B. 与鼻窦炎的发病有密切关系
    C. 中鼻甲
    D. 中鼻道
    E. 下鼻甲

15. 对"危险三角区"描述错误的是
    A. 鼻根与两侧口角之间的区域
    B. 如挤压该处疖肿可致感染扩散
    C. 该区静脉无静脉瓣
    D. 该区静脉直通颅内，感染极易引起颅内并发症
    E. 该区静脉可通过眼上、下静脉与颅内海绵窦相通

16. 最易发生炎症的鼻窦是
    A. 上颌窦
    B. 前组筛窦
    C. 后组筛窦
    D. 额窦
    E. 蝶窦

17. 开口于中鼻道的有
    A. 鼻泪管
    B. 蝶窦、上颌窦、筛窦

C. 上颌窦、额窦、前组筛窦   D. 上颌窦、额窦、后组筛窦

E. 上颌窦、额窦、蝶窦

18. 食管异物最易发生的部位是

A. 食管入口处   B. 食管第二狭窄处

C. 主动脉弓横跨食管前壁处   D. 食管裂孔处

E. 食管末端

第五单元

耳鼻咽喉科护理概述 ◀••

　　耳鼻咽喉科护理，是从护理学角度，观察耳鼻咽喉诸器官的健康状况和疾病状态，通过护理程序，与医疗密切配合，解决耳鼻咽喉科患者的健康问题，以使其尽快康复。

　　耳鼻咽喉具有听觉、平衡、嗅觉、呼吸、吞咽和言语等功能，与免疫防御有密切关系。因此，一旦患病可严重影响患者的生活、工作和学习。因为耳鼻咽喉诸器官之间的密切联系和耳鼻咽喉局部同全身整体的有机联系，护理人员对耳鼻咽喉科患者进行护理时，必须有整体观念，注意患者的全身状况，对患者进行整体、系统、动态的评估，以利医生对患者进行整体诊治。

第·节　耳鼻咽喉科的护理评估

一、护理病史

1. 现病史　重点了解患者本次患病的主要痛苦、有无明显诱因、病情的发展和变化，患病后有无诊疗过程、用药史及疗效等。

2. 既往病史　了解患者的既往健康状况，如有无邻近组织病变或全身性病变，有无外伤史、手术史及药物过敏史等。因耳鼻咽喉各结构的病变与邻近组织及全身性病变可有密切联系，故了解患者既往病史有助于对患者病因和疾病发展的分析及预防。

3. 环境与职业　生活、工作环境和职业与耳鼻咽喉疾病的发生密切相关。如长期在有害粉尘及空气环境下工作，容易患鼻炎、咽喉炎；长期生活、工作在噪声环境中可引起噪声性聋；职业性用声者如教师、歌唱家、讲解员等，若发音方法不当、缺乏正确的发音训练，可引起职业性噪音病。

4. 生活习惯 耳鼻咽喉科疾病与不良的生活习惯有密切的关系，如嗜好烟酒者易患咽喉炎；不正确的擤鼻涕方法可导致鼻窦炎、中耳炎等。

5. 家族史、过敏史 某些耳鼻咽喉科疾病的发生与家族史、过敏史有关系。如变应性鼻炎患者常有支气管哮喘、荨麻疹等病史。

6. 发病诱因 受凉、过度劳累、营养不良及机体抵抗力下降等都可成为耳鼻咽喉科疾病的发病因素。

二、身心状况评估

身体状况的评估侧重于耳、鼻、咽、喉、口腔、面部、头颈部位结构和功能的异常表现，包括主观症状和客观体征，同时也要重视全身健康状况的评估。

（一）常见症状评估

1. 耳漏（ear dischare） 指外耳道流出或在外耳道积聚有分泌物，又称耳溢液。脓性或黏脓性者常见于急、慢性化脓性中耳炎；水样者应注意有无脑脊液耳漏。浆液性耳漏多见于外耳道湿疹、急性化脓性中耳炎的早期；血性多见于外伤、肿瘤。

2. 耳痛（otalgia） 耳痛是耳部疾病常见症状，也可为耳部邻近或远隔器官疾病引起的反射性耳痛。耳部病变常见如外耳道炎、外耳道疖、急性中耳炎、乳突炎、外伤等；神经反射和牵涉性耳痛一般发生于邻近器官如口腔、咽喉部、颞颌关节及颈部疾病，如扁桃体炎、下咽癌等，可表现为胀痛、跳痛。耳廓牵拉痛常提示为外耳道或耳廓炎症。

3. 耳聋（deafness） 不同程度的听力下降称为耳聋。根据耳聋的性质可分为传导性耳聋、感音神经性耳聋和混合性耳聋三种。外耳和中耳病变表现为传导性耳聋，常见疾病如外耳道异物、耵聍栓塞、急慢性中耳炎、鼓室硬化等；耳蜗和耳蜗后病变多为感音神经性聋。常见疾病如突发性耳聋、药物性耳聋、噪音性耳聋、老年性耳聋、梅尼埃病等。混合性聋为兼有传导性聋和感音神经性聋。学语前深度耳聋可致聋哑。

4. 耳鸣（tinnitus） 是听觉功能紊乱所致的常见症状，患者主观感觉耳内鸣响，但周围环境中并无相应的声源。一般来说，传导性聋的耳鸣多为低音调如机器轰鸣，感音神经性聋耳鸣多为高音调如蝉鸣。

5. 眩晕（vertigo） 为一种运动错觉，常感自身或外界景物发生运动。多由外周前庭病变引起，表现为睁眼时周围物体旋转，闭眼时自身旋转，多伴有耳鸣、听力减退、眼震以及恶心、呕吐、出冷汗等自主神经功能紊乱现象。常见疾病有梅尼埃病、耳毒性药物中毒、窗膜破裂、迷路炎、脑干或小脑肿瘤、脑部血管疾病等。

6. 鼻塞（nasal obstruction） 鼻塞是鼻部疾病最常见症状之一。因鼻黏膜充血、水肿或鼻甲增生肥厚及鼻腔分泌物、新生物等引起鼻腔气流阻力增大引起。可表现为持续性、间歇性或交替性鼻塞。常可伴有头昏头痛、耳鸣、耳闷、嗅觉障碍等症状。

7. 鼻漏（rhinorrhea） 鼻漏指有液体自鼻腔经前鼻孔或后鼻孔流出，是鼻部疾病常见的症状之一。病变不同，性状不同。如急性鼻炎早期和变应性鼻炎可见水样鼻漏；外伤或手术后可见脑脊液鼻漏；慢性鼻炎及鼻窦炎可见黏脓性鼻漏；而鼻腔、鼻窦或鼻咽部炎症、肿瘤及鼻腔异物等可见血性鼻漏等。

8. 鼻出血（nosebleed，epistaxis） 详见第六章第二节有关内容。

9. 嗅觉障碍（dysosmia） 嗅觉障碍可表现为嗅觉减退、嗅觉丧失、嗅觉过敏或嗅觉倒错等。按病因可分为呼吸性和感受性两种。呼吸性嗅觉减退系由于气流受阻或方向改变达不到嗅区所致，如鼻甲肥大、鼻息肉或肿瘤、鼻中隔穿孔、气管切开或全喉切除等。感受性嗅觉减退或消失系由于嗅觉神经末梢病变，可见于萎缩性鼻炎、颅底骨折、脑血管疾患等。

10. 咽痛（sore throat） 是咽部疾病最常见的症状。多为咽喉部炎症、创伤、肿瘤及某些全身性疾病如白血病等引起。一般急性炎症疼痛较剧烈，慢性炎症疼痛轻微，或仅表现为发干、发胀和烧灼感。患者常因咽痛而不愿进食。

11. 咽部感觉异常（perverted sensation of pharynx） 咽感觉异常指咽部有异物感、痒感、干燥、堵塞感、或有紧迫感等异常感觉，可由功能性或器质性疾病引起。咽部及其周围组织的器质性病变，如咽炎、咽角化症、扁桃体炎等；也可为神经官能症的一种表现，可间歇性或持续性存在，多与恐惧、焦虑等精神因素有关，也可与内分泌功能紊乱有关

12. 吞咽困难（dysphagia） 大致可分为3种：①功能障碍性：凡导致咽痛的疾病均可引起吞咽困难；②梗阻性：因咽部肿瘤、食管狭窄、肿瘤、扁桃体过度肥大，妨碍食物下行；③麻痹性：因中枢性病变或周围性神经炎引起咽肌麻痹。吞咽困难严重的患者常处于营养不良、饥饿消瘦状态。

13. 打鼾（snore） 打鼾是睡眠时因软腭、腭垂、舌根等处软组织随呼吸气流颤动而产生的节律性声音。各种病变造成的上呼吸道狭窄及某些全身性疾病如肥胖、内分泌紊乱等均可引起打鼾。如伴有频繁的睡眠呼吸暂停，则称之为阻塞性睡眠呼吸暂停低通气综合征。

14. 声嘶（hoarseness） 是喉部疾病特有的症状，提示病变累及声带。最常见的病因为炎症，如急、慢性喉炎，其他如喉部肿瘤、喉外伤、喉异物、双侧喉返神经麻痹、喉肌痉挛等均可引起。癔病患者可突发声嘶，经治疗后可立即恢复正常。

15. 喉鸣（laryngeal stridor） 喉鸣是呼吸气流通过变窄的喉腔产生振动而发出的声响，是喉部特有症状之一。常见的原因有：喉部炎症、、喉外伤、异物、喉部肿瘤等。

16. 呼吸困难（dyspnea） 呼吸困难一般可分为吸气性、呼气性和混合性呼吸困难。喉源性呼吸困难为吸气性呼吸困难，常见于喉部阻塞性病变者。

(二) 心理、社会状况

（1）患者大多缺乏耳鼻咽喉科疾病的相关知识，若早期症状不突出，易被忽视而延误诊疗，一旦病情加重甚至对生命构成危险时又十分焦虑或恐惧。

（2）疾病引起耳聋、嗅觉障碍、声嘶等生理功能异常，可导致患者学习、工作和和生活受影响；耳鼻分泌物有臭味、耳鼻咽喉器官毁容患者，还可导致社交困难，精神心理受创伤等，甚至可引起性格异常，如孤僻、多疑、烦躁等。

（3）治疗欠佳的慢性病，如慢性咽喉炎、鼻炎等患者可产生焦虑或恐癌情绪。

（4）需要特殊检查或手术治疗的患者，常有紧张、恐惧心理。恶性肿瘤患者则易产生悲观、绝望心理。

三、耳鼻咽喉科常用检查

（一）、耳、鼻、咽、喉检查所需的设备

耳、鼻、咽、喉在解剖学上具有部位深在，不宜直视的特点，检查时，必须借助于光源及特殊的专科器械才能进行。以下为简单常用的检查器械（图5-1）。

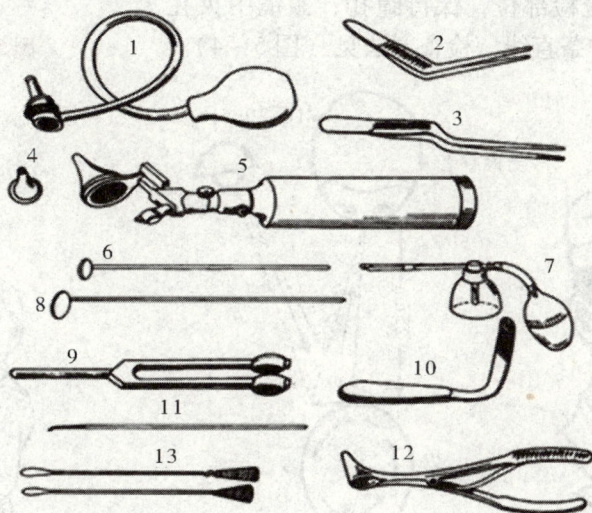

图5-1 耳鼻咽喉常用的检查器械

1. 鼓气耳镜 2. 膝状镊 3. 枪状镊 4. 耳镜 5. 电耳镜 6. 后鼻镜 7. 喷壶
8. 间接喉镜 9. 音叉 10. 角形压舌板 11. 耵聍钩 12. 前鼻镜 13. 卷棉子

1. 检查室的设置与设备 检查室宜背光稍暗，配备有检查椅、转凳、检查器械、消毒器械和痰盂，以及敷料和药品。现临床多配备耳鼻咽喉科综合诊疗台（图5-2），更为方便。

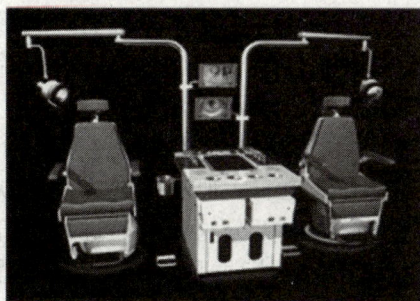

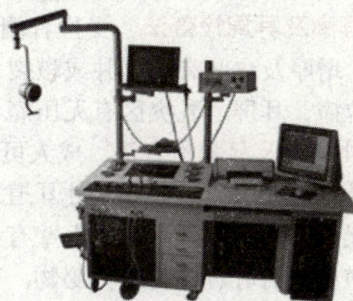

图5-2 耳鼻咽喉科诊疗综合工作台

2. 额镜的用法 额镜（图5-3）借额带佩戴于检查者前额，为一能聚光的凹面反光镜，镜面可灵活转动，中央有一小孔，供检查者检查。

（1）光源 具有一定光亮的光源均可利用，以100W亮度为宜，常用灯泡，以附聚光透镜的检查灯最好。亦可就地取材用电筒、煤气灯等。光源应可活动，以利调节。光

源应置于检查者使用眼侧，稍高于患者耳后上方 10 ～20cm。

（2）方法　检查者和被检查者相对而坐，并膝相错交，光源置于同侧，略高于受检者耳部，相距约 15cm，将镜面贴近左眼或右眼，并使投射于额镜上的光线反射后聚集于受检部位，保持瞳孔、额镜中央孔和受检部位处于同一条直线，检查方法见（图5-4）。

图5-3　额镜

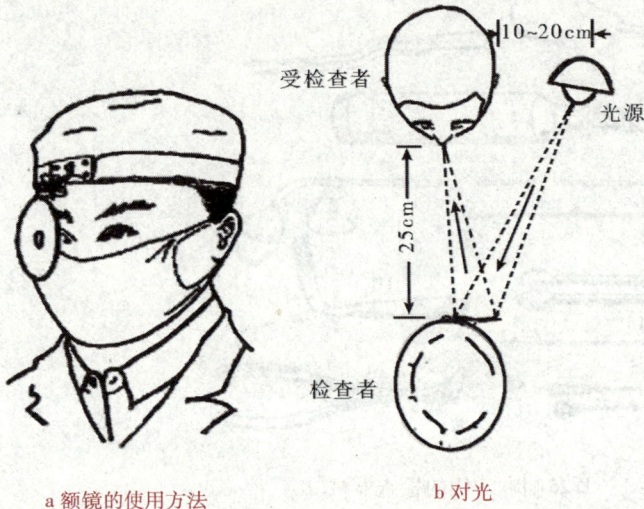

a 额镜的使用方法　　　　　b 对光

图5-4　额镜

图5-5　小儿受检时的体位

（3）检查时体位　患者与检查者相对而坐，两腿各稍微向侧方。受检者正坐，腰靠检查椅背，上身稍前倾，腰直、头正。检查小儿时可让家长怀抱患儿，两腿将患儿腿部夹紧，一手将头固定于胸前，另一手抱住两上肢和身体（图5-5）。

（二）耳部检查法

1. 耳廓及耳周检查法　受检者侧坐，受检耳朝向检查者。观察耳廓有无畸形、局限性隆起、增厚及皮肤有无红肿或皲裂，耳周有无红肿、瘘口、瘢痕等。进一步检查耳廓有无牵拉痛，耳屏、乳突区有无压痛，若耳后肿胀应注意有无波动感。

2. 外耳道及鼓膜检查法　成人可将耳廓向后、上、外牵拉，婴幼儿应向后下牵拉耳廓，使外耳道变直，以便观察外耳道及鼓膜。观察外耳道有无耵聍、异物，皮肤是否红肿，有无疖肿，骨性外耳道后上壁有无塌陷，外耳道内有无分泌物及其性状与气味。清除外耳道内的耵聍、异物或分泌物。观察鼓膜的正常解剖标志是否存在，及其活动度、有无充血、穿孔、内陷、瘢痕等。

3. 咽鼓管功能检查法　咽鼓管检查主要检查咽鼓管的通气功能，咽鼓管功能障碍与许多中耳疾病的发生、发展及预后有关。常用的方法如下：

（1）吞咽法　将听诊器两端的橄榄头分别置于受检者和检查者的外耳道口，然后嘱患者患者擤尽鼻涕后，捏鼻吞咽，注意倾听有无"扑""扑"声，未听到声音者提示咽鼓管功能不良。亦可借助耳镜直接观察吞咽时鼓膜是否有振动。

（2）波利策法　适用于咽鼓管功能差的患者或小儿。嘱患者取坐位，擤鼻后，含水一口。检查者将波氏球之橄榄头塞入患者一侧前鼻孔，并压紧对侧前鼻孔，于受试者吞咽之际，迅速挤压橡皮球，使空气从咽鼓管进入鼓室，同时经听诊管倾听鼓膜振动声和观察鼓膜的运动情况。

（3）导管吹张法　先嘱受试者清除鼻腔及鼻咽部分泌物，鼻腔黏膜以1%麻黄碱和1%丁卡因收敛、麻醉。将咽鼓管导管沿鼻底缓缓伸入鼻咽部抵达鼻咽后壁，弯头朝下，再将导管向受检侧旋转90°并向外缓缓退出，此时导管前端即越过咽鼓管圆枕滑入咽鼓管咽口。然后以左手固定导管，右手捏橡皮球鼓气数次，同时经听诊管听声判断咽鼓管是否通畅。

咽鼓管吹张法既可用于检查咽鼓管是否通畅，亦可用于咽鼓管功能不良、分泌性中耳炎的治疗，但上呼吸道急性感染，鼻腔或鼻咽部有脓液、溃疡、肿瘤者忌用。

4. 听力检查法　临床听力检查法分为主观测听法和客观测听法两种。主观测听法包括语音检查法、音叉试验、纯音听力计测验等。客观测听法有声导抗测试、电反应测试以及耳声发射测试等。临床常用的有音叉试验、纯音测试、声导抗测试。

（1）音叉试验　可初步判断耳聋的性质，是最常用的听力检查法。常选用C256或C512的音叉进行检查。试验方法有：①林纳试验（Rinne test，RT），即骨气导比较试验。将振动的音叉柄端置于受检侧乳突部相当于鼓窦处测试骨导听力，待受试耳听不到音叉声时立即将叉臂置于距受试耳外耳道1cm处测试气导听力，此时若又能听及，说明气导>骨导，记作RT（＋），若不能听及，则先测气导，再测骨导，再次比较骨导与气导的时间，若骨导>气导，记作RT（－），气导与骨导相等记作（±）。②韦伯试验（Weber test，WT），比较受试者两耳骨导听力。将振动的音叉柄端紧压颅面中线任何一点，请受试者辨别音叉声偏于何侧。记录时以"→"示所偏向的侧别，"＝"示两侧相等。③施瓦巴赫试验（Schwabach test，ST），将振动的音叉柄首先置于受检者鼓窦区，至听不到再迅速检测检查者（正常人）的骨导，比较两者的骨导时间长短若受检者较检查者骨导延长，则为传导性耳聋；若骨导缩短则为感音神经性耳聋。音叉实验结果分析见下表5－1：

表5－1　音叉试验结果分析

实验方法	正常	传导性聋	感音神经聋
RT	（＋）	（－）（＋）	（＋）
WT	＝	→患耳	→健耳
ST	（±）	（＋）	（－）

（2）纯音听阈测试　是临床最为常用的客观测听法。听阈指足以引起某耳听觉的最小声强值。利用纯音听力计产生125～10000Hz的倍频纯音进行听阈及阈上功能测试。根据结果能比较准确的判断耳聋的类型、程度，初步判断病变部位，并能记录便于前后比较。

（3）声导抗测试　由正压向负压连续调节外耳道压力，通过改变外耳道压力，测量鼓膜被压入或拉出时声导抗的动态变化，加以记录形成鼓室导抗图。根据图示可以判断耳聋的部位、病变的性质，还可以对周围面瘫进行定位诊断及判断预后。

5. 前庭功能检查法　是通过一些特殊的测试方法，了解前庭功能状况，并为定位诊断提供依据。由于前庭系统和小脑、脊髓、眼、自主神经系统等具有广泛的联系，因此，前庭功能不仅与耳科疾病有关，而且和神经内、外科，内科，创伤科及眼科等疾病亦有密切关系。前庭功能检查包括两个主要方面，一是眼震检查，如自发性眼震检查法，位置性眼震检查法，冷热试验，旋转试验，眼震电图描记法等。二是平衡检查，如闭目直立检查法，过指试验，行走试验，姿势描记法及指鼻试验，跟膝胫试验，轮替运动等。

6. 影像学检查　是耳部疾病重要的辅助检查方法，包括颞骨岩部、乳突部 X 线摄片，颞骨 CT 扫描及磁共振成像。颞骨 X 线摄片有助于了解中耳乳突骨质破坏的部位及范围；颞骨 CT 扫描能清晰地显示颞骨的细微解剖结构；磁共振成像具有较高的软组织分辨能力，可显示小脑桥脑角及大脑颞叶、脑室等部位软组织解剖结构的变化。

（三）鼻部检查法

1. 外鼻检查　包括视诊和触诊。视诊主要观察外鼻的形态、活动是否正常，有无畸形，皮肤有无肿胀、缺损；触诊有无压痛、增厚、变硬，鼻骨有无骨折、移位及骨擦音。

2. 鼻腔检查

（1）鼻前庭检查　用拇指将鼻尖抬起，观察鼻前庭皮肤有无红肿、皲裂、糜烂、隆起、结痂，有无鼻毛脱落等。

（2）鼻腔检查　左手持前鼻镜（图 5 - 6），先将前鼻镜的两叶合拢，与鼻底平行伸入鼻前庭，不可越过鼻阈。右手扶持受检者头部，随检查需要变动头位。缓缓张开镜叶，依次检查鼻腔各部（图 5 - 7）。受检者头位先稍低，以观察鼻底、下鼻甲、下鼻道、鼻中隔前下部及总鼻道下段，而后头逐渐后仰到 30 度，以检查中鼻甲、中鼻道及嗅裂和鼻中隔中部、上部等。观察黏膜有无充血、干燥，鼻甲有无水肿、肥大及萎缩，鼻中隔有无偏曲，鼻道内有无分泌物、新生物等，了解鼻腔情况，协助诊断鼻部疾病。如下鼻甲肥大，可用 1% 麻黄素生理盐水收缩后再行检查。检查完毕，撤出前鼻镜时勿将镜页闭拢，保持其半开放状态退出，以免钳夹鼻毛，引起疼痛。

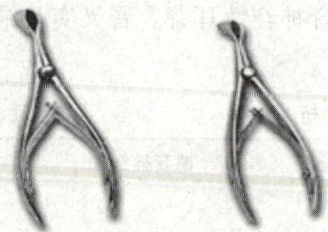

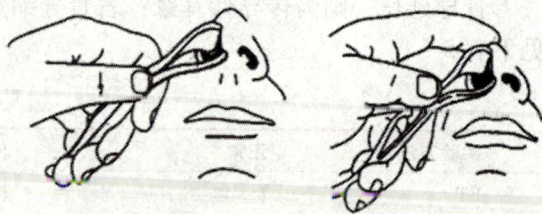

图 5 - 6　前鼻镜　　　　　　　　　　　　图 5 - 7　前鼻镜检查法

3. 鼻窦检查　观察前组鼻窦体表投影区皮肤有无红肿、压痛，患侧眼球有无运动障碍或移位。鼻腔检查重点观察各鼻窦开口附近黏膜有无充血、肿胀，有无分泌物及分泌物性状。可配合体位引流，如上颌窦取侧卧位、患侧鼻窦在上；额窦取端坐头直立位；前组筛窦取头位稍向后仰；后组筛窦取头后仰位；蝶窦取俯卧头低位，保持 10 ~ 15 分钟，观察鼻窦开口处有无分泌物出现。怀疑上颌窦炎者可以作穿刺冲洗上颌窦穿刺冲洗（详见本章第四节）。X 线检查可见窦腔内阳性改变等。

4. 鼻腔及鼻窦内窥镜检查　鼻内窥镜分硬管镜和纤维镜。可清晰地观察鼻腔各部，鼻咽及各鼻窦的开口，还可以在直视下取活组织检查及凝固止血等。

5. 鼻部影像学检查法 鼻窦 X 线摄片、CT 扫描、鼻窦 MRI 是鼻窦疾病的主要辅助检查，可采用冠状位或轴位扫描，能清晰显示鼻腔、鼻窦细微的解剖结构，对鼻腔、鼻窦疾病诊断具有重要的临床意义，能进一步明确病变的性质、范围及程度。

6. 嗅觉检查 常用水、酒精、醋、香精等物质进行测试，能够分清者，嗅觉正常；完全不能辨别者为嗅觉丧失；不能全部辨别者为嗅觉减退。

（四）咽喉部检查

1. 口咽部检查 受检者取坐位，首先观察口唇颜色，有无唇裂、畸形、疱疹、口角糜烂，然后观察口腔黏膜有无出血、溃疡等。用压舌板轻压患者舌前 2/3 处，嘱患者发"啊"音，观察软腭运动情况，检查双侧腭舌弓、腭咽弓、咽侧索及咽后壁，注意咽黏膜有无充血、肿胀、溃疡、假膜、脓苔、干燥或隆起等。同时检查两侧腭扁桃体，注意其大小形态、有无充血、肿胀、表面有无分泌物、异物或新生物等。同时还应注意牙、舌、软腭、硬腭等有无异常。部分患者咽反射较敏感，可先以 1% 丁卡因喷雾咽部行表面麻醉后再检查。

2. 鼻咽部检查法 常用间接鼻咽镜检查，可观察到后鼻孔区、咽鼓管咽口及圆枕、咽隐窝、鼻咽顶部及腺样体，应注意有无充血、糜烂、出血、浸润、溃疡、分泌物及新生物等。

3. 喉咽及喉部检查法

（1）喉外部检查 主要是视诊和触诊，观察喉外部形状、大小、位置以及甲状软骨是否居中、对称等；触诊主要注意甲状软骨、环状软骨、环甲间隙，注意局部有无肿胀、触痛、畸形、颈部有无淋巴结肿大或皮下气肿等；最后用手指捏住甲状软骨两侧加压并向左右摆动，正常时应有摩擦音，喉癌时可消失。

（2）间接喉镜（indirect mirror）检查 首先行咽黏膜麻醉，一般用 1% 丁卡因溶液喷雾 3 次，作表面麻醉，每次间隔 5 分钟；检查时患者端坐、张口、伸舌，检查者坐在患者对面，先将额镜的反射光调节到患者悬雍垂处，用纱布包裹舌前 1/3，用左手拇指和中指捏住舌前部并将其拉出口外，食指抵住上唇以固定。右手持加热而不烫手的间接喉镜，放入患者口咽部，镜面朝下方，镜背将悬雍垂和软腭推向后上方，先检查舌根、会厌谷、会厌舌面、喉咽后壁和侧壁，然后嘱患者发"伊"音，使会厌抬起，此时可观察会厌喉面、杓间区、杓会厌皱襞、室带、声带、声门下区等。检查时注意喉咽及喉腔黏膜的色泽、有无充血、增厚、溃疡、增生、结节、新生物或异物等，同时应观察声带及杓状软骨活动情况等（图 5-8）。

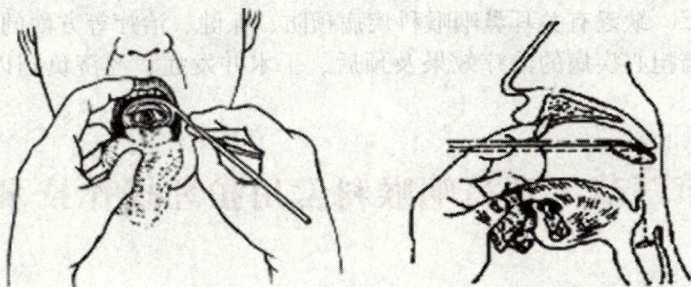

图 5-8 间接喉镜检查法

（3）纤维鼻咽镜、纤维喉镜检查　适用于间接鼻咽镜或间接喉镜检查困难，不易窥清咽、喉部所有结构者。检查前先以1%麻黄碱棉片收缩鼻腔黏膜，以1%丁卡因表面麻醉鼻腔、咽喉黏膜。经鼻腔插入纤维鼻咽镜或纤维喉镜进行检查，同时可取活检或切除细小病变。具有视野清晰，图像放大等优点；导管纤维束柔软，可弯曲，便于操作，容易发现较隐蔽部位病变（如声门下肿瘤）；较先进的纤维鼻咽镜、纤维喉镜带有摄像装置，可拍摄图片，便于阅读、存档。

5. 影像学检查　颈部侧位片、鼻咽或喉造影、CT 及 MRI 等有助于肿瘤、异物的诊断。

6. 实验室检查　血液学常规、免疫球蛋白检查、EB 病毒抗体测定等均为重要的辅助检查手段，咽拭子培养或脓肿穿刺培养可为疾病的诊断和治疗提供依据。

第二节　耳鼻咽喉科患者常见护理问题

1. 有感染的危险　与先天性耳前瘘管、鼻腔通气障碍、异物、外伤、手术等有关。

2. 舒适改变　鼻塞、鼻涕、喷嚏、咽部异物感、耳鸣、眩晕等与炎症组织充血肿胀、分泌物增多等有关。

3. 急、慢性疼痛　与耳、鼻、咽喉各器官的感染、外伤、手术、异物和肿瘤等有关。

4. 体温过高　与耳鼻咽喉器官各种急性炎症有关。

5. 有窒息的危险　与喉部机械性阻塞如异物、肿瘤及呼吸道炎症、外伤或手术等有关。

6. 清理呼吸道无效　与炎症引起的分泌物增多黏稠，咳嗽咳痰困难等有关。

7. 吞咽障碍　与炎症或机械性梗阻如双侧扁桃体Ⅲ度肥大、肿瘤、异物等有关。

8. 体液不足或有体液不足的危险　与出血、发热、呕吐等导致体液丢失过多有关；或与咽痛等导致进食困难造成摄入量不足有关。

9. 语言沟通障碍　与各种原因引起的耳聋、声音嘶哑、失音或失语，以及开放性鼻音等有关。

10. 感知紊乱　与各种疾病引起的嗅觉改变、听觉改变有关。

11 自我形象紊乱　与鼻部、耳部的先天畸形、手术后面部结构和功能改变等有关。

12. 知识缺乏　缺乏有关耳鼻咽喉科疾病预防、保健、治疗等方面的知识和技能。

13. 焦虑　与担心疾病的治疗效果及预后、手术并发症、经济负担以及担心影响工作、学习等有关。

第三节　耳鼻咽喉科常用护理操作技术

一、外耳道清洁法

（一）适应证

清洁外耳道为耳部检查及治疗作基础，尤其是检查鼓膜时。

（二）物品准备

卷棉子、耳镜、耳镊、耵聍钩及3%双氧水。

（三）操作方法

整块耵聍用耳镊或耵聍钩轻轻取出，耵聍碎屑用卷棉子清除。外耳道内的分泌物用蘸有3%双氧水溶液的耳用小棉签清洗，然后用干棉签拭净。

（四）注意事项

动作应轻柔，不可损伤外耳道皮肤和鼓膜。若耵聍硬度高，需先用耵聍液软化后再取出。

二、外耳道滴药法

（一）适应证

治疗外耳道、鼓膜及中耳疾病。

（二）物品准备

滴管及滴耳药。

（三）操作方法

首先清洁外耳道，然后嘱患者将患耳朝上，向后上方牵拉耳廓，向外耳道内滴入药液3~5滴。鼓膜穿孔者可用手指按压耳屏数次，促使药液进入中耳腔，保持体位5分钟。

（四）注意事项

（1）滴管头部不应接触耳部。

（2）药液温度应接近体温，以免滴入后患者出现眩晕。

（3）应教会患者或患者家属掌握滴药方法，以便能在家中自行滴药。

三、咽鼓管吹张法

（一）适应证和禁忌证

适应证　检查咽鼓管的通气功能、治疗咽鼓管功能不良和分泌性中耳炎。

禁忌证　鼻出血，鼻腔或鼻咽部有脓液、脓痂而未清除者，鼻腔或鼻咽部有肿瘤、溃疡等病变，急性上呼吸道感染，严重的高血压病及脑动脉硬化等。

（二）物品准备

听诊器、波氏球、咽鼓管吹张导管、1%麻黄素溶液、1%丁卡因溶液及棉片等。

（三）操作方法

详见本章第一节第三部分——耳鼻咽喉常用检查

（四）注意事项

（1）吹张前务必要清除鼻腔或鼻咽部的分泌物。

（2）动作要轻柔，以免损伤组织。

（3）吹气力量不可过大，以防吹破鼓膜。

四、鼓膜穿刺法

（一）适应证

治疗分泌性中耳炎，清除鼓室内积液，改善咽鼓管通气引流功能或向鼓室内注药。

（二）物品准备

1ml 或 2ml 注射器，斜面较短的 7 号针头，2% 丁卡因或 Bonain 液（鲍宁液），额镜，耳镜，酒精棉球等。

（三）操作方法

用酒精棉球清洁、消毒耳周及外耳道皮肤，2% 丁卡因或 Bonain 液行鼓膜表面麻醉，在额镜照明下，以斜面较短的 7 号针头，于鼓膜前下部刺入鼓室，抽除中耳积液或注入药物。

（四）注意事项

（1）严格执行无菌操作，防止继发感染。

（2）针头方向一定要与鼓膜垂直，刺入前下方，以免损伤听小骨或刺入蜗窗、前庭窗。

（3）刺入鼓室后固定好针头，以防抽液时针头顺势脱出。

五、鼻腔滴药法

（一）适应证

检查或治疗鼻腔、鼻窦和中耳的疾病。

（二）物品准备

滴用药物、滴管或喷雾器。

（三）操作方法

先轻轻擤出鼻内分泌物，常采用仰卧头低位，也可取坐位，头后仰，如采用侧卧位，患侧应向下。滴入药液 3～5 滴，交替按压鼻翼，使药液与鼻腔黏膜广泛接触，保持体位 5～10 分钟。另外，也可使用喷雾器将药液喷入鼻腔。

（四）注意事项

（1）药瓶口、滴管口或喷雾器头距前鼻孔约 2cm 左右，不要接触鼻部，以防污染。

（2）教会患者或家属，使其能在家中自行滴药，并注意每次滴药前应将鼻腔分泌物擤出，以便药液与黏膜更好地接触。

六、鼻腔冲洗法

（一）适应证和禁忌证

适应证　治疗鼻腔疾病，清除鼻部较多分泌物或干痂，功能性内镜鼻窦手术后处理。

禁忌证　鼻腔、鼻窦急性炎症时。

（二）物品准备

吊架、灌洗桶、接水器、橡皮管、橄榄头及 500～1000 ml 温生理盐水。

（三）操作方法

将装有温生理盐水的灌洗桶悬挂于距患者头顶约 1m 高度的吊架上，关闭输液夹。

橄榄头塞入患侧前鼻孔，患者稍低头，颏下置接水器，张口呼吸，头偏向另一侧。打开输液夹，盐水注入鼻腔并经对侧流出时，即可将鼻腔内的分泌物或痂皮冲出。再交换冲洗对侧鼻腔。

（四）注意事项

（1）冲洗液温度应接近体温

（2）灌洗桶不宜悬挂过高，压力过大，以免将分泌物冲入咽鼓管。

（3）应教会患者自行冲洗。

七、下鼻甲黏膜下注射法

（一）适应证与禁忌证

适应证　治疗慢性鼻炎。

禁忌证　鼻腔急性炎症、女性月经与妊娠期不宜注射。

（二）物品准备

1ml 注射器、7 号针头、1%～2% 丁卡因、5% 鱼肝油酸钠或 50% 葡萄糖、维生素 A 2.5 万～10 万 U、枪状镊、消毒干棉球、棉签等。

（三）操作方法

用 1%～2% 丁卡因棉片贴于注射部位施表面麻醉。将 7 号针头沿下鼻甲下缘黏膜刺入约 2～2.5 cm，先回抽无血，即可缓慢注入药物，如 5% 鱼肝油酸钠或 50% 葡萄糖 0.2～0.3ml，

边注射边将针头退出，抽出针头后立即用棉球塞入止血。一般每周注射 1 次，3 次一疗程，每疗程可间隔 2 周左右。

（四）注意事项

（1）严格执行无菌操作，防止继发感染。

（2）动作应轻柔准确，切勿刺穿黏膜。

（3）注射药物应边退边注射。

八、上颌窦穿刺冲洗法

（一）适应证和禁忌证

适应证　诊断和治疗上颌窦炎症。

禁忌证　老幼体弱、疲劳、空腹、高血压、心脏病、血液病及炎症急性期等。

（二）物品准备

前鼻镜，上颌窦穿刺针，20～50ml 注射器，棉签或卷棉子，橡皮管及接头，治疗碗及弯盘，1% 麻黄素，500～1000ml 温生理盐水，1% 丁卡因液及治疗用药。

（三）操作方法

先用 1% 麻黄素棉片收缩鼻甲和鼻腔黏膜，然后在穿刺部位即下鼻道外侧壁、距下鼻甲前端约 1～1.5cm 下鼻甲附着处稍下的部位，用蘸有 1% 丁卡因溶液的棉签施表面麻醉。如穿刺左侧上颌窦，右手固定患者头部，左手拇、食、中指握住针柄中段并抵住鼻小柱，掌心顶住穿刺针后端，针头斜面朝向鼻中隔一侧，经前鼻孔伸入下鼻道，向同侧耳廓上缘方向用力刺入上颌窦内侧壁（图 5－8），穿刺针进入窦后有落空感，然后拔出

针芯，接上注射器，先回抽检查有无空气或脓液，确定针尖在窦腔内后，以温生理盐水连续冲洗，直至将脓液洗净为止。如为双侧上颌窦炎可同法冲洗对侧。冲洗结束可注入抗炎药物，拔出穿刺针，棉片压迫止血。记录冲洗结果。

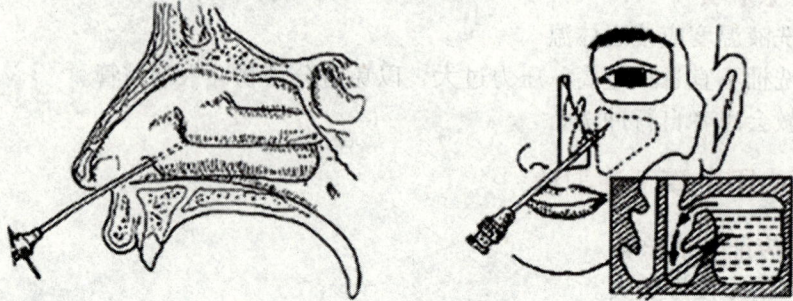

图 5-8　上颌窦穿刺

（四）注意事项

（1）穿刺部位和方向应正确，用力要适中，不可过大过猛。

（2）切忌注入空气，若疑发生气栓，应急置患者头低位和左侧卧位（以免气栓进入颅内血管和动脉系统、冠状动脉），并立即给氧及采取其他急救措施。

（3）如冲洗过程中患者出现眶内胀痛、面颊部肿胀或晕厥等意外时，应即刻停止冲洗，

（4）如冲洗不畅，不应勉强冲洗，应改变进针部位、方向及深度，并收缩中鼻道黏膜，如仍有阻力应停止冲洗。

九、鼻窦负压置换疗法

（一）适应证和禁忌证

适应证　治疗慢性化脓性鼻窦炎。

禁忌证　急性炎症、鼻出血、鼻部手术后伤口未愈、鼻部肿瘤有出血倾向、高血压等。

（二）物品准备

吸引器及带橡皮管的橄榄头或波氏球，换药碗，1%麻黄素及治疗用药物如抗生素等。

（三）操作方法

擤净鼻涕，取仰卧头低位，使下颌颏部与外耳道口的连线与床面垂直。以1%麻黄素收缩鼻腔黏膜，5分钟后将治疗药物注入鼻腔，将连接吸引器的橄榄头或预先已排气的波氏球塞入同侧前鼻孔，用手指压紧另一侧鼻孔，并令患者连续发"开、开、开"音，同步开动吸引器或放松波氏球。每次持续1~2秒，重复6~8次。

（四）注意事项

负压吸引时间持续不宜过长，压力不宜过大（一般不超过24 kPa）。

十、咽部涂药法

（一）适应证

治疗各种类型咽炎。

（二）物品准备

压舌板、咽喉卷棉子或长棉签，各种治疗用药。

（三）操作方法

患者张口，操作者用压舌板将舌压低，充分暴露咽部。用棉签或卷棉子将药液直接涂布于病变处。

（四）注意事项

（1）涂药时，棉签上的棉花应缠紧，避免脱落。

（2）涂药不宜太广，所蘸药液（尤其是腐蚀性药液）不宜过多过湿，以免流入喉部造成黏膜损伤甚至喉痉挛。

（3）长期或需反复用药者应教会患者或家属自行用药。

十一、咽喉部喷雾法

（一）适应证和禁忌证

适应证　治疗慢性咽喉炎；咽喉部手术或检查时的麻醉。

禁忌证　3岁以下幼儿，5岁以下及不合作小儿。

（二）物品准备

喷雾器、1%～2%地卡因及各种治疗用药，如复方地喹氯铵喷雾剂、冰硼散、西瓜霜等。

（三）操作方法

患者坐位，张口发"啊——"长音，对准悬雍垂、软腭、咽后壁、舌根、腭扁桃体及腭咽弓和腭舌弓，反复喷药3～4次，每次3～4喷。若需喉部喷雾，在口咽部喷雾2～3次后，嘱患者伸舌并用纱布将舌前1/3包裹好将舌拉出，将喷雾器头向下弯折对准喉部，趁患者深吸气时将药液喷人，每次3～4喷，共3～4次。

（四）注意事项

（1）先吐出咽喉分泌物或残余药液后再进行喷药，以利新喷入的药液与黏膜直接接触。

（2）每次喷入的药液含服3～4分钟后吐出，不能咽下。

十二、雾化吸入法

（一）适应证

治疗咽炎、喉炎、气管和支气管炎。

（二）物品准备

超声雾化器、氧气雾化器及各种治疗用药如抗生素、肾上腺皮质激素、复方安息香酊、复方薄荷碘酊等。

（三）操作方法

将药液注入雾化器，打开电源开关，使药液雾化。嘱患者用口含着药液喷出口，深呼吸，使药液吸入咽、喉、气管。每日1次，6次为1疗程。

（四）注意事项

（1）嘱患者不要咬吸管，以免损坏。

（2）气管切开的患者，应从气管套管口吸人。

（3）吸完药液后，患者应休息片刻再外出，以免受凉或因过度换气而头晕。

（4）治疗结束后应清洗并消毒雾化器。

第四节　耳鼻咽喉科手术护理

1. 心理护理　向患者和家属解释手术的重要性和必要性，消除其恐惧、焦虑、紧张心理，增加治愈疾病的信心。仔细介绍手术过程中的配合和注意事项。

2. 术前准备　①完善术前检查。②排除手术禁忌证。③手术区皮肤准备，如耳部手术需剃去耳周头发、剪耳毛，鼻部手术需剃须、剪鼻毛等。④术前禁食、禁饮。⑤鼻部手术前需行鼻腔冲洗，鼻窦手术还应行上颌窦穿刺冲洗或鼻窦置换疗法，咽部手术前应用含漱剂漱口⑥遵医嘱用术前药物。⑦准备手术用品。

3. 术后护理　①根据手术和麻醉方式遵医嘱采取不同的体位，如全身麻醉术后去枕平卧侧头位，鼻部手术一般采用半卧位，扁桃体手术采用平卧或半卧位。②密切观察病情，定时监测生命体征。注意观察伤口有无出血、敷料有无脱落以及局部有无炎症表现等，若有异常立即报告医生并协助处理。③注意手术局部护理，遵医嘱用药如滴鼻剂、抗生素软膏、含漱剂漱口等，行气管切开术者应保持气管套管通畅，按气管切开术后护理。④遵医嘱给流质或半流质饮食，避免便秘。⑤嘱患者安静休息，切勿用力咳嗽、打喷嚏、屏气用力或剧烈运动等，以免伤口裂开或出血。

第五节　耳鼻咽喉科护理管理

一、门诊护理管理

（1）做好诊室卫生和安全管理。

（2）开诊前检查及添补各种器械、药品及敷料、办公用品等。

（3）组织患者填好各种表格，做好分诊工作。

（4）协助医生检查婴幼儿等特殊患者，伴送危重患者入院或转科转诊。

（5）遵医嘱进行各种门诊治疗操作，准备急救药品和器材，密切配合医生抢救危重患者。

（6）定期检查门诊麻醉、剧毒药品及贵重仪器等。

（7）开展卫生宣传教育及健康指导，使患者及家属掌握本科常见病的发病原因、预后及预防保健方法，积极配合治疗与护理。

二、隔音室护理管理

（1）隔音室应由专职护士与技术人员共同管理。

（2）准备好检查及办公用品，检查、校准、清洗、消毒仪器。

（3）测试前清洁外耳道，调整耳机。

（4）向受试者解释测试的适应证、过程及配合方法。婴幼儿受检者选择合适的测试方法或遵医嘱给予镇静药。

（5）测试结束后，记录、整理检查结果并及时送交医生。

（6）保持室内整洁，空气清新，注意防潮。

第六节　耳鼻咽喉卫生保健

一、上呼吸道保健

上呼吸道是呼吸的门户，极易受各种致病因素侵害而致病，其疾病预防措施主要有：

（1）加强锻炼，注意保暖，提高机体抵御疾病的能力。

（2）注意生活规律、避免过劳、少食辛辣刺激性食物、戒除烟酒等不良嗜好。注意居室通风，保持室内空气新鲜、流动。

（3）注意呼吸道疾病患者的隔离，防止交叉感染。

（4）加强劳动防护及卫生宣传教育，积极预防和治疗职业性疾病。

二、嗓音保健

嗓音受损将导致患者言语沟通障碍，影响患者的工作、生活和学习，故嗓音保护具有重要的意义。

（1）锻炼身体，增强体质，积极预防和治疗上呼吸道感染。

（2）合理用嗓，使用适当的音量、语速、音调，正确发声，避免大声喊叫、滥用嗓音。

（3）长时间说话后、上呼吸道感染时或青少年变声期，应注意嗓音的休息。

（4）注意多饮水，保持喉部湿润，避免辛辣、烟酒等刺激性食物，以减少对声带的刺激。

（5）保证充足的睡眠、适当的运动，以保持肌肉的放松及良好的声带弹性。

三、听力保健

（1）积极预防和治疗影响听力的疾病，杜绝近亲结婚，加强孕产期的妇幼保健，避免或减少新生儿耳聋的发生。

（2）避免接触噪声和使用耳毒性药物，戒除挖耳习惯，洗头洗澡时避免污水进入耳内。

（3）对有或可能出现听力损害的患者定期检测听力，如有异常，应及时就医。

（4）加强环境保护，改善劳动条件，降低环境噪声，规范防护措施。

四、耳聋的防治与康复

耳聋（hearing loss）也称听力障碍，是指听觉传导通路器质性或功能性病变所致的不同程度听力损害，是人们感受声音大小和辨别声音能力下降的一种表现。

（一）耳聋的防治

1. 预防 同听力保健。

2. 治疗 对耳部疾病应尽量早发现早治疗，避免损害加重。积极治疗各种耳部疾病，有手术指征者可采取手术治疗，尽量恢复或部分恢复已丧失的听力。

（二）耳聋的康复

（1）在耳科医生或听力学家的指导下正确选配助听器，向患者讲授正确使用与维护助听器的知识。

（2）对极重度耳聋者或术后需要配合言语训练者，可安装电子耳蜗，以期使患者恢复部分语言功能。

（3）帮助患者充分利用残余听力，进行听觉言语康复训练：对各种声音进行反复认识、辨别、记忆、理解，建立正确的听觉概念，培养聆听习惯，提高分辨声音的敏感度，即提高听觉能力；通过科学的发音训练帮助患者建立正常语言。

练习题

一、A1 型题

1. 正常鼻黏膜
   - A. 色淡红
   - B. 表面光滑
   - C. 湿润
   - D. 对麻黄碱敏感
   - E. 以上均是

2. 用前鼻镜检查时，错误的是
   - A. 镜叶闭合进入鼻前庭
   - B. 镜叶尽量伸入鼻腔内
   - C. 镜叶半开放退出
   - D. 调整头位
   - E. 以上均不是

3. 检查口咽部时压舌板按压的位置是
   - A. 舌前 1/3 处
   - B. 舌前 2/3 处
   - C. 舌后 2/3 处
   - D. 舌根部
   - E. 舌尖部

4. 左扁桃体超过中线，右扁桃体不超过腭咽弓，应记录为
   - A. 扁桃体Ⅲ度
   - B. 扁桃体Ⅱ度
   - C. 扁桃体Ⅰ度
   - D. 扁桃体：左侧Ⅲ度，右侧Ⅰ度
   - E. 以上均不是

5. 音叉 Rinne 试验阴性为
   - A. 传导性聋
   - B. 感音性聋
   - C. 混合性聋
   - D. 正常
   - E. 以上均不是

6. 一般性平衡功能检查不包括
   - A. 闭目直立检查法
   - B. 指鼻试验
   - C. 行走试验
   - D. 盖莱试验
   - E. 轮替运动

7. 关于音叉试验错误的是
 A. 常用音叉为 C256 和 C512   B. 检查气导时叉臂末端应与外耳道口在一平面
 C. 可初步鉴别耳聋性质   D. 可准确判断听力损失的程度
 E. 无法前后比较

8. 间接喉镜下，健康人的声带颜色是
 A. 鲜红色   B. 暗红色
 C. 白色   D. 粉红色
 E. 蓝色

9. 上颌窦穿刺最危险的并发症是
 A. 局部肿胀   B. 感染
 C. 晕针   D. 出血
 E. 空气栓塞

10. 鼻窦负压置换疗法不适于
 A. 急性鼻窦炎   B. 慢性筛窦炎
 C. 慢性额窦炎   D. 慢性蝶窦炎
 E. 小儿慢性鼻窦炎

11. 外耳道滴药时，错误的是
 A. 患耳朝上   B. 有脓时先洗净拭干再滴
 C. 滴药后轻压耳屏数次   D. 滴药后立即起立
 E. 温度应接近体温

12. 鼻腔冲洗时，下列哪项是不当的
 A. 患者稍低头   B. 张口呼吸
 C. 灌洗瓶悬挂于 1.5M   D. 橄榄头塞入患侧前鼻孔
 E. 先从阻塞较重侧开始

（苑明茹、闫锡秋）

131

第六单元

耳鼻咽喉科疾病患者的护理 ◄••

要点导航

1. 掌握耳鼻咽喉科常见疾病的概念、护理问题和护理措施。
2. 熟悉耳鼻咽喉科常见疾病的护理评估、治疗原则及耳鼻咽喉科常见急诊的应急处理方法。
3. 了解耳鼻咽喉科常见疾病的流行病学特点、病因、发病机制和专科新进展。
4. 能对耳鼻咽喉科常见疾病患者实施常用的护理技术操作和健康指导。
5. 能正确运用护理程序对耳鼻咽喉科常见疾病患者进行病史资料的采集,提出护理问题,制定并实施相应的护理措施。
6. 培养严谨、细致、认真负责的耳鼻咽喉科专科护理工作作风。

第一节　耳科患者的护理

外耳道炎及疖

案例　患者,男性,22 岁,因左耳疼痛伴外耳道流脓性分泌物 4 天就诊。检查:T=36.5℃,P=82 次/分,R=20 次/分,耳镜检查:左外耳道后壁皮肤弥漫性红肿,外耳道腔变窄,牵拉耳廓时患者耳痛明显加重。

1. 请问作为接诊护士应该采集病人的哪些病史资料?
2. 应该给予患者哪些护理措施?

外耳道炎(external otitis)系外耳道皮肤及皮下组织的弥漫性炎症,又称弥漫性外耳道炎,分急、慢性两种。外耳道皮肤及皮下组织的局限性炎症称外耳道疖,又称局限性外耳道炎,为外耳道软骨部毛囊或皮脂腺的急性化脓性炎症。

挖耳或异物擦伤外耳道皮肤,外耳道水液浸渍(如洗澡、游泳时外耳道进水),化脓性中耳炎脓液刺激等因素下,易继发感染导致本病;糖尿病、内分泌紊乱、贫血等也易诱发本病。其中挖耳为最常见的诱因。常见致病菌为金黄色葡萄球菌、链球菌、变形杆菌等。

治疗原则:消除诱因,清洁外耳道,控制感染,外耳道疖成熟后切开引流。

【护理评估】

一、健康史

询问患者有无挖耳习惯，病前是否有污水入耳，有无慢性化脓性中耳炎、糖尿病等。

二、身体状况评估

1. 外耳道炎 急性期外耳道灼热、疼痛，按压耳屏或牵拉耳廓时疼痛加重。检查见外耳道皮肤弥漫性红肿，外耳道管腔变窄，可伴听力下降。重者可有皮肤糜烂，表面有少量渗液（图6-1）（彩图52）。慢性期患者外耳道瘙痒不适、皮肤增厚、结痂、皲裂和脱屑，管腔狭窄。

2. 外耳道疖 以剧烈耳痛为主，张口、咀嚼时加重，可放射至同侧头部。检查见外耳道软骨部皮肤局限性红肿，触痛明显。按压耳屏或牵拉耳廓时疼痛明显加重。脓肿成熟破溃后，有少量脓血性物流出，耳痛缓解（图6-2）（彩图52）。

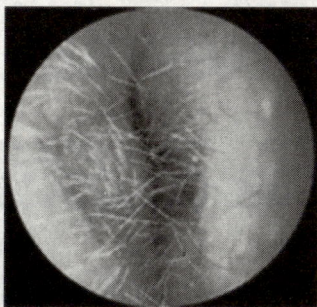

图6-1 外耳道炎 彩图52   图6-2 外耳道疖 彩图53

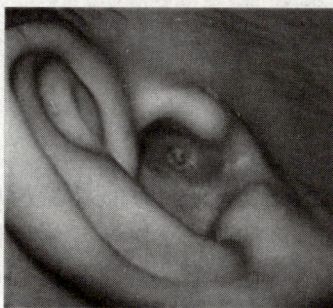

三、心理、社会状况

患者因耳痛难忍，易致烦躁不安、焦虑心理及难以入睡等。

【护理问题】

1. 急性疼痛 与外耳道炎症刺激，组织肿胀有关。

2. 烦躁、焦虑心理 与疼痛及缺乏相关疾病知识有关。

【护理措施】

（1）积极去除病因，嘱患者戒除挖耳习惯，在疾病的急性期和恢复期禁止游泳

（2）遵医嘱应用抗生素控制感染，耳痛剧烈者可用止痛剂。

（3）病变早期可用10%鱼石脂甘油纱条敷于患处，每日更换纱条，可配合理疗。外耳道有分泌物流出时，用3%过氧化氢或4%硼酸酒精清洗外耳道，保持外耳道清洁、干燥。

（4）疖肿成熟后协助医生切开引流，放置无菌纱条，每日换药。

【健康指导】

（1）指导患者纠正不良挖耳习惯。

（2）洗头、游泳污水入耳时应及时拭干。

鼓膜外伤

案例 患者，女，26 岁。因掌击耳部突发左耳疼痛、耳鸣伴听力下降 5 小时就诊。体查：T：36.8℃，P＝84 次/分，R＝21 次/分，耳镜检查：鼓膜紧张部呈裂隙状穿孔，边缘见少量血迹。

说出该患者的护理措施及应该给予的健康指导。

鼓膜外伤（tympanic membrane trauma）是指鼓膜受到直接或间接的外力损伤而导致破裂。临床以突发剧烈耳痛、耳聋、耳鸣，外耳道有少量出血为特征，部分患者可伴有短暂眩晕。常见于锐器戳伤，如挖耳、外耳道异物或取耵聍时不慎损伤。也可见于气压冲击性损伤，如掌击耳部、爆破、炮震、高台跳水等。颞骨纵行骨折累及鼓膜者也可引起。

治疗原则：保持外耳道干燥，预防感染，鼓膜长期不愈者可行鼓膜修补术。

【护理评估】

一、健康史

询问患者是否有耳外伤史，有无突然的剧烈耳痛和听力下降等表现。

二、身体状况评估

（一）症状与体征

在鼓膜受伤破裂的瞬时，突感剧烈耳痛、耳鸣、耳闷塞感和不同程度的听力下降等。气压性损伤还可伤及内耳而出现眩晕和混合性耳聋，颞骨骨折者可伴有脑脊液耳漏和昏迷等症状。检查见：鼓膜呈不规则形或裂隙状穿孔，穿孔边缘和外耳道有少量血迹（图 6-3）（彩图 54）。

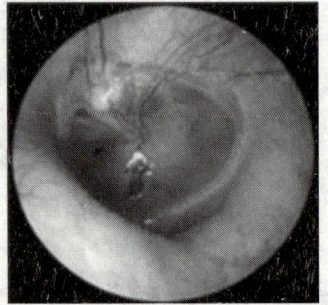

（二）辅助检查

电测听检查听力呈传导性耳聋，如内耳受损则为混合性耳聋。如疑有颞骨骨折需进行颞骨 X 线检查或 CT 检查。

图 6-3 鼓膜外伤 彩图 54

三、心理、社会状况

因病情发生突然，同时担心鼓膜受损、听力难恢复，表现为急躁不安、后悔和自责。

【护理问题】

1. 感知紊乱 听力障碍，与鼓膜穿孔及内耳受损有关。

2. 有感染的危险 与鼓膜外伤有关。

3. 急性疼痛 与鼓膜外伤有关。

4. 知识缺乏 缺乏防治鼓膜外伤有关知识。

【护理措施】

（一）一般护理

嘱患者伤后 4 周禁止外耳道滴药或进水，以防中耳感染。避免用力擤鼻，以免影响鼓膜愈合。

（二）治疗配合

1. 75%的酒精棉球清洁、消毒外耳道后，用消毒棉球堵塞外耳道口。

2. 遵医嘱应用抗生素，如无感染，大多数鼓膜外伤可于3～4周自愈。

3. 较大或长期不能愈合的鼓膜外伤可行鼓膜修补术。

（三）病情观察

1. 如患者出现外耳道流脓性分泌物，提示发生感染。

2. 注意观察患者症状变化和鼓膜愈合的情况。

3. 行鼓膜修补术者，术后观察耳部是否有出血、流脓性物，如发现异常应及时报告医生。

（四）心理护理

向患者介绍本病相关知识，消除紧张焦虑情绪。需行鼓膜修补术者，应向患者及家属介绍手术目的和过程，预后效果及可能出现的问题，使患者能顺利接受手术并保持情绪稳定。

【健康指导】

（1）加强卫生宣教，避免自行用火柴梗、发卡等锐器挖耳，戒除挖耳习惯。

（2）遇到爆破或巨大声响时应及时张口和掩耳，避免鼓膜受到损伤。

（3）跳水或潜水时戴防护耳塞，保护双耳。

（4）指导患者正确的擤鼻方法，嘱咐患者避免用力擤鼻、咳嗽、打喷嚏等。

急性分泌性中耳炎

案例 患者，男，6岁，因右耳听力减退伴疼痛3天就诊。检查：T：36.8℃，P102次/分，R＝21次/分。鼓膜松弛部充血，鼓膜内陷，光锥模糊，听力呈传导性耳聋。

1. 请问作为当班护士应该采集病人的哪些病史资料？

2. 应该给予患者哪些护理措施？

分泌性中耳炎（secretory otitis media）是以听力下降和鼓室积液及传导性聋为主要特征的中耳非化脓性炎性疾病，又称为卡他性中耳炎或非化脓性中耳炎。本病小儿发病率较高，是小儿耳聋的常见原因。

引起分泌性中耳炎的病因尚不完全明确，目前认为的主要致病因素为：

1. 咽鼓管功能障碍 一般认为咽鼓管阻塞导致咽鼓管通气功能障碍为本病的基本病因，咽鼓管的清洁和防御功能不良对发病也具有重要作用。腺样体肥大、鼻炎、鼻窦炎、鼻咽癌等疾病及鼻咽部纱条填塞可引起咽鼓管堵塞而致病。

2. 中耳局部感染 可能与轻型、低毒性的细菌感染有关。世界各国对鼓室积液的细菌培养阳性结果为22%～52%，常见的细菌为流感嗜血杆菌和肺炎链球菌。

3. 免疫反应 中耳具有独立的免疫防御系统，在鼓室积液中可检出特异性抗体、免疫复合物、炎性介质及补体等，提示与细菌感染所致的Ⅲ型变态反应有密切的关系。

治疗原则：去除病因，清除中耳积液，改善中耳通气引流功能。

【护理评估】

一、健康史

询问患者病前是否有上呼吸道感染病史，有无腺样体肥大、鼻炎、鼻窦炎等病史。

二、身体状况评估

（一）症状

1. 听力减退、自听增强 患者病前多有感冒病史，继之出现听力下降，可伴有自听增强。头前倾或偏向健侧时，听力可暂时改善（变位性听力改善）。

2. 耳痛 急性期可有轻微耳痛，常为患者的首发症状。

3. 耳鸣、耳内闭塞感 耳鸣多为低音调、间歇性，呈"嗡嗡"声、"噼啪"声或流水声样。当打呵欠、擤鼻时，耳内可出现气过水声。耳内闭塞感在按捺耳屏后可暂时缓解。

（二）体征

鼓膜松弛部充血或紧张部周边充血。鼓膜内陷，表现为光锥变短、模糊或消失，锤骨柄向后上移位，锤骨短突明显向外凸起。鼓室积液时，鼓膜呈淡黄色或琥珀色，若液体不黏稠且未充满鼓室，透过鼓膜，可见到液平面，有时还可见到鼓室积液中的气泡（图6-4）（彩图55）。

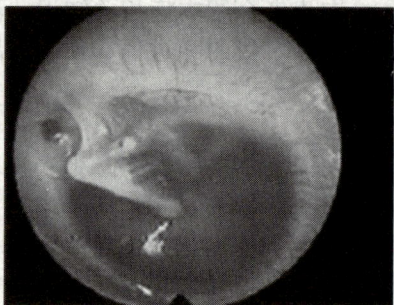

（三）辅助检查

音叉及纯音听阈测试呈传导性耳聋；声导抗测试：平台型（B型）是分泌性中耳炎的典型曲线，负压型（C型）示鼓室负压、咽鼓管功能不良。

图6-4 急性分泌性中耳炎 彩图55

（四）心理、社会状况

小儿单耳患病，可长期不被察觉，常因对声音反应迟钝，注意力不集中，学习成绩下降等，家长重视后而就医。

【护理问题及医护合作】

1. 感知紊乱 听力下降，与鼓室负压及积液有关。

2. 舒适改变 耳痛、耳闷塞感、耳鸣，与咽鼓管阻塞、鼓室积液有关。

3. 知识缺乏 缺乏与本病有关的治疗和护理知识。

【护理措施】

（一）一般护理

向患者及家属介绍本病的病因及治疗方法，教会患者正确擤鼻和鼻腔滴药的方法。

（二）治疗配合

1. 遵医嘱全身应用抗生素及糖皮质激素类药物，并积极治疗鼻及鼻咽部疾病。

2. 用1%麻黄碱液滴鼻，以保持鼻腔及咽鼓管的引流通畅，改善中耳通气。疾病后期可用波氏球法或导管法行咽鼓管吹张，并教会病人实施捏鼻鼓气法，以利于中耳功能的恢复。

4. 经保守治疗鼓室积液未自行排除或吸收者，遵医嘱行鼓膜穿刺抽液（图6-5），如积液过于黏稠，反复穿刺仍无效者，可行鼓膜切开术（图6-6）或鼓膜切开置管术（图6-7）（彩图56）。

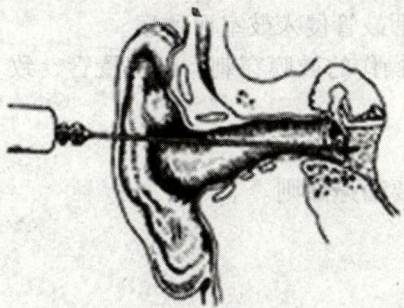

图6-5 鼓膜穿刺抽液　　图6-6 鼓膜切开术　　图6-7 鼓膜切开置管术 彩图56

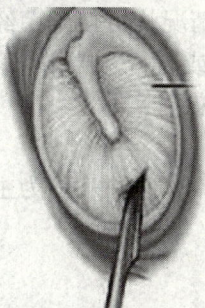

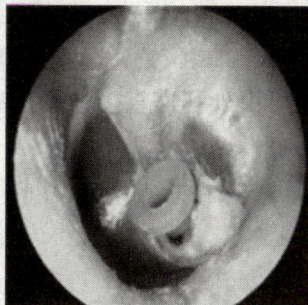

（三）病情观察

注意观察听力变化，对行鼓膜穿刺或切开术的患者需注意有无耳痛加剧、体温升高等情况发生，如有异常应及时报告医生。

（四）心理护理

需行鼓膜穿刺术者，术前护士应向患者解释手术目的、方式及效果，解释术中、术后可能出现的问题、注意事项及采取的应对措施，减轻病人的思想顾虑，使其积极配合治疗。

【健康指导】

（1）加强锻炼，增强体质。当高空飞行上升或下降时，可做吞咽或哈欠动作，使咽鼓管调节鼓室的压力平衡。

（2）嘱患者积极治疗本病的原发疾病，如腺样体肥大、鼻咽部肿瘤、鼻炎、鼻窦炎等。

（3）已行鼓膜穿刺或置中耳通气管的患者，避免耳内进水，以防感染。

急性化脓性中耳炎

案例　患者，男，5岁，因感冒后感右耳疼痛伴听力下降4天，外耳道流脓性物1天就诊。体查：T：38.7℃，P=100次/分，R=22次/分，耳镜检查：鼓膜松弛部充血，鼓膜紧张部见搏动性亮点，有脓液涌出。

1. 应该采集病人的哪些病史资料？

2. 应该给予患者哪些护理措施？

3. 如何对该患者进行健康指导？

急性化脓性中耳炎（acute suppurative otitis media）是由细菌感染导致的中耳黏膜急性化脓性炎症。好发于儿童，常继发于上呼吸道感染，以高热、耳痛、耳聋、耳流脓为主要表现。主要致病菌为肺炎链球菌、流感嗜血杆菌、乙型溶血性链球菌、葡萄球菌及绿脓杆菌等。

感染途径有：

1. 咽鼓管途径　最为常见。如急性鼻炎、急性咽炎、急性扁桃体炎等急性上呼吸道感染时；患猩红热、麻疹、白喉等急性传染病时；在不洁的水中游泳或跳水时不慎呛水；不适当的擤鼻、咽鼓管吹张、鼻腔冲洗，以及鼻咽部填塞等；婴儿哺乳姿势不当，如平卧吮奶时发生鼻腔反流等。以上情况均可使细菌经咽鼓管侵入鼓室而致病。

2. 鼓膜外伤途径 如鼓膜外伤，或进行未严格无菌操作的鼓膜穿刺、鼓室置管，致病菌可由外耳道直接进入鼓室导致感染。

3. 血行途径 极少见。

治疗原则：以控制感染，通畅引流，去除病因为主要治疗原则。

【护理评估】

一、健康史

询问患者近期是否有急性上呼吸道感染史、急性传染病史，近期是否有耳外伤病史，了解擤鼻习惯、有无呛水情况、婴幼儿吮乳姿势等；询问患者有无诊治经过及其疗效。

二、身体状况评估

（一）症状

1. 全身症状 可有轻重不一的畏寒、发热、乏力等全身不适，小儿全身症状较重。鼓膜穿孔后，体温逐渐下降，全身症状明显减轻。

2. 耳痛 耳深部剧烈疼痛，呈搏动性跳痛或刺痛，可向同侧头部或牙齿放射，吞咽或咳嗽时疼痛加重。小儿患者哭闹不休，摇头、抓耳。鼓膜穿孔流脓后，耳痛很快缓解。

3. 听力下降及耳鸣 初始患者感耳闷，继之听力下降，伴有低频耳鸣，如病变侵及内耳，可有眩晕。鼓膜穿孔后耳聋可减轻。

4. 耳漏 鼓膜穿孔后外耳道内有带血性分泌物流出，后变为黏液脓性或脓性分泌物。

（二）体征

1. 耳镜检查 早期鼓膜松弛部充血，锤骨柄及紧张部周边可见放射状扩张的血管，逐渐发展至鼓膜弥漫性充血、肿胀，可呈暗红色。穿孔前，鼓膜向外膨隆，鼓膜标志不清（图6-8）（彩图57）。膨隆最明显处可出现小黄点，鼓膜将从此处发生穿孔。穿孔开始一般较小，常见搏动性亮点，有分泌物自该处涌出。

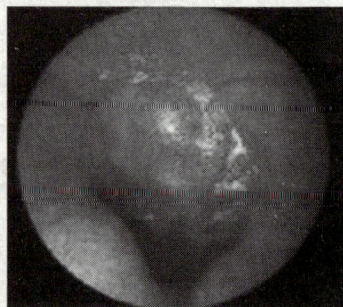

图6-8 急性化脓性中耳炎 彩图57

2. 耳部触诊 因乳突部骨膜的炎性反应，乳突尖及鼓窦区可有压痛，鼓膜穿孔后消失。

（三）辅助检查

1. 纯音听阈测试 呈传导性耳聋。

2. 血液分析 白细胞总数增多，多形核白细胞增加，鼓膜穿孔后血象逐渐恢复正常。

（四）并发症

急性乳突炎、耳源性脑脓肿等。

三、心理、社会状况

患者常因剧烈耳痛、耳流脓、听力下降而烦躁、忧虑不安。

【护理问题及医护合作】

1. 急性疼痛 剧烈耳痛，与中耳急性化脓性炎症有关。

2. 体温过高 与急性化脓性中耳炎引起的全身反应有关。

3. 感知紊乱 听力下降，与鼓室积脓、鼓膜穿孔有关。

4. 知识缺乏 缺乏急性化脓性中耳炎的防治和护理知识。

【护理措施】

（一）一般护理

嘱咐患者注意休息，多饮水，进食易消化富含营养的食物，保持大便通畅。教会患者正确擤鼻以及使用滴耳液的方法。

（二）治疗配合

1. 对症护理：持续高热者采用物理方法或药物降温；耳痛剧烈者，遵医嘱予以止痛药。

2. 遵医嘱全身使用足量有效的广谱抗生素，务求彻底治愈，以免复发或转为慢性。常选用青霉素类和头孢菌素类药物，鼓膜穿孔后可行细菌培养和药敏实验，改用敏感抗生素。

3. 遵医嘱使用1%麻黄碱滴鼻，减轻咽鼓管咽口肿胀，以利咽鼓管通畅引流。

4. 鼓膜穿孔前可用2%酚甘油滴耳，以消炎止痛，但鼓膜穿孔后应立即停用。

5. 如鼓膜膨隆明显、全身症状重，或已穿孔但穿孔太小引流不畅者，可配合医生行鼓膜切开术，以利通畅引流。

6. 鼓膜穿孔后，用3%过氧化氢清洗并拭净外耳道脓液后，使用抗生素液滴耳，控制感染，如0.3%氧氟沙星、0.25%~1%氯霉素滴耳液等。脓液减少后，可用3%硼酸酒精甘油滴耳，但禁用粉剂滴耳，以免与脓液结块，阻碍引流。

（三）病情观察

注意使用抗生素后的效果及可能出现的不良反应；观察病人体温及耳痛有无缓解，外耳道分泌物的量、性质、气味等；注意耳后是否有红肿、压痛；如出现恶心、呕吐、剧烈头痛、烦躁不安等症状时，应警惕颅内并发症的发生。

（四）心理护理

多向患者及家属做好解释工作，减轻病人的思想顾虑、增强信心，使其积极配合治疗。

【健康指导】

（1）对患者及家属进行急性化脓性中耳炎的相关知识介绍，指导正确的擤鼻及哺乳的卫生知识，做好各种传染病的预防接种，积极防治上呼吸道感染。

（2）嘱患者坚持完成疗程，定期随访；有鼓膜穿孔或鼓室置管者，应避免游泳等导致鼓室进水的活动。

（3）嘱患者积极治疗，不宜过早停药，应在症状消失后仍坚持用药3~5天，以彻底治愈。

慢性化脓性中耳炎

案例　患者，男，60岁，因左耳反复流脓伴听力下降1年就诊。体查：T：36.5℃，P＝88次/分，R＝21次/分，耳镜检查：左外耳道内有大量脓性分泌物，伴有异味，吸净后见鼓膜紧张部后上方边缘性穿孔，从穿孔处见鼓室内肉芽。颞骨CT扫描：左乳突区骨质破坏征象，边缘可见类圆形的高密度环形影。

1. 请问应该采集病人的哪些病史资料？
2. 应该给予患者哪些健康指导？

慢性化脓性中耳炎（chronic suppurative otitis media）是中耳黏膜、骨膜甚至骨质的慢性化脓性炎症。常与慢性乳突炎合并存在，以反复耳流脓、鼓膜穿孔和听力下降为主要特点，重者可引起颅内外并发症而危及生命。根据临床表现分为：单纯型、骨疡型和胆脂瘤型。主要由急性化脓性中耳炎反复发作，迁延未愈，病程累计达8周以上所致。常见致病菌有金黄色葡萄球菌、绿脓杆菌、变形杆菌、大肠埃希菌及克雷伯杆菌等。

治疗原则：消除病因，控制感染，清除病灶，通畅引流，尽可能的保存和改善听力。

【护理评估】

一、健康史

询问患者是否曾患急性化脓性中耳炎且长期反复发作、是否有耳流脓，鼻腔、鼻窦、咽部及鼻咽部有无慢性疾病，是否合并有免疫功能低下等因素，询问患者诊治经过及疗效。

二、身体状况评估

（一）症状与体征

1. 单纯型　最常见，病变主要损害鼓室黏膜。患耳间歇性流脓，量少，无异味。鼓膜呈中央性穿孔，大小不一。患耳一般为轻度传导性耳聋，如为鼓膜后部大穿孔则可引起较严重的听力下降。X线检查无骨质破坏。基本不引起颅内外并发症（图6－9）（彩图58）。

2. 骨疡型　又称为肉芽型中耳炎，病变除累及中耳黏膜外，更深达骨质，局部有肉芽或息肉生长。患耳持续性流脓，脓液黏稠，常有臭味，有时可见血性成分。鼓膜呈边缘性穿孔、紧张部大穿孔或完全缺失。鼓室内或穿孔附近可见肉芽或息肉，具有长蒂的息肉可越过穿孔处脱出于外耳道内。听力多为较重的传导性耳聋，也可为混合性耳聋。X线检查有骨质破坏征象。可引起颅内外并发症（图6－10）（彩图59）。

3. 胆脂瘤型　是一种位于中耳内的囊性结构，囊内充满角化复层鳞状上皮团块和胆固醇结晶，故名胆脂瘤。但有些患者其内并无胆固醇结晶，故又名表皮病或角化病。该病形成的确切机制尚不明确，有多种学说，如袋状内陷学说、上皮移行学说、鳞状上皮化生学说等。患耳持续性流脓，常伴有恶臭。早期听力下降可不明显，性质为传导性耳聋，晚期为较严重的混合性耳聋。鼓膜呈松弛部穿孔或紧张部后上方边缘性穿孔，从穿孔处可见鼓室内有灰白色鳞片状或豆渣样物质，有时可见穿孔周围有肉芽或息肉样组织。X线检查中耳有明显骨质破坏，甚至呈腔洞状，听小骨可完全破坏。常引起颅内外并发症。

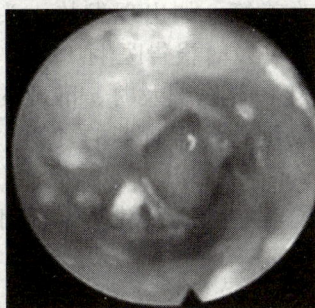

图 6-9　慢性化脓性中耳炎（单纯型）
彩图58

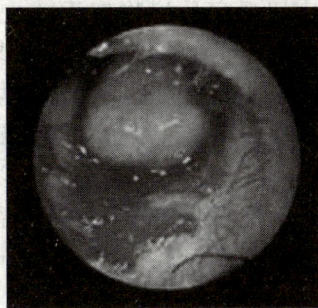

图 6-10　骨疡型（肉芽生长及血性分泌物）
彩图59

（二）并发症

1. 颅内并发症　硬脑膜外脓肿、硬脑膜下脓肿、化脓性脑膜炎、脑脓肿和乙状窦血栓性静脉炎等。

2. 颅外并发症　耳后骨膜下脓肿、耳下颈深部脓肿、岩尖炎、岩锥炎、迷路炎、周围性面瘫等。

三、心理、社会状况

部分患者不知病情的危险性，不予重视；有的患者长期流脓，听力下降或担心手术而焦躁不安。因此，应评估患者的性格特征、文化层次、对疾病的认知程度等。

【护理问题及医护合作】

1. 舒适改变　耳流脓，与中耳长期慢性炎症有关。

2. 感知改变　听力下降，与鼓膜穿孔、鼓室内肉芽及病变破坏听小骨有关。

3. 焦虑　与慢性化脓性中耳炎反复发作及对手术治疗担心有关。

4. 潜在并发症　颅内外感染，周围性面瘫等。

5. 知识缺乏　缺乏与本病有关的治疗和自我保健知识。

【护理措施】

（一）治疗配合

1. 单纯型　遵医嘱以局部使用抗生素滴耳液治疗为主，炎症急性发作时，宜配合全身应用抗生素。患耳停止流脓1个月后，如咽鼓管通畅，可协助医生行鼓膜修补术。抗生素耳液常用0.3%的氧氟沙星、复方利福平、0，25%氯霉素等，禁用庆大霉素、复方新霉素等氨基糖苷类抗生素，以免引起内耳中毒损害听力。炎症消退后，中耳仍潮湿者，可用3%硼酸酒精或3%硼酸甘油滴耳。滴药前先用3%过氧化氢和生理盐水清洗外耳道和鼓室腔，并用棉签拭干后，方可滴药。

2. 骨疡型　引流通畅者，以局部用药为主（同单纯型）。小的肉芽可用10%～20%硝酸银烧灼，较大的肉芽可用刮匙刮除，或用圈套器摘除。引流不畅，保守治疗无效，或疑有并发症者，应协助医生进行鼓室探查＋鼓室成形术。

3. 胆脂瘤型　一旦确诊，应尽早施行乳突根治手术，清除病变组织，防止并发症。

积极做好手术前后护理。

（二）病情观察

（1）密切观察分泌物有无减少或停止、听力有无改善等。如出现发热、头痛、恶心、呕吐或神智改变等情况，应警惕颅内并发症的发生，并及时报告医生。

（2）对有颅内并发症者，应密切观察生命体征的变化；遵医嘱及时、准确的使用降颅压药物，全身使用足量抗生素；嘱咐患者休息，进食易消化富含营养的食物，保持大便通畅。禁用止痛、镇静类药物，以免掩盖症状，延误诊断和治疗。

（3）术后注意观察术耳辅料是否干燥、固定，患者体温、疼痛变化情况及有无脓性分泌物，注意观察有无周围性面瘫征象。

（三）心理护理

对患者及家属介绍手术治疗知识、预后效果及可能出现的问题，使患者能顺利接受手术并保持情绪稳定，避免因过度担心而延误治疗，导致并发症的发生。

【健康指导】

（1）向患者及家属讲解慢性化脓性中耳炎的危害，特别是引起颅内外并发症的严重性，一旦患病，应及时治疗。

（2）嘱患者术后避免打喷嚏和用力擤鼻，以防修补的鼓膜重新裂开。告知鼓膜穿孔或鼓室成形术后患者不宜游泳，洗头时需用干棉球堵塞外耳道口，以免进水导致中耳炎反复发作。

（3）指导患者合理用药，避免使用有耳毒性的药物，教会患者正确洗耳和滴耳液方法。

（4）告知患者术后3个月内耳内会有少量渗出，注意保持外耳道清洁，并定期随访。

突发性耳聋

案例 性别：男性，52岁，因右耳突发听力下降2天就诊。查体：T：36.8℃，P90次/分，R22次/分，患者两天前右耳听力突然丧失，伴有恶心呕吐，法晕，右耳耳鸣。

1. 应该采集患者的哪些病史资料？
2. 应该给予该患者哪些护理措施？
3. 应如何对该患者进行健康指导？

突发性耳聋（idiopathic sudden sensorineural hearing loss）俗称"突聋"，系指突然发生且原因不明的重度感音神经性耳聋。多为单侧发病，好发于中年人。主要表现为听力下降，伴有耳鸣、耳内堵塞感和眩晕等。病因不明，目前获得广泛认可的主要有病毒感染学说、循环障碍学说、自身免疫学说以及膜迷路破裂学说等。

治疗原则 因治疗的早晚与预后有一定的关系，故应尽一切可能争取早期治疗。主要通过扩张血管、营养神经、补充维生素和微量元素，及配合理疗和高压氧舱治疗等。

【护理评估】

一、健康史

详细询问发病经过，评估患者发病的诱因及患者对自己病情的认知情况。

二、身体状况评估

（一）症状与体征

1. 听力下降 多为单侧，可为首发症状。发病前多无先兆，少数患者先有轻度感冒、疲劳或情绪激动史。听力下降发生突然，患者的听力一般在数分钟或数小时内下降至最低点，少数患者可在3天以内听力损失方达到最低点，多数为中度或重度耳聋。部分患者可自愈，但也可致永久性耳聋

2. 耳鸣 可为始发症状，呈高音调、持续性。大多数患者可于耳聋的同时出现耳鸣，但耳鸣也可发生于耳聋之后。经治疗后，多数患者听力可以提高，但耳鸣仍长期存在。

3. 眩晕 可伴有眩晕，多为旋转性眩晕，伴有恶心、呕吐。可与耳聋同时出现，或于耳聋发生前后出现，持续数日或数周，但无反复发作史。

4. 少数患者可有耳内闷塞感、压迫感，以及耳周麻木感。

5. 外耳道、鼓膜检查无明显异常。

（二）辅助检查

1. 听力检查 纯音测听，听力曲线一般显示中、重度以上的感音神经性聋。

2. 前庭功能检查 一般在眩晕缓解后进行，前庭功能可能正常、减退或完全消失。

3. 影像学检查 颞骨CT、内听道MRI提示内耳道及颅脑无明显器质性病变。

三、心理、社会状况

由于听力突然急剧下降或丧失，加之担心听力能否在短时间内治愈、是否会永久性丧失听力等顾虑，使患者易产生烦躁、焦虑情绪，甚至出现悲观失望心理，要求中断治疗等。

【护理问题】

1. 感知紊乱 听力下降，与内耳病变有关。

2. 舒适改变 耳鸣、眩晕，与内耳病变有关

3. 焦虑 与病发突然、病情严重，且进展迅速有关

【护理措施】

（一）一般护理

注意休息，放松情绪，避免受凉感冒，宜清淡饮食，忌烟、酒、茶、咖啡等刺激性食物。

（二）治疗配合

1. 遵医嘱使用神经营养药物、抗病毒药物、糖皮质激素、能量合剂、血管扩张剂及抗凝、溶纤等药物。

2. 进行高压氧舱治疗，或气罩吸入含5%二氧化碳的氧气，每天8次，每次30分钟。

3. 如果治疗后患者听力仍无法恢复，但尚有残余听力，可以通过配戴助听器来改善和提高听的能力（图6-11、图6-12）。

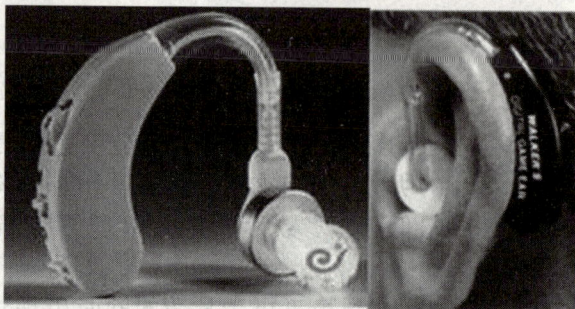

图6-11 耳背式助听器

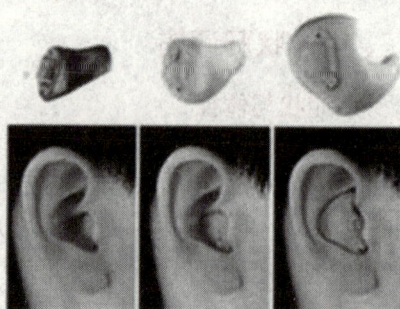

图6-12 耳内式助听器

（三）心理护理

鼓励患者尽可能地通过各种方式倾诉自己的苦闷 充分表达自己的情感，以减轻内心的痛苦，教会患者调节情绪。与患者交谈时，尽量靠近患者听力好的那侧说话。

【健康指导】

（1）积极参加体育锻炼，增强体质，预防感冒，避免情绪激动及过度疲劳。注意劳逸结合，保持良好的心理状态，注意睡眠，保持良好的生活习惯，不吸烟，不酗酒，忌食辛辣刺激食物，

（2）避免应用耳毒性药物，如果在噪音环境下工作，需要配戴耳塞，减少噪音的刺激，避免长时间高音量使用随身听耳机和长时间使用手机通话。

（3）老年人如有合并高血压、糖尿病、动脉硬化者需要积极治疗。

（4）耳聋病人治疗后仍需要定期复查听力，促进康复。

梅尼埃病

案例 患者，女，60岁，突发眩晕、耳鸣，伴恶心、呕吐6小时就诊。体查：T：36.8℃，P98次/分，R28次/分，耳镜检查：未见明显异常。

1. 请问作为当班护士应该采集病人的哪些病史资料？

2. 列出该病人的护理问题？

3. 应该给予患者哪些护理措施？

梅尼埃病（Meniere's disease）是一种原因不明的以膜迷路积水为主要病理改变的内耳疾病。主要表现为反复发作性眩晕，伴有波动性听力下降、耳鸣和耳胀满感。好发于50岁以下的中青年，单耳多见。病因尚不明确，可能与内淋巴生成过多、内淋巴吸收障碍、变态反应、自主神经功能紊乱、病毒感染、内分泌功能紊乱、耳蜗微循环障碍、遗传等有关。

治疗原则：本病无特效治疗，以调节自主神经功能、改善内耳微循环、减轻膜迷路积水为主要原则，对频繁发作、药物治疗无效者可考虑内耳手术治疗。

【护理评估】

一、健康史

仔细询问患者病变经过，家族中有无类似疾病，有无反复发作的眩晕、耳鸣和听力

障碍等。

二、身体状况评估

（一）症状与体征

1. 眩晕 以突然发作的旋转性眩晕为主要表现，患者睁眼时感觉周围物体在围绕自己旋转或摆动，闭眼时感觉自身在旋转或摆动。伴有恶心、呕吐、面色苍白、出冷汗及血压下降等自主神经症状。头部的任何运动均可使眩晕加重，闭目静卧时略为减轻。发作时患者神志清楚，每次眩晕持续时间数十分钟至数小时，很少超过 24 小时。眩晕可反复发作，发作次数越多，则持续时间越长、损害越重。

2. 耳鸣 早期出现于眩晕发作前，呈低音调耳鸣，发作间歇期耳鸣逐渐减轻或消失，反复发作可转为高音调持续性，并于眩晕发作时加重。

3. 听力下降 初次眩晕发作时即伴有听力下降，一般为单侧，间歇期听力可部分或全部恢复，于再次眩晕发作时加重。反复发作后，听力损失逐渐加重，间隙期亦无缓解。

4. 耳胀满感 发作期患侧耳内有胀满、沉重或压迫感。

5. 耳镜检查鼓膜大多正常，咽鼓管功能良好，发作期间可见自发性水平型或水平旋转型眼球震颤及平衡障碍，间歇期时消失。

（二）辅助检查

1. 前庭功能检查 发作期可观察到水平性或旋转性眼震，间隙期自发性眼震和各种诱发实验结果在早期均可能表现正常，多次发作者患耳前庭功能可减退或丧失。

2. 甘油试验 试验前进行纯音测听，确定基准听阈。患者禁食 2 小时后，一次顿服 50% 甘油 2.4～3.0ml/kg，每隔 1 小时测听 1 次，共测 3 次，若患耳在服用甘油后平均听阈提高 15dB 以上，则为阳性。可诊断听力下降系膜迷路积水引起，但阴性者尚不能否定诊断。

3. 听力检查 呈感音神经性耳聋

三、心理、社会状况

由于该病可致眩晕，发作时异常痛苦、惊恐。因反复发作、病程长而严重影响生活和工作，产生焦虑与烦躁不安。因此，应评估患者的心理状况。

【护理问题及医护合作】

1. 舒适改变 眩晕、恶心、呕吐与膜迷路积水有关。

2. 感知紊乱 听力下降，与膜迷路积水有关

3. 有受伤的危险 与平衡失调有关。

4. 焦虑、恐惧 与眩晕症状较重及反复发作影响生活和工作有关。

5. 知识缺乏 缺乏对本病的自我保健知识。

【护理措施】

（一）一般护理

发作期嘱卧床休息，环境安静舒适，室内光线宜稍暗，症状缓解后宜尽早下床活动。限制水、盐摄入量，忌烟、酒和浓茶。

（二）治疗配合

1. 遵医嘱给予镇静剂、血管扩张剂、钙离子拮抗剂、抗组胺药物、利尿剂等药物治疗，以达到镇静、改善微循环、减轻膜迷路积水的作用，同时观察药物疗效及副作用。

2. 对症状重或服用镇静剂者，加床栏保护，下床活动时注意搀扶，防止跌倒。

3. 对发作频繁，保守治疗无效而需手术治疗者，协助医生做好术前准备。

（三）病情观察

1. 注意观察患者眩晕发作的次数、持续时间、病人的自我感觉以及神志、面色等情况。

2. 注意观察患者各项生命体征的变化情况。

（四）心理护理

向病人讲解本病的有关知识，使其主动配合治疗和护理，消除其紧张、恐惧心理，使之心情愉快，精神放松，对久病、频繁发作伴神经衰弱者多做解释工作，以增强其战胜疾病的信心。

【健康指导】

指导患者保持良好心态，有规律地生活和工作。保持睡眠充足，戒除烟酒，禁用耳毒性药物。对眩晕发作频繁者，告知其避免从事驾车、登高等危险性工作。

练习题

一、A1 型题

1. 急性化脓性中耳炎感染途径主要为
   A. 咽鼓管 　　　　　　　　 B. 鼓膜
   C. 血行 　　　　　　　　　 D. 乳突区
   E. 都不是

2. 咽鼓管阻塞可导致
   A. 鼻炎 　　　　　　　　　 B. 咽炎
   C. 扁桃体炎 　　　　　　　 D. 鼻窦炎
   E. 分泌性中耳炎

3. 梅尼埃病最主要表现是
   A. 听力下降 　　　　　　　 B. 眩晕
   C. 耳鸣 　　　　　　　　　 D. 耳胀满感
   E. 恶心、呕吐

4. 突发性耳聋听力急剧下降多发生在
   A. 1 天内 　　　　　　　　 B. 2 天内
   C. 3 天内 　　　　　　　　 D. 4 天内
   E. 5 天内

二、A2 型题

5. 患者，女，5 岁。因感冒后感右耳痛伴听力下降 4 天，外耳道流脓性物 1 天就诊。检查：鼓膜松

弛部充血，鼓膜紧张部见搏动性亮点，有脓液涌出。对该患儿护理正确的是

    A. 局部可选用庆大霉素滴耳液抗感染治疗

    B. 用1%麻黄碱生理盐水滴鼻

    C. 应立即协助医生行鼓膜切开术，以通畅引流

    D. 指导患者用2%酚甘油滴耳

    E. 教会患者捏鼻鼓气的方法

三、A3 型题

患者，男性，55 岁。因左耳反复流脓伴听力下降 1 年就诊。耳镜检查：外耳道内有大量脓性分泌物，脓液中含有豆渣样物，伴有恶臭，吸尽后见鼓膜紧张部后上方边缘性穿孔，从穿孔处见鼓室内有肉芽。颞骨 CT 扫描：骨质破坏征象，边缘可见类圆形的高密度环形影。

6. 该患者诊断最可能的是

    A. 急性分泌性中耳炎   B. 急性化脓性中耳炎

    C. 慢性化脓性中耳炎单纯型   D. 慢性化脓性中耳炎胆脂瘤型

    E. 慢性化脓性中耳炎骨疡型

7. 对该患者护理不妥的是

    A. 教会患者正确使用滴耳剂

    B. 教会患者正确的擤鼻、洗耳方法

    C. 滴耳时，可用粉剂

    D. 使用1%麻黄碱液滴鼻和抗生素液滴耳

    E. 宜早施行乳突根治手术

第二节　鼻科患者的护理

鼻　　疖

案例　患者，男，20 岁。6 天前患者右侧前鼻孔处出现一局限性红肿包块，伴有明显疼痛。2 天前患者自行挤压包块，流出少量脓液。1 天前，患者出现头痛、畏寒、高热，并有视力下降，患处红肿范围扩大，遂来就诊。

1. 列出该患者的护理问题。

2. 应该对该患者及家属给予哪些健康指导？

鼻疖（furuncle of nose）是鼻前庭毛囊、皮脂腺或汗腺的局限性急性化脓性炎症，偶可发生于鼻尖或鼻翼。常因挖鼻或拔鼻毛损伤鼻前庭皮肤，继发细菌感染所致，主要致病菌为金黄色葡萄球菌。若处理不当可引起严重的颅内并发症——海绵窦血栓性静脉炎。

治疗原则：去除病因、控制感染、预防并发症，疖肿成熟时可切开引流。

【护理评估】

一、健康史

评估患者有无挖鼻、拔鼻毛习惯，有无糖尿病史，评估患者身体素质状况。

二、身体状况评估

（一）症状与体征

（1）初期患处红、肿、热、痛，呈丘状隆起，触痛明显，可伴有低热。重者可有畏寒、发热、头痛等全身不适症状。

（2）疖肿成熟后，顶部可见黄白色脓点，多在一周内自行破溃排脓后愈合。

（二）并发症

如鼻疖处理不当或机体抵抗力低下，导致感染扩散，可引起上唇或面颊部蜂窝织炎，甚至海绵窦血栓性静脉炎而危及生命。

三、心理、社会状况

患者一般认为鼻疖为小病而不予重视，甚至自行挤压或挑破疖肿，致感染扩散后又易产生焦虑、恐惧心理。

【护理问题】

1. 急性疼痛　与局部炎症反应有关。

2. 潜在并发症　上唇或面颊部蜂窝组织炎、海绵窦血栓性静脉炎等

3. 知识缺乏　缺乏对鼻疖防治及危险性的认识。

【护理措施】

（一）一般护理

嘱患者注意休息，清淡易消化饮食，多食蔬菜、水果，保持大便通畅。

（二）治疗配合

（1）解热镇痛，对症护理　高热患者给予物理降温，剧痛者可酌情使用镇痛剂。

（2）疖肿未成熟者可局部理疗、热敷，促使炎症消退吸收，或用10%鱼石脂软膏敷于患处，促其成熟。

（3）疖肿已成熟者，可用探针蘸少许15%硝酸银腐蚀脓头，促其破溃排脓。或切开排脓，清洁局部后，涂以抗生素软膏。严禁切开或挤压未成熟疖肿，以免使感染扩散。

（4）遵医嘱应用抗生素，有高热或并发症出现者，需静脉滴入足量广谱抗生素，以迅速控制感染。合并海绵窦血栓性静脉炎者请眼科及神经科医师会诊。

（三）病情观察

注意观察患者局部红肿及疼痛变化，如出现高热、剧烈头痛、患侧眼睑及结膜水肿、眼球突出固定等现象，应及时报告医生。

（四）心理护理

关心体贴患者，介绍本病的发生、发展及防治知识，使患者能正确认识本病。

【健康指导】

（1）戒除挖鼻或拔鼻毛的不良卫生习惯。

（2）鼻疖反复发作、迁延不愈者，应注意是否有糖尿病，并给予及时治疗。

（3）禁止挤压或自行针挑疖肿，以防感染扩散。

慢性鼻炎

案例 患者，女，36岁。左侧鼻腔持续性鼻塞伴嗅觉减退5年，前鼻镜检查见左下鼻甲呈桑葚样改变，探针触之，弹性明显减退，对1％的麻黄素反应不敏感。

1. 说出该患者的诊断和治疗原则。
2. 应该对该患者实施哪些护理措施？

慢性鼻炎（chronic rhinitis）是指鼻腔黏膜及黏膜下组织发生的慢性非特异性炎症。以鼻塞、流涕为主要表现，分为慢性单纯性鼻炎和慢性肥厚性鼻炎。

常见的致病因素有：

1. 局部因素

（1）本病主要是急性鼻炎反复发作或治疗不彻底，迁延而成慢性；

（2）慢性鼻窦炎、鼻中隔偏曲、腺样体肥大、慢性扁桃体炎等也会继发慢性鼻炎。

（3）长期使用麻黄素或滴鼻净滴鼻，可引起药物性鼻炎。

2. 全身因素 不良习惯如烟酒嗜好，内分泌失调，及全身性慢性疾病如贫血、糖尿病、结核、风湿病、心肝肾疾病等可导致鼻腔黏膜慢性充血而致病

3. 职业及环境因素 长期吸入粉尘或有害的化学气体、生产或生活环境中温度或湿度的急剧变化均可致病。

治疗原则：以去除病因，改善症状、恢复鼻腔通气功能为主。

知识链接

急性鼻炎是由病毒感染引起的鼻腔黏膜急性炎症性疾病，俗称"伤风"或"感冒"。为病毒感染所致，可合并细菌感染，受凉为其最常见诱因。具有自限性，若无并发症，自然病程为多为一周。患者多出现鼻塞、流涕、打喷嚏、畏寒、发热、头痛等症状，可引起呼吸道多种并发症。以对症支持治疗为主，同时应防止并发症的发生。

【护理评估】

一、健康史

评估患者有无相关的局部原因及全身性疾病，有无不当用药史，有无烟、酒嗜好等。

二、身体状况评估

1. 慢性单纯性鼻炎 呈交替性或间隙性鼻塞，鼻塞时伴有嗅觉减退。分泌物为黏液性、稀薄、量多，如继发感染可为黏脓性。检查见：鼻黏膜充血肿胀，呈暗红色，以下鼻甲最为明显（图6-13）（彩图60），表面光滑、湿润、柔软、富有弹性，对麻黄碱等减充血剂反应明显。

2. 慢性肥厚性鼻炎 呈持续性鼻塞，伴有嗅觉减退。如肥大的下鼻甲后端压迫咽鼓

管咽口，可引起耳鸣及听力减退等症状。分泌物为黏液性或黏脓性，黏稠不易擤出。检查见下鼻甲黏膜慢性充血、肥厚，表面不平，呈结节状或桑椹状（图6－14）（彩图61），以下鼻甲前端和游离缘最为明显，触之质地硬实、弹性差，对麻黄碱等血管收缩剂反应不明显。

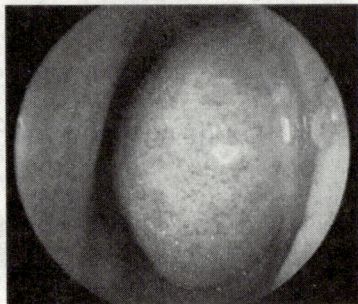

图6－13　慢性单纯性鼻炎　彩图60

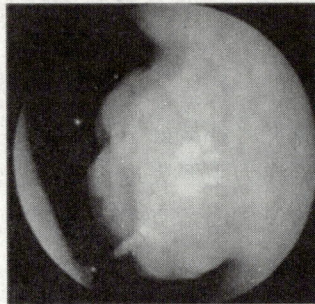

图6－14　慢性肥厚性鼻炎　彩图61

二、心理、社会状况

因慢性鼻炎长期不适，可有焦虑、压抑心理，评估时应注意了解患者的心理状态和情绪反应，以及对本病的认识。

【护理问题】

1. 舒适改变　鼻塞，与鼻黏膜充血、肿胀、肥厚等有关。

2. 感知紊乱　嗅觉减退，甚至听力下降，与鼻甲肿胀或肥大有关。

3. 潜在并发症　可并发鼻窦炎、中耳炎等。

4. 知识缺乏　缺乏对慢性鼻炎的防治知识。

【护理措施】

一、一般护理

注意休息，避免上呼吸道感染，戒除烟酒，清淡饮食。指导患者正确的擤鼻方法，切忌紧捏双侧鼻翼，用力擤鼻，以免导致鼻窦炎或中耳炎等并发症。

二、治疗配合

（1）积极查找病因，并给予相应治疗

（2）慢性单纯性鼻炎　遵医嘱选用减充血剂滴鼻，指导患者正确的滴鼻方法。常用1%的麻黄碱生理盐水（儿童用0.5%），每天3次。因滴鼻净易致药物性鼻炎，宜慎用。

（3）慢性肥厚性鼻炎　对减充血剂尚敏感者，治疗方法同慢性单纯性鼻炎；如疗效不满意或对减充血剂不敏感者，可选用下鼻甲黏膜下硬化剂注射法、激光疗法、冷冻疗法等；上述治疗均无效者，可行下鼻甲黏膜部分切除术，按鼻部手术常规进行手术前后护理。

三、心理护理

针对患者的久病焦虑心理，积极进行沟通，耐心解释与本病相关的知识，增强其治疗的信心，使患者能积极主动配合治疗。

【健康指导】

（1）教会并嘱咐患者坚持正确的擤鼻和滴鼻方法，不滥用减充血剂滴鼻。

（2）积极治疗原发病，避免急性上呼吸道感染，戒除烟酒等不良嗜好。

（3）从事接触粉尘或有害气体职业者，嘱其加强防护措施，改善工作环境。

变应性鼻炎

变应性鼻炎（allergic rhinitis）又称过敏性鼻炎，是由变应原刺激鼻腔黏膜引起的鼻腔变态反应性疾病。临床以突发性鼻痒、阵发性喷嚏连续性发作和大量清水样鼻涕为典型特征，分为常年性变应性鼻炎和季节性变应性鼻炎。其变应原主要为吸入物，季节性变应性鼻炎主要由植物花粉引起，又称"花粉症"；常年性变应性鼻炎主要由陈旧屋尘、螨虫、真菌、昆虫、动物皮屑及羽毛、化学物质及某些食物等引起。

治疗原则：尽量避免接触变应原，积极抗过敏治疗，有条件者可行脱敏治疗。

【护理评估】

一、健康史

询问患者是否有反复发作史、是否为过敏体质、有无变应原接触史。

二、身体状况评估

（一）症状

1. 突发性鼻痒，为先驱症状，季节性患者常伴有眼痒、结膜充血和咽部发痒。

2. 阵发性喷嚏连续性发作，每天发作数次，每次少则 3~5 个，多则十几个。

3. 大量清水样鼻涕，甚至可自行从鼻孔滴下，性质为浆液性。

4. 鼻塞伴嗅觉减退，鼻塞程度轻重不一，以季节性鼻炎较为严重。

（二）体征

鼻腔黏膜水肿，颜色浅淡或苍白，以下鼻甲为甚，鼻腔内有大量清水样分泌物潴留。长期反复发作者，可见中鼻甲息肉样变或鼻息肉形成。

（三）辅助检查

鼻腔分泌物涂片，嗜酸性粒细胞增多；特异性 IgE 抗体阳性。变应原皮肤试验阳性。

三、心里社会状况

发作时连续性的喷嚏、大量清水样鼻涕可影响患者的学习、工作和生活，加之常年反复的发作，患者容易产生焦虑、厌烦等情绪。

【护理问题】

1. 焦虑　与大量连续的喷嚏和流鼻涕及反复发作有关。

2. 舒适改变　鼻塞、鼻痒、打喷嚏、流大量鼻涕，与鼻腔黏膜的变应性反应有关。

3. 清理呼吸道无效　与鼻腔黏膜水肿及分泌物潴留导致鼻塞有关。

4. 知识缺乏　缺乏自我护理及预防保健知识。

【护理措施】

一、一般护理

查找变应原，并尽量避免接触变应原。如对花粉过敏者，嘱患者在花粉播散季节尽量减少外出，或外出时戴上口罩；对动物皮屑过敏者尽量避免接触动物等。

二、治疗配合

（1）遵医嘱应用抗组胺药物：如传统抗组胺药物扑尔敏和第二代抗组胺药物息斯敏、仙特敏（西替利嗪）、开瑞坦（氯雷他定）等，可改善症状、减少鼻腔分泌物。但上述药物多有不同程度的中枢抑制，对于从事驾驶或高空作业者应慎用。第三代抗组胺药物，如立复汀（左卡巴斯汀）鼻喷剂，该药物起效迅速，可明显改善症状，且无明显副作用。

（2）遵医嘱应用肥大细胞膜稳定剂，如色甘酸钠、酮替芬等，但起效多在一周以后，属于预防用药；糖皮质激素具抗炎抗过敏作用，可选用二丙酸氯地米松气雾剂或地塞米松等。

（3）使用减充血剂滴鼻，如1%麻黄碱生理盐水（儿童用0.5%）、阿福林鼻喷剂等，可改善鼻腔通气引流，但不宜长期使用，以免引起药物性鼻炎。

（4）协助医生进行免疫治疗即特异性脱敏疗法　将皮肤试验阳性的变应原制成提取液，从小剂量开始做皮下注射，每周2~3次，逐渐增加剂量和浓度，至最大耐受量时改为维持量，直至症状减轻或消失。

（5）其他疗法　协助医生进行下鼻甲黏膜冷冻、激光、射频、微波热凝等治疗，可降低鼻黏膜对变应原的敏感性；筛前神经切断术或下鼻甲黏膜部分切除术可降低神经兴奋性，减轻血管扩张，减少腺体分泌，同时改善鼻腔通气。

三、病情观察

注意观察患者鼻塞、喷嚏和分泌物有无改善，是否出现鼻窦、耳部等处异常症状。

四、心理护理

介绍与本病相关的知识，增强其治疗的信心，积极配合治疗和护理。

【健康指导】

（1）养成良好的生活习惯，日常生活中应避免再次接触变应原。如忌养宠物；花粉传播季节尽量减少外出，必要时戴口罩；保持环境和家庭卫生，勤晒洗衣物、被褥等。

（2）指导患者正确的药物使用方法。

知识链接

近年来不断有研究报道 P 物质（SP）与变应性鼻炎的关系。SP 是一种由 11 个氨基酸残基组成的神经肽，人体鼻黏膜中存在这种物质及 SP 神经。当 SP 能神经兴奋性增强时，神经介质 SP 大量释放，可引起血管扩张、渗透性增高、黏膜水肿、腺体分泌增加等改变，并促使肥大细胞脱颗粒及组胺释放，引起变态反应发生。而反复多次使用辣椒素（CAP）能逐渐消耗 SP，并使 SP 能神经被阻滞和变性，这为治疗变应性鼻炎开创出了一条新的道路。

急性化脓性鼻窦炎

案例　患者，男，10岁。5天前曾患感冒，2天前病情加重，出现畏寒、发热、流脓鼻涕，伴有持续性鼻塞，每天晨起后前额部开始疼痛并逐渐加重，午后减轻，夜间疼痛消失。

1. 列出患者主要护理问题。
2. 针对该患者应给予那些护理措施及健康指导？

急性化脓性鼻窦炎（acute sinusitis）是鼻窦黏膜的急性化脓性炎症，多继发于急性鼻炎。常为单个鼻窦发病，以上颌窦发病率最高，也有研究认为前组筛窦发病率最高，并且是其他鼻窦炎症的病源点。临床以头痛、鼻塞、流脓涕等为主要表现。常见致病菌有肺炎双球菌、溶血性链球菌、葡萄球菌和流感杆菌等，牙源性上颌窦炎常为厌氧菌感染。

鼻窦的发病与其解剖特点有密切关系，如各鼻窦的窦口均较为细小，容易发生狭窄或堵塞，也易蓄脓；鼻窦黏膜与鼻腔黏膜相连续，当鼻腔发生病变时易累及到鼻窦；各鼻窦的窦口相邻近，一窦发炎时易使邻近鼻窦受累；鼻窦主要开口于鼻道，凡能导致窦口鼻道通气引流障碍者，均可引起鼻窦发生炎症。

鼻窦炎的致病因素较多，可分为局部因素和全身因素。局部病因有：①鼻腔源性感染，如急、慢性鼻炎，变应性鼻炎，鼻腔异物，鼻息肉；②邻近组织源性感染，如：扁桃体炎、咽炎、腺样体肥大、上颌磨牙的根尖感染；③儿童患者常继发于某些急性传染病，如百日咳、麻疹、伤寒、猩红热等；④创伤源性感染，如鼻窦外伤、气压骤变等；⑤游泳、跳水或潜水方法不当，致污水经鼻腔进入鼻窦。全身性病因：全身抵抗力下降、变态反应、内分泌失调等。

治疗原则：去除病因，保持鼻腔鼻窦的通气引流，控制感染，预防并发症或转变为慢性。

【护理评估】

一、健康史

询问患者的健康状况，有无上呼吸道感染史，评估有无影响鼻腔通气、引流障碍的因素存在。

二、身体状况评估

（一）症状与体征

1. 全身症状　常有畏寒、发热、食欲减退、全身酸痛等不适，儿童可有高热。

2. 局部症状

（1）鼻塞：多表现为持续性鼻塞，伴有嗅觉减退和闭塞性鼻音。

（2）脓涕：大量脓性或黏脓性鼻涕，难以擤尽，或觉"痰多"，需向后吸入咽部再吐出。牙源性上颌窦炎患者，其脓涕伴有恶臭。

（3）头痛：具有定时定位的特点，并于咳嗽、低头及用力时头痛加重。前组鼻窦炎头痛多位于额部和颌面部，后组鼻窦炎头痛多在头颅深部和枕部。急性上颌窦炎可伴有患侧上列磨牙疼痛，多是晨轻午后重。急性额窦炎疼痛时间规律性最为明显，始于晨起后不久，并逐渐加重，中午最重，于午后逐渐减轻，夜晚时完全消失。前组筛窦炎头痛时间周期性与急性额窦炎相似。后组鼻窦炎头痛均为晨轻午后重。

3. 体征

（1）前组鼻窦炎可于相应体表投影部位出现局部红肿和压痛。

（2）鼻腔检查：鼻腔黏膜充血、肿胀，鼻腔内有大量脓性或黏脓性分泌物。前组鼻窦炎可见脓液来自中鼻道（图6-15）（彩图62）；后组鼻窦炎可见上鼻道或嗅裂积脓，并可向后流至鼻咽部。

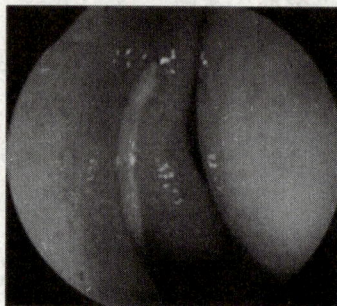

图6-15　急性鼻窦炎（前组）
彩图62

（二）辅助检查

1. 鼻内镜检查　可发现鼻道和窦口周围黏膜充血肿胀。

2. 鼻窦X线摄片、CT扫描　可显示病变窦腔黏膜阴影增厚，窦腔积液等。

三、心理社会状况

患者因头痛、鼻塞、流脓涕而影响学习、工作和生活，容易产生焦虑情绪。应注意评估患者的情绪变化，了解患者及家属对本病的认识程度。

【护理问题】

1. 体温过高　与炎症引起的全身反应有关。

2. 急性疼痛　与鼻黏膜肿胀、窦口关闭，形成窦腔负压及脓性分泌物窦腔内潴留有关。

4. 清理呼吸道无效　与鼻腔黏膜充血肿胀及鼻腔内积脓导致鼻塞有关。

5. 潜在并发症　急性咽炎、扁桃体炎、喉炎、气管炎和支气管炎、肺炎、中耳炎等。

3. 知识缺乏　缺乏鼻窦炎的有关防治知识。

【护理措施】

一、一般护理

嘱患者注意休息，多饮水，给予高热量、清淡、易消化饮食。

二、治疗配合

（1）遵医嘱对症处理，高热者可物理降温，头痛剧烈者给予镇痛剂。

（2）口腔护理：如患者因鼻塞而张口呼吸，应嘱患者少量多次饮水，并用漱口液漱口，保持口腔黏膜湿润和清洁。口唇干燥者可用液体石蜡涂于唇部，避免干裂。

（3）遵医嘱全身应用足量有效抗生素，常首选青霉素类抗生素，经细菌培养及药敏实验后，再选择敏感抗生素。

（4）局部用减充血剂（0.5%～1%麻黄碱滴鼻液）或糖皮质激素（二丙酸倍氯米

松、布地奈德、丙酸氟替卡松）滴鼻。指导患者正确的滴鼻方法，上颌窦炎患者应取头侧位滴鼻，其他鼻窦炎症患者取头后仰位滴鼻。

（5）遵医嘱行上颌窦穿刺冲洗　急性上颌窦炎无并发症、全身炎症消退及局部炎症基本控制后，可行上颌窦穿刺冲洗，冲洗后可向窦腔内注入抗生素和糖皮质激素。

三、病情观察

密切观察病情变化，如患者出现体温升高、脓涕增多、鼻塞及头痛加剧，提示感染加重；如出现耳鸣、耳痛、听力下降等，提示可能发生中耳炎；出现剧烈咽痛、吞咽困难等，提示可能发生扁桃体炎；出现眼痛、眼球运动障碍、视力下降等，则提示可能发生眶内感染。一旦发现上述情况，应及时报告医生处理。

四、心理护理

介绍与本病相关的知识，增强其治疗的信心，使患者能积极配合医师治疗。对出现并发症的患者，应关心患者的需求，并给予耐心解释，以缓解患者的焦虑情绪。

【健康指导】
（1）指导患者正确的擤鼻和滴鼻方法。
（2）加强锻炼，增强体质，注意气候变化，防止上呼吸道感染。
（3）及时治疗急性鼻炎及邻近组织的各种急慢性疾病，保持鼻腔、鼻窦的通气引流。

慢性化脓性鼻窦炎

案例　患者，男，18岁，因反复鼻塞，流脓鼻涕、头昏、头痛3年入院。入院时检查见：双侧鼻黏膜慢性充血，中鼻甲肥大，下鼻道内大量脓性分泌物，鼻窦CT示双上颌窦、筛窦炎。
1. 说出该患者的治疗原则。
2. 制定该患者的护理计划

慢性化脓性鼻窦炎是鼻窦黏膜慢性化脓性炎症。常为多个鼻窦同时受累，两个及两个以上鼻窦受累者称为多鼻窦炎，一侧或双侧鼻窦全部受累者称为全鼻窦炎。

多因急性化脓性鼻窦炎迁延未愈，窦口引流不畅引起。此外，可引起急性化脓性鼻窦炎的因素基本都可以引起本病，变态反应因素也与本病的发生有密切关系。

治疗原则：去除病因，改善鼻腔通气引流，局部可行上颌窦穿刺冲洗或鼻窦置换疗法。保守治疗无效者可行手术治疗。

【护理评估】

一、健康史

询问患者有无急性鼻窦炎反复发作史、有无邻近组织的慢性病变或全身相关性疾病。

二、身体状况评估

（一）症状与体征

1. 全身症状 一般较轻，常有精神不振、头昏易倦、注意力不集中、记忆力减退等。

2. 局部症状 与急性化脓性鼻窦炎相似。

（1）流脓涕：量多少不一，色黄或灰绿，牙源性上颌窦炎的脓性涕常有腐臭味。

（2）鼻塞：多为持续性，伴有嗅觉减退，以慢性筛窦炎的嗅觉减退最为明显。

（3）头痛：头痛不明显，常表现为头部钝痛、闷痛或沉重压迫感。多为上午发生，午后减轻或消失。前组鼻窦炎疼痛在前额、面颊部或鼻根部，后组鼻窦炎疼痛在颞、枕部或头顶部。于低头、咳嗽、屏气用力时加重，在休息、用药或擤鼻后减轻。

3. 鼻腔检查 鼻腔黏膜慢性充血、肿胀或肥厚；前组鼻窦炎者中鼻道有脓性分泌物、中鼻甲肥大、息肉样变或有息肉形成；后组鼻窦炎者可见嗅裂部或后鼻孔有脓性分泌物。

（二）辅助检查

鼻窦 X 线片和 CT 扫描可显示窦腔黏膜增厚、有积液；鼻内镜检查可见窦口鼻道复合体、鼻腔各部甚至鼻窦内的病变；如上颌窦受累，行上颌窦穿刺冲洗时有脓液流出。

三、社会、心理评估

由于长期反复大量流脓涕及鼻塞，以及注意力难以集中、记忆力下降，导致学习成绩和生活质量下降、工作效率低下，易产生心理压抑、焦虑、悲观等情绪。

【护理问题】

1. 感知紊乱 与嗅觉功能减退有关。

2. 舒适度改变 由鼻塞、头痛、头昏等所致。

3. 焦虑 与学习成绩下降、工作效率降低及担心鼻窦手术预后有关。

4. 潜在并发症 可并发中耳炎、咽炎、扁桃体炎、球后视神经炎等。

5. 清理呼吸道无效 与鼻黏膜肿胀、肥厚、鼻息肉及鼻腔脓液积蓄导致鼻塞有关。

6. 知识缺乏 缺乏慢性鼻窦炎的防治常识，缺乏术前术后的护理知识。

【护理措施】

一、一般护理

增加营养，注意休息，加强锻炼，戒除烟酒。

二、治疗配合

1. 消除病因 治疗阻塞性鼻部疾病；去除变应性病因；清除邻近感染性病灶。

2. 用药 有急性发作迹象或化脓性并发症者，可遵医嘱全身应用抗生素。

3. 鼻部滴药 遵医嘱用减充血剂滴鼻，以改善鼻腔和鼻窦的通气、引流功能。常用 1% 麻黄碱生理盐水，可在滴鼻剂中加入适量糖皮质激素。

4. 鼻腔冲洗 分泌物较多时，可用生理盐水或生理盐水 + 甲硝唑 + 地塞米松进行冲洗。

5. 上颌窦穿刺冲洗 对慢性化脓性上颌窦炎有诊断和治疗价值，可每周穿刺冲洗 1～2 次。穿刺冲洗时应注意观察脓液的性质、量及疗效。如患者出现晕针现象，应停止冲洗，拔除穿刺针，让患者去枕平卧休息，并及时报告医生处理。

6. 鼻窦置换疗法 可用于额窦炎、筛窦炎和蝶窦炎，特别适用于全鼻窦炎患者，用负压原理吸引药液进入鼻窦，以达治疗目的。

7. 中医中药 如霍胆丸、鼻渊舒口服液等

8. 手术护理 保守治疗无效时，可协助医生施行辅助手术或鼻窦手术治疗，按照鼻部手术护理常规进行围手术期护理。辅助手术包括摘除鼻息肉、切除肥大的中鼻甲、矫正鼻中隔偏曲等。鼻窦手术包括鼻窦根治术和功能性内窥镜鼻窦手术。功能性内窥镜鼻窦手术现已在临床广泛开展，是目前治疗慢性鼻窦炎的主流方法。

三、病情观察

手术患者术后应密切观察体温、脉搏的变化，注意有无大出血、剧烈头痛、恶心、呕吐等，术后鼻腔内有无清水样物流出，有无视力下降和眼球运动障碍等各种并发症的表现，一旦发现应及时报告医生处理。

四、心理护理

向患者介绍本病的相关知识，说明手术的目的、必要性、方式和可能出现的不适，解除患者顾虑，增强其信心，并能积极的配合治疗。

【健康指导】

（1）积极预防和治疗鼻部、咽部、口腔及全身性疾病。

（2）坚持锻炼，增强体质，预防上呼吸道感染，戒除烟酒，清淡饮食，注意劳逸结合。

（3）指导患者正确的擤鼻及滴鼻方法。

（4）嘱患者术后应按医嘱正确用药，定期随访，术后 1 个月避免剧烈活动或重体力劳动。

知识链接

功能性内窥镜鼻窦手术，是鼻外科学的一项新技术，于 1970 年代由奥地利鼻科学者 Messerkinger 所首创，并于 80 年代传入我国。该手术是在彻底清除病变的基础上，尽量保留鼻腔、鼻窦的正常黏膜和结构，形成良好的通气和引流，促使鼻腔、鼻窦黏膜的形态和生理功能恢复的功能性手术。可达到依靠鼻腔、鼻窦自身生理功能的恢复来治愈鼻窦炎和鼻息肉，并防止病变复发的目的。该手术的理论基础为：窦口鼻道复合体的通气和引流障碍是鼻窦发生炎症的主要原因。原有的鼻窦黏膜根治术逐渐被通过内窥镜来进行的保存黏膜的鼻窦开口术和中鼻道开大术所替代。

鼻出血

案例 患者，男，75 岁，于今日凌晨睡眠中有鲜血自左鼻流出，量多不能自止。急

诊入院，行左侧后鼻孔填塞止血。患者既往有高血压史，自服降压药。入院时体温37.2℃，脉搏100次/分，呼吸20次/分，血压120/85mmHg，情绪紧张，给予吸氧、静脉抗炎、止血治疗。

1. 对该患者进行病史资料收集时，应询问了解那些情况？
2. 根据患者目前的情况，提出相关护理问题。
3. 制定针对该患者的护理计划。

鼻出血（nose bleed）是耳鼻咽喉科患者常见症状，又称鼻衄，不是一个单独的疾病，而是局部或全身疾病的表现之一。出血量多少不一，多为单侧鼻腔出血，少数双侧。

导致鼻出血的因素很多，局部因素有鼻外伤、挖鼻、剧烈喷嚏、用力擤鼻、鼻腔异物、鼻腔手术、鼻中隔偏曲、鼻腔炎症、肿瘤等因素；全身性因素如高血压、动脉硬化、血液病、化学物质中毒（如汞、磷、砷、苯）、长期服用水杨酸类药物、维生素缺乏（维生素C、K、P、B_2）、急性发热性传染病（如流感、出血热、伤寒等）、内分泌失调及肝肾疾病和风湿热等。

治疗原则：立即止血，防止并发症，并查找病因进行病因治疗。

【护理评估】

一、健康史

询问患者出血速度和出血量，有无反复鼻出血史，出血时有无伴随症状，此次出血有无自觉病因，全面了解患者有无相关局部或全身性疾病病史，有无汞、磷、砷、苯等接触史，有无长期服用水杨酸类药物史及饮食结构等。

二、体状况评估

（一）症状与体征

1. 症状及出血量的估计　多为单侧，出血量多少不等。轻者仅涕中带血，重者可致休克，反复鼻出血者，可引起贫血。出血可为偶发性或间歇性，也可呈持续性或阵发性。局部因素引起出血者多表现为单侧鼻腔出血，全身因素引起出血者多为双侧出血或交替出血。短期少量出血可无不适感，成人若短期出血量超过500ml，可出现口渴、头昏、乏力、面色苍白等症状，如出血量在500～1000ml之间，则出现出冷汗、胸闷、血压下降、脉速无力等，若患者收缩压在80mmHg以下，则提示血容量损失已经接近1/4，患者将出现休克表现。

2. 出血部位　鼻腔任何部位均可出血，以利特尔区最为常见，儿童患者几乎全部发生在该部位，青少年也以此处为主。中老年患者多见于下鼻道后端的鼻–鼻咽静脉丛（woodruff plexus）出血，鼻中隔后部动脉出血亦较多见。

（二）辅助检查

鼻镜检查鼻腔与鼻咽部可了解出血范围，明确出血点及是否存在鼻腔疾病等；通过血常规，出凝血时间、凝血酶原时间和血小板计数等检查来了解患者的全身情况。

三、心理、社会状况

少量出血很少会引起患者注意，反复出血或出血较多时，才会引起重视。当大出血时，患者及家属存在着程度不同的应激性紧张和恐惧心理。

【护理问题】

1. 恐惧 与鼻出血病情及对预后担心有关。

2. 体液不足 与鼻出血较多有关。

3. 潜在并发症 失血性休克、贫血、鼻腔、鼻窦及中耳炎症，与大量失血和长时间鼻腔填塞有关。

4. 知识缺乏 与防治鼻出血的知识缺乏有关。

【护理措施】

一、一般护理

首先安慰患者，使其保持镇静。嘱患者采取坐位或半卧位，头稍前倾，并给一弯盘嘱其将血液吐于盘内，勿将血液吞下，以免刺激胃引起呕吐。有休克症状者取平卧头低位，头偏向一边，防止呕吐物和血液流入气管而引起窒息及肺部并发症。过度紧张的患者必要时按医嘱给予镇静剂。

二、病情观察

（1）密切观察出血量、出血有无停止或反复，并做好记录。

（2）对出血量较多的患者应严密观察体温、脉搏、肤色、血压及呼吸等变化，防止出现失血性休克。应重视患者主诉出血量，不可片面依赖实验室检查。患者休克时，鼻出血常自行停止，不可误以为鼻出血已愈，应立即检查患者生命体征并注意有无休克或休克前期症状。高血压患者可因鼻出血较多，血压下降，不可误以为患者血压正常。注意有无体温升高、头昏、头痛、耳内阻塞感及听力改变等表现，如有以上改变，可能有鼻腔、鼻窦或中耳的感染，应向医生汇报。长期鼻出血者应检查是否有贫血可能。

三、心理护理

鼻出血时，患者多有烦躁、紧张、恐惧心理。要热情接待，安慰患者及家属，消除恐惧感和紧张情绪，同时，紧张有序、沉着镇静地协助医生检查治疗。

四、协助止血护理

1. 冷敷 用冰块、湿毛巾或冷水袋等冷敷前额及后颈部，促使血管收缩，减少出血。

2. 指压法 嘱患者用手指紧捏双侧鼻翼根部 10~15 分钟，适用于利特尔区的出血。

3. 收敛法 可用棉片浸以 1% 的麻黄碱或 0.1% 肾上腺素塞于鼻腔（高血压者禁用），既可以止血又便于寻找出血点。

4. 烧灼法 适用于反复少量出血且部位明确的小面积点片状出血患者。常用的有化学药物如 50% 硝酸银、射频、微波或激光等烧灼法止血，烧灼后局部应涂抗生素软膏。

5. 鼻腔填塞法 为临床最常用的止血方法。出血较剧、渗血面较广或出血部位不明确者，应备好可吸收填塞物（明胶止血海绵、淀粉海绵、纤维蛋白海绵等）或凡士林纱条等填塞物及止血器械，协助医生做好鼻腔填塞止血的准备，同时迅速建立静脉通道。

6. 后鼻孔填塞法 适用于鼻腔后部的出血及鼻腔填塞无效者（图6-16）。

7. 血管结扎法 出血严重或上述方法均无效者，应根据出血部位选择相应的血管行结扎或栓塞术，同时配合医生做好术前准备。

五、鼻腔纱条填塞后的护理

（1）保持口腔湿润和清洁 用呋喃西林溶液或3%复方硼酸溶液漱口，每日4～5次，少量多次饮水，口唇干燥者局部涂液体石蜡油。

（2）鼓励患者进食温凉流质、半流质饮食，保持大便通畅。

（3）避免低头、屏气用力、咳嗽、打喷嚏，以免引起填塞的纱条松动或血管破裂出血。

（4）鼻腔内按时滴液体石蜡油，以润滑纱条，防止抽取纱条时损伤鼻腔黏膜再次出血，纱条抽出后用呋喃西林麻黄碱液滴鼻，改善鼻腔通气。

（5）鼻腔填塞后如发现纱布条沿咽后壁脱出，应沿软腭处剪断，不要从后鼻孔拉出，否则可能引起重新出血。应告诫患者及家属不能擅自松动固定的丝线以防纱球脱落。

（6）鼻腔填塞后按医嘱给予抗生素治疗，预防感染，防止并发症。

（7）填塞时间不宜超过72小时，应用鼻腔填塞法者一般应在24～48小时内取出，以免发生鼻窦炎或中耳炎等并发症。

六、用药护理

对重症患者，须住院严密观察。详细检查，找寻出血病因并积极病因治疗；给予足量的维生素C、K、P等；全身应用止血药，如图6-16氨基己酸、止血敏等；对于出血量较多疑有休克者，应遵医嘱给予输血、输液补充血容量等抗休克治疗；有凝血功能障碍者，可输入全血。

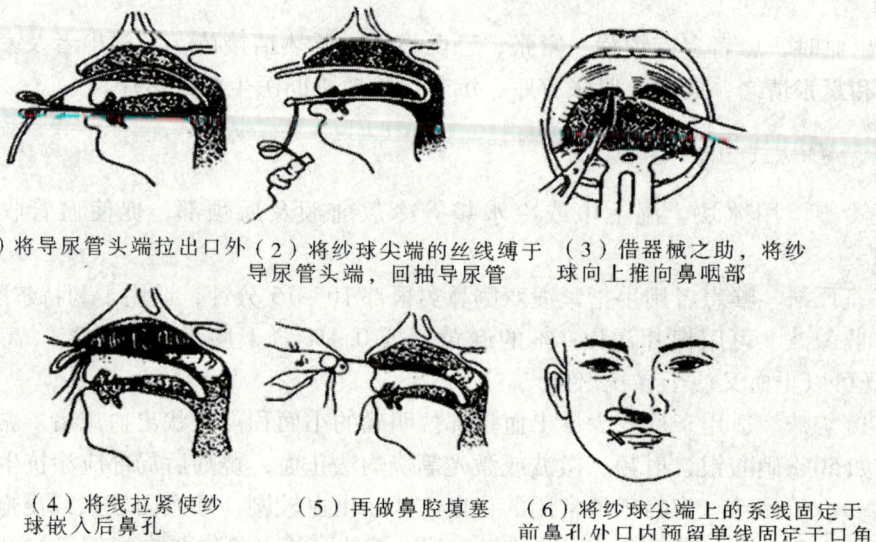

（1）将导尿管头端拉出口外 （2）将纱球尖端的丝线缚于 （3）借器械之助，将纱
导尿管头端，回抽导尿管 球向上推向鼻咽部

（4）将线拉紧使纱 （5）再做鼻腔填塞 （6）将纱球尖端上的系线固定于
球嵌入后鼻孔 前鼻孔外口内预留单线固定于口角

图6-16 后鼻孔填塞示意图

【健康指导】

（1）鼻黏膜干燥时，应多饮水，增加室内湿度，或涂抗生素软膏。

（2）积极进行病因治疗，避免再次出血。

（3）指导患者规律生活，避免过度劳累，不用力擤鼻，戒除用手挖鼻的不良习惯，以减少鼻出血诱发因素。

（4）使患者了解鼻出血的有关知识，教会指压、冷敷等简便的止血方法。

练习题

一、A1 型题

1. 慢性化脓性鼻窦炎护理正确的是
   A. 均应全身应用足量抗生素
   B. 筛窦炎症可行穿刺冲洗，以清除窦腔内脓液
   C. 上颌窦炎症宜行鼻窦置换疗法
   D. 功能性内窥镜鼻窦手术为目前最佳治疗方案
   E. 术后嘱患者自行观察有无异常病情变化，如有发生立即告知医生或护士。

2. 最易发生炎症的鼻窦是
   A. 额窦   B. 上颌窦
   C. 筛窦   D. 蝶窦
   E. 无明显差别

3. 鼻腔填塞期间护理错误的是
   A. 加强口腔护理
   B. 避免屏气用力及咳嗽等
   C. 全身给予抗生素
   D. 如有纱条从鼻咽部下垂至口咽，可经口腔将其牵出
   E. 填塞时间不宜超过 3 天

4. 急性化脓性鼻窦炎用 1% 麻黄碱滴鼻的主要目的是
   A. 收缩鼻黏膜血管，改善鼻腔通气和鼻窦引流
   B. 收缩血管减少分泌
   C. 松弛平滑肌减轻鼻肺反射
   D. 减轻炎症反应
   E. 降低血管通透性

5. 关于鼻出血的护理措施哪项错误
   A. 安排患者取坐位或半卧位，休克患者取平卧头低位
   B. 密切观察出血情况并做记录
   C. 烧灼、冷冻、激光止血适用于出血点不明确者
   D. 严重失血者应输血输液补充血容量
   E. 鼻腔黏膜撕裂出血不止者可用鼻腔填塞法止血

二、A2 型题

6. 患者，女，56 岁。突发鼻出血 2 小时入院。患者既往有高血压病史，入院时患者由家人搀扶进入，面色苍白，皮肤冰凉、湿润，诉头昏、心慌、胸闷。立即建立静脉通道及配血试验，同时行鼻腔填塞止血。填塞期间，患者出血自行停止。此时护理正确的是

    A. 出血已停止，可不必再行填塞

    B. 扶患者坐起

    C. 让家属陪同患者休息

    D. 出血停止，可行降血压治疗

    E. 怀疑休克，立即检查生命体征

三、A3 型题

患者，女，39 岁。10 年前无明显诱因出现双侧鼻塞，伴较多分泌物。近 2 年来鼻塞逐渐加重，伴有嗅觉障碍，分泌物呈脓性，检查见双侧鼻腔黏膜慢性充血，中鼻甲肥大，中鼻道及嗅裂有脓性分泌物。CT 检查示双侧多个窦腔有积液。

7. 该患者的护理问题无

    A. 清理呼吸道无效   B. 焦虑

    C. 感知紊乱   D. 舒适改变

    E. 有体液不足的危险

8. 该患者目前不宜的护理方案是

    A. 1% 麻黄素液滴鼻   B. 上颌窦穿刺冲洗

    C. 做好鼻内窥镜手术的术前准备   D. 鼻窦负压置换疗法

    E. 鼻腔冲洗

第三节　咽科患者的护理

慢性咽炎

慢性咽炎（chronic pharyngitis）是咽部黏膜、黏膜下组织及淋巴组织的慢性炎症。病程长，症状顽固，久治不愈为其特征，多见于成年人。常因急性咽炎反复发作所致，邻近组织的慢性炎症如慢性鼻炎、慢性鼻窦炎、鼻中隔偏曲、慢性扁桃体炎等，长期张口呼吸，长期烟酒过度，长期吸入粉尘或有害气体，喜食辛辣刺激性食物，以及贫血，慢性心、肝、肾疾病，内分泌失调等慢性全身疾病等均可引起本病。

治疗原则：去除病因，戒除烟酒等不良习惯，配合局部治疗。

知识链接

急性咽炎是咽部黏膜，黏膜下组织的急性炎症，常累及咽部淋巴组织。此病可单独发生，亦常继发于急性鼻炎或急性扁桃体炎等。患者咽干、刺痒、异物感明显、咽痛，空咽时尤其明显，咽部黏膜弥漫性充血肿胀。常见于秋冬及冬春之交，多为病毒感染所致，继发细菌感染后，症状将加重。应保暖、多饮水，可用含漱剂漱口、含片含化，症状重者可全身使用抗生素，常首选青霉素。

【护理评估】

一、健康史

询问患者有无急性咽炎反复发作史、烟酒嗜好及饮食习惯、理化因素的长期反复刺激，有无咽部邻近组织器官的慢性炎症病灶等。

二、身体状况评估

（一）症状与体征

1. 症状 主要表现为咽部不适、异物感、干燥、痒、灼热、微痛等。常做刺激性干咳，伴有恶心，以晨起时最为明显。

2. 体征 临床根据病理改变分为 3 型。

（1）慢性单纯性咽炎 咽部黏膜弥漫性充血，血管扩张，咽后壁有少量黏稠分泌物附着于黏膜表面。

（2）慢性肥厚性咽炎 咽部黏膜慢性充血、肥厚，咽后壁淋巴滤泡明显增生、肥大，呈颗粒状隆起或融合成片，咽侧索充血肥厚（图 6-17）（彩图 63）。

（3）慢性萎缩性咽炎 咽黏膜干燥、萎缩变薄，颜色苍白、反光增强，表面附有黏稠分泌物或带臭味的黄褐色痂皮。腭弓变薄，悬雍垂短窄。萎缩性病变可向下发展至喉及气管。

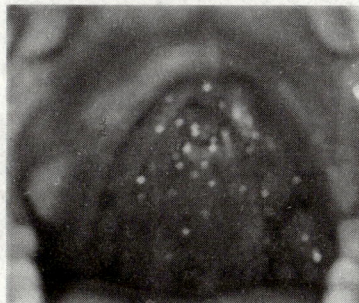

图 6-17 慢性肥厚性咽炎
彩图 63

二、心理、社会状况

慢性咽炎患者因为长期咽部不适、异物感久治不愈而产生焦虑、烦躁，甚至产生恐癌心理，常表现为求医心切、失眠、多疑、四处诊治。

【护理问题】

1. 舒适改变 咽部有各种不适感，与咽部慢性炎症刺激有关。

2. 焦虑 与咽部不适且久治不愈有关。

3. 知识缺乏 与缺乏咽部炎症防治知识有关。

【护理措施】

一、一般护理

积极病因治疗，注意休息，多饮水，清淡饮食，避免烟酒及辛辣食物刺激。

二、治疗配合

1. 慢性单纯性咽炎 常用复方硼砂溶液、1:5000 的呋喃西林溶液或 2% 硼酸溶液等含漱剂漱口，保持口腔及口咽部的清洁，以减少局部刺激。含服碘喉片、薄荷喉片等。

2. 慢性肥厚性咽炎 除上述方法外，还需消除增生肥大的淋巴滤泡，可用 20% 硝酸银涂擦或用激光、射频、冷冻等方法治疗。

3. 慢性萎缩性咽炎 一般治疗同单纯性。口服小剂量的碘剂如碘化钾，可促进腺体分泌；补充维生素 A、B_2、C、E，可促进黏膜上皮生长；局部可用 2% 碘甘油涂抹，以改善局部血液循环，促进腺体分泌，减轻干燥不适症状。

三、心理护理

耐心向患者介绍本病的发展和转归，尽快解除患者的焦虑、烦躁情绪，使其树立信心，坚持治疗。必要时可行喉镜、食管镜检查，以消除患者恐癌心理。

【健康指导】

（1）坚持户外活动，加强体育锻炼，增强体质，提高机体抗病能力。

（2）积极治疗全身及邻近组织慢性疾病，戒除烟酒，避免辛辣刺激性食物。

（3）改善生活和工作环境，保持室内空气清新，避免接触有害气体。

扁桃体炎

案例　患者，女，17 岁。因咽痛、畏寒、发热 3 天入院。自述"感冒"后于 3 天前出现剧烈咽痛，进食时疼痛加重，伴有畏寒、发热。自行购买抗感冒类药物，效果不明显。检查：T：39.1℃，R：26 次/min，P：112 次/min，BP：100/70mmHg。急性病容，咽腔充血，双侧扁桃体Ⅱ°肿大，表面见脓性分泌物。双侧下颌角可触及淋巴结肿大，压痛。

思考：

1. 根据上述情况说出该患者的护理问题。

2. 制定该患者的护理计划。

3. 说出该患者的健康指导。

扁桃体炎（tonsillitis）为腭扁桃体的非特异性炎症，临床上可分为急性扁桃体炎和慢性扁桃体炎。多发于儿童及青少年，春秋两季气温变化时最易患此病。

急性扁桃体炎主要致病菌为乙型溶血性链球菌，其次为葡萄球菌、非溶血性链球菌、肺炎双球菌等，细菌与病毒混合感染也较常见，偶见厌氧菌感染。上述病原体存在于咽部和扁桃体隐窝内，当机体在受凉、过度劳累、烟酒过度等诱因下致机体抵抗力下降时，致病菌则大量繁殖，外来致病菌也可乘虚而入，从而使扁桃体发生感染。慢性扁桃体炎多因急性扁桃体炎反复发作演变而成，自身变态反应也是引起慢性扁桃体炎的重要因素。

治疗原则：急性期以抗感染治疗为主，并辅以对症治疗，预防并发症的发生。长期反复发作或出现并发症的慢性扁桃体炎，宜采用手术治疗。

【护理评估】

一、健康史

询问患者有无急性上呼吸道感染史、有无邻近组织的慢性炎症史，有无反复发作史等。

二、身体状况评估

（一）症状与体征

1. 急性扁桃体炎　临床上分为急性卡他性和急性化脓性扁桃体炎（图 6 - 18）（彩图 64）。

（1）急性卡他性扁桃体炎　多为病毒感染引起。轻微咽痛，伴有低热。检查见扁桃体表面黏膜充血，扁桃体实质无明显肿大，其上无脓性分泌物附着。

（2）急性化脓性扁桃体炎　剧烈咽痛，为本病的主要表现，常放射到耳部，吞咽时加重，可致吞咽困难。伴有畏寒、高热、头痛、乏力、关节酸痛等全身不适，小儿可出现惊厥、抽搐等表现。检查见：咽部黏膜弥漫性充血，以扁桃体和腭弓最为显著；扁桃体明显肿大；隐窝口或扁桃体表面有大量黄白色脓性分泌物附着，可融合成片形成假膜；常伴有下颌角淋巴结肿大、压痛。

2. 慢性扁桃体炎　常表现为急性扁桃体炎反复发作。间隙期常有咽部不适及口臭，如咽干、发痒、异物感、刺激性咳嗽等。若扁桃体过度肥大，可出现呼吸、吞咽或言语障碍。检查可见扁桃体和腭舌弓慢性充血；挤压腭舌弓时，隐窝口可见黄白色干酪样物质溢出；扁桃体大小不定，表面凹凸不平，可见瘢痕；常与邻近组织发生粘连；伴有下颌角淋巴结肿大。

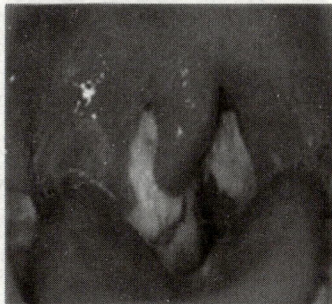

图6-18　急性化脓性扁桃体炎
彩图64

（二）并发症

急性扁桃体炎　可并发扁桃体周围脓肿、急性中耳炎、风湿热、急性肾炎、急性关节炎、急性心肌炎、急性心内膜炎等。

慢性扁桃体炎　是常见的全身疾病"病灶"之一，可产生多种并发症，如风湿性关节炎、风湿热、风湿性心脏病、肾炎等。

（三）实验室检查

急性扁桃体炎时，血液检查白细胞总数和中性粒细胞常增多。细菌培养和药敏试验有助于查明病原微生物和正确选用抗生素。慢性扁桃体炎患者必要时辅以实验室检查，如血沉、抗链球菌溶血素"O"等。

三、心理、社会状况

炎症急性期因高热和剧烈咽痛，患者及家属多较重视，甚至因病情严重而产生焦虑情绪。慢性扁桃体炎患者易对可能发生的并发症或可能进行的扁桃体切除术产生焦虑、恐惧心理。

【护理问题】

1. 急性疼痛　与扁桃体的急性化脓性炎症有关。

2. 体温过高　与急性化脓性扁桃体炎引起的全身反应有关。

3. 焦虑　与急性扁桃体炎反复发作、并发症及对扁桃体切除术的担心有关。

4. 潜在并发症　扁桃体周围脓肿、急性中耳炎、急性心内膜炎、关节炎、风湿热等

5. 知识缺乏　患者缺乏对扁桃体炎防治的知识。

【护理措施】

一、一般护理

急性扁桃体炎因有一定的传染性，最好能隔离治疗或嘱患者戴口罩。注意休息，加强营养，多饮水，进食清淡易消化、营养丰富的流质或半流质饮食。

二、治疗配合

1. 急性扁桃体炎

（1）解热镇痛，对症治疗　高热者给予物理或药物降温，疼痛剧烈者可给予镇

痛剂。

（2）遵医嘱全身给予足量有效抗生素，此为主要治疗措施，首选青霉素。

（3）选用呋喃西林溶液或3%复方硼酸溶液漱口，每日4～5次，也可用含片含化。

（4）急性卡他性扁桃体炎应遵医嘱选用抗病毒药物治疗

（5）反复发作较为频繁或出现并发症者，可在急性炎症消退1个月后行扁桃体切除术。

2. 慢性扁桃体炎

（1）保守疗法　遵医嘱注射有脱敏作用的细菌制剂（如用链球菌变应原和疫苗进行脱敏）以及各种免疫增强剂，如注射胎盘球蛋白、转移因子等。冲洗或吸引扁桃体隐窝，清除隐窝内积存物，减少细菌繁殖的机会。

（2）手术疗法　即施行扁桃体切除术（图6－19，图6－20），是治疗慢性扁桃体炎的主要方法。

术前护理：①做好心理护理，向患者解释手术的目的、必要性、过程及配合的注意事项，以减轻患者紧张心理，消除顾虑，并能主动配合。②协助医生进行必要的术前检查，详细了解患者病史，注意有无手术禁忌证。③术前3天用含漱剂漱口，若患者为病灶性扁桃体炎，术前应用抗生素治疗3天。④遵医嘱术前用药，术前半小时肌注阿托品和苯巴比妥钠，术前6小时禁食禁饮。

术后护理：①保持正确的体位　全麻未清醒者，取侧俯卧位，头偏向一侧，局麻及全麻清醒后取半坐卧位。②密切观察出血情况　嘱患者将口中的分泌物及出血轻轻吐出，切勿咽下。术后当天唾液中含有血丝为正常现象，若患者口吐鲜血或全麻未清醒患者出现频繁吞咽动作，提示有活动性出血，应立即报告医生处理。③术后遵医嘱全身使用止血药物和抗生素。④饮食护理　局麻术后4小时或全麻清醒后吞咽动作恢复、且无活动性出血者，可进冷流质饮食；术后第二天创面白膜生长完整者可进半流质饮食，但不宜过热；1周后可进软食，10天内忌粗、硬、过热食物，以免损伤创面继发出血。⑤术后伤口疼痛可用冰袋冷敷颈部或针刺止痛，避免使用水杨酸类药物止痛。⑥术后当天，嘱患者安静休息，少语，咳嗽要轻，以免加重伤口出血。⑦术后次日开始漱口，并鼓励患者多说话，多做张口伸舌动作。⑧观察创面白膜生长情况　术后6小时创面即有白膜生长，24小时后白膜完全覆盖扁桃体窝，7～10天开始脱落。若白膜生长不完全、或污秽、口臭重，提示创面感染。

三、心理护理

主动关心患者，为患者及家属介绍疾病的特点和防治知识，为患者创造舒适的休息环境，减轻患者焦虑，取得治疗的配合。需手术的患者，还应做好术前的心理辅导，以减轻患者紧张心理。

四、病情观察

对急性扁桃体炎患者，应注意观察体温和咽痛的变化，如治疗数日后体温再度升高，伴有一侧咽痛加剧、吞咽困难、言语不清等，提示并发扁桃体周围脓肿；如出现鼻塞、流脓涕、耳痛、耳鸣、听力下降、关节疼痛、胸闷、心悸等现象，提示出现其他邻近组织或全身性并发症，应及时告知医生处理。对扁桃体切除术患者，应密切观察出血、体温、创面白膜和咽痛情况，如体温升高，咽痛加剧、白膜污秽，均提示创面感染。

【健康指导】

（1）饮食宜清淡，避免辛辣刺激性食物，戒除烟酒。进食前后需漱口，保持口腔清洁。

（2）告知患者手术一周后有白膜从口中脱出属正常现象，勿需惊慌。

（3）注意休息和适当的锻炼，劳逸结合，提高机体抵抗力，避免上呼吸道急性感染等。

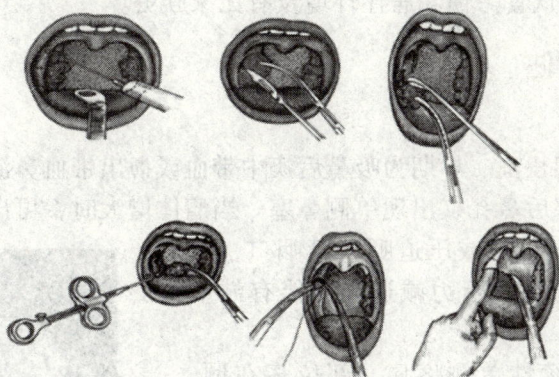

图 6-19 扁桃体剥离法示意图

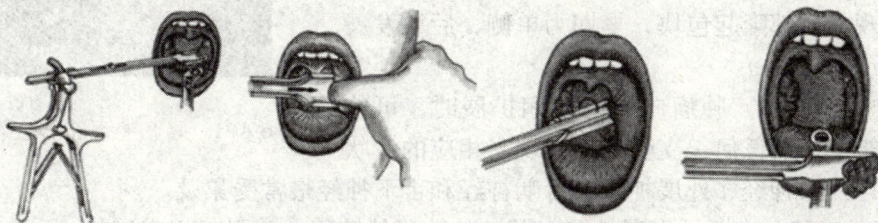

图 6-20 扁桃体挤切法示意图

鼻咽癌

案例 患者男，42 岁，因回吸性涕中带血 3 个月入院，间接鼻咽镜检查发现：右侧鼻咽部隆起，咽隐窝消失。鼻咽部 CT 示：右侧鼻咽部隆起，咽隐窝消失，咽旁间隙消失。初步诊断为鼻咽癌。经完善相关检查，行鼻咽部肿物取活检术。病理结果确诊鼻咽癌。患者得知自己病情后极度悲观欲放弃治疗。

思考：

1. 患者目前最应该给予的护理措施是？

2. 列出该患者的护理问题。

鼻咽癌（carcinoma of nasopharynx）为我国常见恶性肿瘤之一，恶性程度较高。本病好发于鼻咽顶后壁及咽隐窝，对象多为 40~50 岁的中年男性。以广东、广西、湖南、福建、江西等地发病率最高,居世界之首。在我国头颈部恶性肿瘤中,鼻咽癌发病率占首位。鼻咽癌的发生主要与三个方面因素有关,即:遗传因素、EB 病毒感染和环境因素。

治疗原则:早发现、早诊断、早治疗,以放射治疗为主,辅以化疗或手术。早期病例放疗后 5 年生存率可达 60% ~80%。

【护理评估】

一、健康史

询问患者的籍贯、饮食习惯、居住环境及有无家族史。

二、身体状况评估

(一)症状与体征

1. 后吸涕带血和鼻出血　早期为吸鼻后痰中带血或擤出带血鼻涕。晚期可大出血。

2. 鼻塞　肿瘤阻塞后鼻孔,出现单侧鼻塞。当瘤体增大时,可出现双侧鼻塞。

3. 耳部症状　肿瘤阻塞或压迫咽鼓管咽口,可引起患侧耳鸣、耳闷塞感及听力减退,常伴有鼓室积液。

4. 头痛　多为持续性单侧疼痛,部位多在颞、顶部。

5. 颈淋巴结肿大　鼻咽癌早期即可向颈淋巴结转移,表现为颈部隆起包块,早期为单侧,后可发展为双侧。(图 6 – 21)

6. 脑神经症状　肿瘤向周围浸润扩展时,可使十二对脑神经中的任何一支受压而表现出相应的症状和体征,以三叉神经、外展神经、舌咽神经和舌下神经最常受累及。

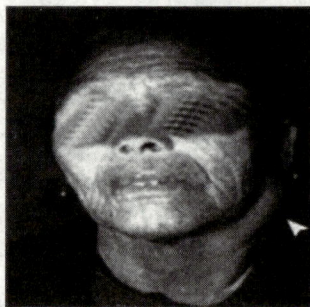

图 6 – 21　鼻咽癌颈部淋巴结肿大

7. 远处转移　晚期可出现骨骼、肝、肺等远处转移,并引起相应症状。

(二)辅助检查

1. 鼻咽镜检查　可早期发现癌肿原发部位,肿瘤多呈菜花状、结节状或溃疡状,触之易出血。

2. 细胞学检查　鼻咽病变处分泌物做涂片检查,可发现脱落的癌细胞。

3. 影像学检查　摄颅底 X 线平片或 CT 扫描检查,可了解肿瘤大小、范围、颅底破坏及颈淋巴结转移等情况。

4. EB 病毒抗体测定　患者血清中 EB 病毒抗原 – 免疫球蛋白 A 抗体测定已成为鼻咽癌诊断、普查和随访监视的重要手段。

5. 病理学检查　为目前诊断鼻咽癌最确切的依据。如脱落细胞学涂片检查、原发灶或颈部转移淋巴的穿刺抽吸活检等。一次活检阴性不能否定鼻咽癌的存在。少许病例需多次活检才能明确诊断。

三、心理、社会状况

由于鼻咽癌所在部位深而隐蔽,且症状复杂,早期漏诊、误诊率极高,一旦诊断明确，疾病多已至晚期，多数患者常有不同程度的恐惧和绝望心理。少数患者需反复多次的活检，不仅对患者造成极大的痛苦，而且迟迟不能明确诊断，从而给患者增加很大的精神压力。

【护理问题】

1. 出血倾向　与肿瘤侵犯血管有关。

2. 疼痛　与肿瘤破坏颅底骨质及侵犯脑神经有关。

3. 焦虑和恐惧　与担心鼻咽癌治疗预后有关。

4. 自我形象紊乱　与颈部包块、复视、上睑下垂等有关。

5. 知识缺乏　缺乏有关鼻咽癌的防治知识。

【护理措施】

一、一般护理

注意休息，给予高营养、易消化的软质饮食，不能进食者可予以鼻饲或静脉营养。

二、治疗配合

（1）放射治疗为鼻咽癌的首选治疗手段，可视情况辅以化疗或手术。注意观察放疗或化疗的不良反应并及时予以处理。

（2）对症处理，大出血者应给予止血剂或施行鼻腔填塞、或血管结扎等措施，失血严重者需做好输血准备；头痛严重者可应用止痛剂。

三、病情观察

注意观察患者鼻塞、耳部症状和头痛有无改善或加重、有无大出血、有无脑神经受累及的表现，密切观察放疗或化疗的不良反应，如发现异常，应及时报告医生。

四、心理护理

关心体贴患者，建立良好的护患关系；引导患者说出心里感受及恐惧的原因，并积极进行疏导；鼓励患者采用合适的方法转移注意力，分散恐惧，如下棋、打牌、听音乐等，以免产生悲观、厌世情绪；向患者讲解病情的治疗进展，增强治疗的信心。

【健康指导】

（1）对患者做好宣传教育，使患者了解鼻咽癌的有关知识，增强其战胜疾病的信心，保持定期随访。

（2）通过各种途径普及医疗、护理常识，如鼻咽癌高发区的中年男性出现不明原因的回吸性血涕、耳聋、耳鸣、颈部肿块等症状之一者，应及时到耳鼻喉科就诊。

（3）改善营养，增强机体免疫力和抵抗力。戒除不良生活习惯，预防肿瘤的发生。

（4）有家族遗传史者，应定期进行鼻咽癌的筛查。

阻塞性睡眠呼吸暂停低通气综合征

案例　患者，男，45岁，体重83公斤，10年前开始睡眠打鼾，近年逐渐加重，同时出现睡眠中呼吸暂停现象。夜间睡眠质量差，晨起头昏、倦怠，经常出现与人交流时不自觉入睡，记忆力减退。检查双侧扁桃体肿大，间接喉镜检查因咽腔狭窄致鼻咽部观察困难，双侧下鼻甲肥大，鼻中隔向左侧偏曲。多导睡眠仪示：睡眠中发生呼吸暂停每小时＞6次。以阻塞性睡眠呼吸暂停低通气综合征收治入院。

　　1. 列出患者的护理问题。

　　2. 对该患者可进行哪些护理措施及健康指导。

　　阻塞性睡眠呼吸暂停低通气综合征（obstructive sleep apnea – hypaponea syndrome，OSAHS）是一种睡眠障碍性疾病，指患者在 7 小时的夜间睡眠时间内，经口或鼻的呼吸气流发生中断 30 次以上，成人每次气流中断时间至少 10 秒以上，儿童 20 秒以上，或呼吸暂停指数（apnea index，AI，即每小时呼吸暂停的平均次数）大于 5。好发于肥胖男性，以睡眠中打鼾和憋气频繁交替出现为主要表现，可诱发多种心脑血管疾病，甚至猝死。

　　致病因素较多，但机制尚未明确，主要与下述 3 方面有关：

　　1. 上呼吸道任何解剖部位的狭窄或阻塞　　如鼻甲肥大、鼻息肉、腺样体肥大、扁桃体肥大、鼻及鼻咽部肿瘤、悬雍垂过长或肥大、巨舌症等。

　　2. 上呼吸道扩张肌肌张力异常　　如颏舌肌、咽侧壁肌肉和软腭肌肉张力异常。

　　3. 呼吸中枢调节功能异常　　见于呼吸中枢受损及颅脑损伤、颅内肿瘤等。

　　某些全身性因素或疾病可通过上述 3 方面而诱发或加重本病，如肥胖、甲状腺功能低下及老年人组织松弛、肌张力减退等。

　　治疗原则：在查明病因、明确诊断的基础上，选择针对性较强的个体化综合治疗。

　　【护理评估】

一、健康史

　　评估患者的年龄、体型、生活习惯及有无上呼吸道疾病等。

二、身体状况评估

（一）症状与体征

　　1. 睡眠打鼾　　为高音调鼾声，声响超过 60dB，可严重影响同室他人的睡眠。

　　2. 憋气　　即呼吸暂停，患者睡眠时频繁发生，每次持续 10 秒以上。张口呼吸，常做恶梦并被惊醒。憋气时用力呼吸、胸腹部隆起、肢体不自主骚动、挣扎，甚至突然坐起或站立。早期憋气常发生于仰卧位睡眠姿势，改为侧卧位时减轻或消失。

　　3. 白天嗜睡　　白天症状有晨间头痛，常感困倦，容易疲劳，过度嗜睡（在安静的环境中很容易入睡，甚至在与他人交谈时不自觉入睡），记忆力减退，注意力不集中等。

　　4. 其他　　70% 的患者为肥胖体型，少数患者可有夜间遗尿、性功能障碍等，甚至性格乖僻，情绪紊乱，行为怪异。

（二）并发症

　　高血压、心律失常、室性早搏、猝死、心肌梗死、心肺衰竭等。

（三）辅助检查

　　（1）应用声级计和频谱仪对鼾声作客观的声学监测，以助于治疗前后的对比。

（2）用纤维喉镜、鼻内镜等器械检查有助于明确患者的病变性质、原因及部位。

（3）影像学检查做头颅 X 线、CT 扫描或 MRI 检查，可进一步明确上呼吸道阻塞的部位。

（4）多导睡眠描记仪　是目前评估睡眠相关疾病的重要方法。可对 OSAHS 患者进行整夜连续的睡眠观察和监测，包括脑电图、心电图、眼电图、肌电图、口腔气流测定、鼻腔气流测定、动脉血氧饱和度等多项复合检查。

三、心理社会状况

患者及家属往往忽视 OSAHS 的危害，直到引起严重并发症才会重视，患者及家属因缺乏相关的基本知识担心其预后从而易产生焦虑、恐惧心理。

知识链接

睡眠是世界上最值得享受而又不需花钱去买的一种东西。在人的一生中至少有 1/3 的时间是在睡眠中度过的，睡眠的质量直接影响着健康。调查数据显示，全球成人约有 30% 的人出现睡眠障碍，所以，国际精神卫生组织将每年的 3 月 21 日定为"世界睡眠日"。

【护理问题】

1. **睡眠形态紊乱**　打鼾、憋气，与上呼吸道阻塞性病变有关。
2. **社交孤立**　与鼾声干扰他人休息及性格改变有关。
3. **潜在并发症**　高血压、心律失常、猝死、心肌梗死、心肺衰竭等。
4. **低效性呼吸形态**　与上呼吸道阻塞或狭窄有关。
5. **知识缺乏**　缺乏本病的基本知识。

【护理措施】

一、一般护理

（1）建议患者调整睡眠姿势，尽量采用侧卧位。

（2）制定合理的膳食计划，肥胖患者应控制饮食，增加锻炼，减轻体重。

（3）避免睡前过度疲劳、饮酒及服用安眠药，以免降低中枢兴奋性，加重呼吸暂停。

二、治疗配合

（1）鼻塞患者睡前可用减充血剂如 1% 麻黄碱生理盐水滴鼻，以降低吸气时鼻腔的阻力。

（2）睡前可安放舌保护器于口中，以牵引舌体向前、增加咽腔前后径距离，从而减轻上呼吸道阻塞症状。

（3）鼻腔持续正压通气是目前应用较为广泛的治疗方法，通过密闭的面罩将空气正压经鼻腔送入气道，具有良好治疗效果，可以迅速改善低氧血症和肺动脉高压。增加持续正压通气的压力、会使血氧饱和度产生明显增加，故应在密切观察血氧饱和度的情况下进行调节。空气流速应调至 100L/min，压力维持在 5～15cmH$_2$O（0.49～1.47kPa）之间。

（4）手术护理　保守治疗无效者，若病因明确，原则上应以手术去除病因为主。协助医生做好相应手术的围手术期护理。

三、病情观察

睡前和晨起前测量血压，尽量在手术前将血压控制在正常范围；密切观察患者睡眠中呼吸暂停情况，尤其凌晨 4～8 点要加强巡视。如患者憋气时间过长，应将其唤醒。对严重患者，应做好急救准备。

四、心理护理

给予患者安慰和疏导，耐心解释病情及防治方法，消除患者对手术的紧张和对预后效果的担忧。指导家属对患者多予以关心、鼓励和支持，使坚定治疗信心。

【健康指导】

（1）加强宣传教育，使患者及家属了解 OSAHS 的主要表现和危害性，做到早发现、早治疗，及预防并发症的发生。

（2）指导患者进行体育锻炼，制定合理的膳食结构和减肥计划，戒除烟、酒。

（3）指导正确的睡眠习惯，尽可能采用侧卧位或半坐卧位，睡前避免过度疲劳、饱食、饮酒等，不使用镇静安眠类药物。

（4）积极治疗鼻和咽部的阻塞性疾病、心血管等全身性疾病。

（5）建议患者不宜从事驾驶、高空作业等有潜在危险的工作，以免发生意外。

（6）定期随访，监测心脏功能、血压等，防止并发症。

练习题

一、A1 型题

1. 不属于鼻咽癌早期表现的是
   - A. 头痛
   - B. 耳鸣耳闷
   - C. 颈部肿块
   - D. 回吸性血涕
   - E. 嗅觉障碍

2. 扁桃体切除术后护理不正确的是
   - A. 局麻者术后 4 小时如无出血，可进冷流质饮食
   - B. 注意观察出血情况
   - C. 嘱患者术后当天不能漱口
   - D. 伤口疼痛可用水杨酸类药物止痛
   - E. 术后唾液中少许血丝无需处理

3. 患者有咽异物感，检查咽黏膜呈暗红色，咽后壁淋巴滤泡增生。不必要的护理是
   - A. 指导患者漱口
   - B. 嘱戒除辛辣刺激性食物
   - C. 应用抗生素控制感染
   - D. 激光烧灼
   - E. 积极治疗邻近组织慢性炎症

4. 急性化脓性扁桃体炎护理正确的是

    A. 含漱剂漱口

    B. 遵医嘱全身应用抗生素为最主要的护理措施

    C. 对症护理

    D. 最好隔离治疗

    E. 以上均是

5. OSAHS 患者睡眠姿势应取

    A. 头低脚高位   B. 平卧位

    C. 侧卧位   D. 半卧位

    E. 俯卧位

二、A2 型题

6. 患者，女，12 岁，因咽部疼痛反复发作 2 年伴膝关节酸疼 3 天入院。患者自述咽疼间歇期口腔有异味，伴刺激性咳嗽。查体：T 37℃，P 88 次/分，R 20 次/分，BP 110/70mmHg，患者呈慢性病容双侧扁桃体Ⅱ°肿大，双颌下淋巴结可触及，双膝关节叩击疼，完善相关检查后，行扁桃体切除术。对该患者进行术后护理错误的是

    A. 嘱患者术后当日少语，次日开始鼓励患者多说话

    B. 如术后创面白膜颜色发暗，尚属正常，应继续观察，注意其变化

    C. 若出现体温升高、咽部剧痛，提示创面感染，需及时报告医生处理

    D. 嘱患者术后口中分泌物应尽量吐出，切勿咽下

    E. 嘱患者术后 2 周内要注意饮食，避免进食粗糙、质硬、带壳、带刺的食物

三、A3 型题

患者男，42 岁，因睡眠时打鼾及频现呼吸暂停 10 余年入院。患者自述夜间睡眠质量差，白天精神不振，易瞌睡。查体：体型肥胖，慢性病容，双侧扁桃体Ⅱ度肿大，间接喉镜检查鼻咽部看不清楚，双下鼻甲肥大，鼻中隔向右偏。

7. 该患者目前最需警惕的护理问题是

    A. 睡眠形态紊乱   B. 社交孤立

    C. 低效性呼吸型态   D. 焦虑

    E. 有发生猝死的危险

8. 该患者的护理措施不包括

    A. 制定合理的膳食计划，加强锻炼，减轻体重

    B. 睡眠时给予鼻腔持续正压通气

    C. 睡前可用适量安眠药物，以改善睡眠质量

    D. 睡前可安放舌保护器于口中

    E. 加强夜间巡视，尤其是凌晨

第四节　喉科患者的护理

急性会厌炎

案例　患者，男性，46 岁，因咽痛 1 天，加重伴呼吸困难 2 小时就诊。查体：T：38.7℃，P：116 次/分，R：42 次/分，闻及喉喘鸣，可见吸气性之凹征，间接喉镜检查见会厌充血肿胀。请问作为接诊护士应该采集患者的哪些病史资料？列出该患者的护理

问题。应该给予该患者哪些护理措施？

急性会厌炎（acute epiglottitis）是发生在会厌舌面黏膜的急性炎症，又称急性声门上喉炎，为耳鼻咽喉科常见急重症。具有起病急、进展快，会厌显著水肿和脓肿形成，易引起喉阻塞甚至窒息死亡等特点。以冬、春季节多见，好发于成人。细菌感染为最常见病因，变态反应、外伤、吸入刺激性有害气体、放射线损伤及邻近器官的急性炎症也可引起本病。

治疗原则：迅速控制感染，减轻会厌水肿，改善呼吸困难。脓肿形成后切开排脓，喉阻塞严重者，必要时可行气管切开术。

【护理评估】

一、健康史

询问患者近期有无急性上呼吸道感染，如急性鼻炎、急性鼻窦炎、急性扁桃体炎、急性咽炎等病史，有无接触过敏源或食物及药物过敏史等。评估发病的时间、起病缓急、呼吸困难的程度、治疗经过及效果。

二、身体状况评估

（一）症状

起病急骤，进展迅速。畏寒、发热，体温多在38～39℃，伴有头痛、乏力、全身不适等。咽喉疼痛剧烈，吞咽时加重，可伴有吞咽困难。语音含混不清，但多无声嘶。可有不同程度的呼吸困难，重者甚至窒息死亡。

（二）体征

患者急性病容，严重者伴喉阻塞体征。咽部无明显异常，间接喉镜下见会厌舌面充血肿胀，严重者可呈球形（图6-22）（彩图65）。如已形成脓肿，则会厌舌面可见黄白色脓点。

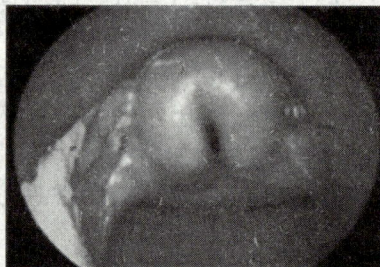

图6-22　急性会厌炎
彩图65

三、心理、社会状况

因起病急骤，症状突出，病情严重，患者和家属常有焦虑、担忧甚至恐惧心理。

【护理问题】

1. 急性疼痛　与会厌炎症引起充血肿胀有关。

2. 体温过高　与会厌感染引起炎症反应有关。

3. 有窒息的危险　与会厌高度肿胀阻塞呼吸道有关。

4. 吞咽障碍　与会厌显著充血肿胀及咽喉部剧烈疼痛有关。

5. 知识缺乏　缺乏对急性会厌炎危险性及防治知识的认识。

【护理措施】

（一）一般护理

嘱患者卧床休息，呼吸平稳采取自主体位，呼吸困难者予半卧位。保持室内空气流通，多喝水、少语、轻咳嗽。给予富营养、易消化、清淡温凉流质饮食。

（二）治疗配合

（1）遵医嘱全身应用足量有效抗生素和糖皮质激素为本病的主要护理措施。

（2）加强口腔护理，嘱患者用漱口液反复冲洗口腔，以进食后漱口为宜。

（3）对明显呼吸困难的患者给予吸氧，做好气管切开术前准备。已施行气管切开术者按气管切开术后常规护理。

（4）脓肿形成后，配合医生行脓肿切开术，并及时用吸引器吸出脓液，以防窒息。

（三）病情观察

（1）密切观察患者呼吸，注意有无喉阻塞情况发生；观察吸氧效果及口唇、甲床紫绀情况，监测血氧饱和度，并及时向医生汇报。

（2）注意观察患者体温变化，必要时采取物理降温或根据医嘱药物降温。

（3）准备抢救物品如气管切开包、吸痰器。

（四）心理护理

对患者及家属解释疾病的发生发展及防治措施，使患者树立信心。需行气管切开术者，向患者讲明手术目的、方式及效果，解释术中、术后可能出现的问题、注意事项及采取的应对措施，减轻患者的思想顾虑，使其积极配合治疗。

【健康指导】

向患者宣传此病的危害及预防措施。治愈后，加强锻炼，增强体质，积极预防呼吸道感染及喉外伤，避免接触过敏源。如发生剧烈咽喉疼痛、呼吸困难应及时就诊。

急性喉炎

案例 患儿，女，3岁。因发热，咳嗽，声嘶2天，加重伴呼吸困难半天入院。查体：T＝39.3℃，P＝155次/分，R＝40次/分，患儿2日前受凉后出现发热、犬吠样咳嗽及声音嘶哑，家长给予"感冒治疗"后，效果欠佳，近半日来上述症状加重且出现呼吸困难、烦躁不安。请问作为当班护士应该采集患者的哪些病史资料？该患者的护理问题？应该给予患者哪些护理措施？

急性喉炎（acute laryngitis）为喉黏膜的急性卡他性炎症，好发于冬春季节，是声音嘶哑的最常见原因。常继发于上呼吸道感染，也可单纯为喉腔的感染，多为病毒感染基础上继发细菌感染。用声不当、过度用嗓、剧烈咳嗽及烟酒过度也可引起急性喉炎。小儿患者多见于6个月至3岁的婴幼儿，病情较成人严重，多有呼吸困难，易致喉阻塞而危及生命。

治疗原则：以声带休息和控制感染为主。呼吸困难严重者，必要时可行气管切开术。

知识链接

小儿急性喉炎易致喉阻塞的原因：①小儿喉腔较小，黏膜肿胀易致声门裂阻塞；②喉软骨柔软，黏膜与黏膜下层附着不紧密，发生炎症时肿胀较显著；③喉黏膜下淋巴组织及腺体组织丰富，容易发生黏膜下浸润而使喉腔变窄；④小儿咳嗽功能较差，气管及喉部分泌物不易咳出；⑤小儿对感染的抵抗力及免疫力不如成人，炎症反应较重；⑥小儿神经系统较不稳定，容易发生喉痉挛，喉痉挛又促使充血加剧，使喉腔更加狭小。

【护理评估】

一、健康史

询问患者职业、近期有无上呼吸道感染史、有无用声不当或烟酒过度、发病的时间、治疗经过及效果，评估起病缓急，呼吸困难的程度等。

二、身体状况评估

（一）症状

（1）小儿多有畏寒、发热、全身不适症状，成人全身症状较轻

（2）声音嘶哑，讲话费力，重者可完全失音。声音嘶哑是急性喉炎的主要症状，以成人更为显著，小儿较轻。

（3）喉部干燥不适、灼热、异物感，可有轻微喉痛，于发声时加重。

（4）咳嗽　早期干咳无痰，晚期则有稠厚痰液，常不易咳出，粘附于声带表面可加重声音嘶哑。小儿表现为阵发性犬吠样咳嗽，呈"空""空"样。

（5）吸气性呼吸困难　多见于小儿患者，且呼吸困难及咳嗽常于夜间突然加重。可出现三凹征或四凹征，重者面色苍白、口唇发绀、烦躁不安、甚至窒息死亡。

（二）体征

间接喉镜检查见喉黏膜弥漫性充血、肿胀，双侧对称，以声带及杓会厌襞最为显著。声带边缘圆钝成梭形，声门闭合不全（图6-23）（彩图66）。小儿可见声门下区呈梭形肿胀。

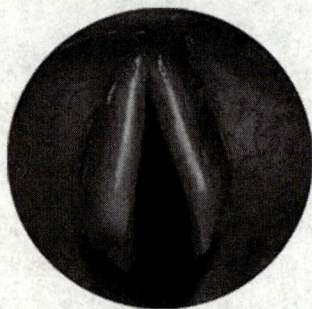

图6-23　急性喉炎
彩图66

三、心理、社会状况

因起病急骤，儿童患者有呼吸困难，且有窒息的危险，患者和家属就诊时常有紧张甚至恐惧。成人患者因声音嘶哑或失音，影响言语表达，患者易产生焦虑不安心理。

【护理问题】

1. 体温过高　与喉部感染有关。

2. 舒适度改变　喉痛、异物感、干燥不适，与疾病症状有关。

3. 有窒息的危险　与小儿发生喉阻塞有关。

4. 语言沟通障碍　与喉部炎症引起的声音嘶哑甚至失音有关。

5. 知识缺乏　缺乏对急性喉炎的了解和防治知识。

【护理措施】

（一）一般护理

嘱患者减少活动，注意声带休息，重者禁声。对患儿应避免哭闹，以免诱发或加重呼吸困难。戒除烟酒及辛辣刺激性食物。

（二）治疗配合

（1）遵医嘱全身应用足量抗生素和糖皮质激素，小儿应静脉给药，并给予对症支持

治疗。

（2）遵医嘱给予超声雾化吸入或喉片含化。

（3）有呼吸困难的患儿应给予持续低流量吸氧，严重者应做好气管切开的准备。

（三）病情观察

有呼吸困难者应密切观察呼吸变化及面色、唇色、肤色、意识状态等情况。监测血氧饱和度，并及时向医生汇报。加强对小儿患者的夜间巡视。

（四）心理护理

对成人患者应做好解释工作，消除患者对声音嘶哑或失音的顾虑。小儿患者因病情严重，患者家属感到恐惧紧张，应与患儿家长进行耐心细致的沟通与交流，讲解与疾病有关的知识和护理措施，以减轻其思想负担，并能取得家长的配合与支持。

【健康指导】

（1）嘱患者积极配合治疗，愈后应改善用声方式，避免用声不当或过度用嗓。

（2）加强健康宣传，发生上呼吸道感染时要及时就医，尤其是小儿出现高热、声嘶、咳嗽和喉痛时，应及时就治，以免发生严重的呼吸困难。

（3）加强身体锻炼，增强体质，预防上呼吸道感染。戒除烟酒及辛辣刺激饮食。

喉阻塞患者的护理

喉阻塞（laryngeal obstruction）是因喉部或其相邻组织病变，使喉部通道发生狭窄或阻塞引起的以吸气性呼吸困难为主的症候群，亦称喉梗阻。如不积极治疗，严重者可引起窒息死亡。

引起喉阻塞的病因：

1. 炎症 如急性会厌炎、小儿急性喉炎、咽后脓肿、口底蜂窝组织炎等。

2. 喉外伤 包括喉外和喉内部的外伤，如喉部挤压伤、切割伤、挫伤、烧灼伤等。

3. 喉水肿 药物过敏性反应、喉血管神经性水肿、气管插管后损伤等可使喉黏膜水肿。

4. 喉异物 如患者进食误咽食物或呛咳等引起喉腔异物存留。

5. 喉肿瘤 喉癌、喉乳突状瘤、甲状腺肿瘤等都可阻塞气道引起喉阻塞。

6. 发育畸形 如先天性喉喘鸣、巨大喉蹼、喉软骨畸形等。

7. 双侧声带麻痹 如各种手术造成喉返神经损伤引起声带麻痹。

治疗原则：迅速解除呼吸困难，根据引起喉阻塞的原因、呼吸困难程度和全身情况，采取病因治疗或气管切开术。

【护理评估】

一、健康史

评估近期健康状况，询问有无上呼吸道感染病史、有无喉部外伤、异物吸入、喉部肿瘤史，有无药物过敏、手术、气管插管病史，还要评估呼吸困难发生的时间、程度及病因。

二、身体状况评估

（一）症状与体征

1. 吸气性呼吸困难 为喉阻塞主要症状，表现为吸气时间延长，吸气费力、深而慢，但通气量不增加，呼气时呼吸困难不明显。

2. 吸气性喉喘鸣　吸气时气流不能顺利通过狭窄的声门裂而形成气流漩涡反击声带，使声带颤动所发出的一种尖锐而高调的声音。喉阻塞程度越严重，喘鸣声越大。

3. 吸气性软组织凹陷　用力吸气时气体不易进入肺内，导致胸腔内负压增高，使胸骨上窝、锁骨上窝以及肋间隙软组织向内凹陷，临床上称为"三凹征"，严重者还可导致胸骨剑突下软组织凹陷，称为"四凹征"。

4. 声嘶　若病变累及声带，则出现声音嘶哑，甚至失音。

5. 全身缺氧表现　根据喉阻塞程度，随呼吸困难时间延长，患者缺氧而出现面色苍白、口唇发绀、出冷汗、端坐呼吸、烦躁不安、不能入睡等，严重者脉搏细弱、心力衰竭、血压下降、大小便失禁，甚至昏迷、死亡。

（二）呼吸困难分度

根据喉阻塞症状和体征的严重程度、临床上常将喉源性呼吸困难分为四度：

1 度：安静时无呼吸困难，活动或哭闹时有轻度吸气性呼吸困难、轻度吸气性喉喘鸣和软组织凹陷，无缺氧表现。

2 度：安静时有轻度吸气性呼吸困难、吸气性喉喘鸣和吸气性软组织凹陷，活动时加重，但不影响睡眠和进食，无烦躁不安等缺氧症状，脉搏尚正常。

3 度：有明显吸气性呼吸困难，喉喘鸣声较响，三凹征显著，并出现缺氧症状，如烦躁不安，不易入睡，不愿进食，脉搏加快。

4 度：极度呼吸困难，患者坐卧不安、手足乱动，面色苍白、出冷汗，定向力丧失，心律不齐、脉搏细弱、血压下降，甚至昏迷、大小便失禁，若不及时抢救，可因心衰或窒息而死亡。

二、心理、社会状况

患者和家属多因呼吸困难威胁生命而感到非常恐惧，故能积极求医。但对气管切开手术缺乏认识，尤其是小儿、青少年和青年女性，因考虑到今后生长发育和美观而拒绝气管切开，容易造成延误手术时机，如病情加重，患者窒息的危险性增加。

【护理问题】

1. 恐惧　与患者呼吸困难，害怕窒息死亡有关。

2. 有窒息的危险　与喉阻塞或手术后套管阻塞或脱管有关。

3. 低效性呼吸形态　与吸气性呼吸困难有关。

4. 语言沟通障碍　与病变累及声带，导致声音嘶哑甚至失音有关。

5. 知识缺乏　缺乏喉阻塞的防治知识。

【护理措施】

（一）一般护理

保持室内安静和适宜的温度、湿度，取半卧位休息，减少活动量和活动范围，以免加重呼吸困难或发生意外。小儿应尽量避免因哭闹而加重呼吸困难。

（二）对症护理

（1）遵医嘱给予咽喉部急性炎症患者超声雾化吸入，以减轻喉部充血、水肿，改善呼吸。

（2）呼吸困难明显伴有缺氧表现者，给予持续低流量吸氧，做好气管切开术前准备

（3）遵医嘱给予相应患者解热、止痛、止咳护理，下呼吸道有分泌物潴留者应随时吸痰。

（4）已行气管切开术的患者，按气管切开术后常规护理

（三）不同程度喉源性呼吸困难的处理原则

根据病因及呼吸困难程度，选择病因治疗或气管切开术。对急性喉阻塞患者，应首先争分夺秒地解除喉阻塞后，再做进一步的检查，以免出现心力衰竭或窒息。

1. 一度呼吸困难　积极病因治疗

2. 二度呼吸困难　积极病因治疗，密切观察呼吸情况，做好气管切开术的准备。对喉肿瘤、喉外伤或双侧声带麻痹者可先行气管切开术，再行病因治疗。

3. 三度呼吸困难　应及时行气管切开术，以免发生心力衰竭或窒息而危及生命。但如能迅速减轻喉阻塞者，可先试行病因治疗，同时做好气管切开术前准备，若治疗无效再行气管切开术，如喉异物或咽喉部急性炎症患者。

4. 四度呼吸困难　立即行气管切开术，吸氧、吸痰、纠正心衰，待病情缓解后再行病因治疗。情况紧急时，可先行环甲膜切开术或穿刺术，再行气管切开术。

（三）病情观察

对1度和2度呼吸困难患者密切观察呼吸情况，如呼吸困难加重应及时通知医生；对3度呼吸困难患者应密切观察呼吸、脉搏、血氧饱和度、血压、神志、面色、口唇颜色等变化，并及时报告医生。

（四）心理护理

向患者解释呼吸困难产生的原因，治疗方法和疗效，使患者尽量放松，并树立信心。对喉阻塞严重的患者，护士应守护在床旁，随时观察病情变化，同时安慰患者，缓解紧张和恐惧。

气管切开术患者的护理

气管切开术（tracheotomy）是一种切开颈段气管前壁并插入气管套管（图6-24），使患者能直接经套管呼吸和排痰的急救手术。一般在3～4气管环处切开气管，避免切开第二环，以免损伤环状软骨而导致喉狭窄，亦不能低于第五环，防止发生大出血。

一、适应证

1. 喉阻塞且呼吸困难达到3、4度，及病因难以短期内消除的2度呼吸困难患者。

2. 下呼吸道分泌物阻塞，或呕吐物进入下呼吸道不能自行咳出者。

3. 某些手术的前期手术，如口腔、颌面部及喉部大手术前，为防手术所致喉水肿、喉腔通道狭窄及血液流入下呼吸道阻碍呼吸，而进行预防性气管切开术。

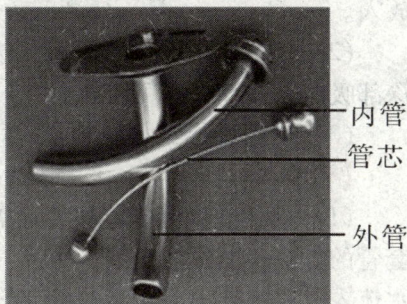

内管
管芯
外管

图6-24　气管套管图

二、气管切开术前护理

（1）床旁备好氧气、吸引器、吸痰管、床头灯、气管切开包、适宜型号的气管套管、抢救用品等。

（2）向患者说明手术的目的和必要性，术中可能出现不适以及如何配合，术后康复过程中需要注意的事项，解除患者和家属的紧张和恐惧心理。

（3）术前禁食、禁饮。遵医嘱给予术前用药，如情况允许可完善必要的术前检查。

三、气管切开术后护理

1. 取平卧或半卧位休息，鼓励患者有效的咳嗽、咳痰。予以富营养、易消化的流质或半流质饮食，并安排专人陪护

2. 保持适宜的室内温度和湿度，温度宜在 20~25℃，湿度在 60%~70% 以上。

3. 密切观察生命体征，尤其是呼吸情况，注意有无手术并发症发生。

4. 每日清洁、消毒切口，并保持切口部位干燥，被痰液浸渍的敷料应随时更换。

5. 保持呼吸道通畅　此为术后护理的关键

（1）定时清洁内套管，一般每 4~6 小时清洗、消毒套管内管 1 次。

（2）随时吸出呼吸道内分泌物，动作宜快速、轻柔、准确，边吸边转动着退出吸管，避免损伤气管壁，一次吸痰时间不超过 15 秒。凡呼吸时套管内传出响声，则表示套管内有黏稠不易咳出的分泌物。

（3）保持呼吸道湿润：可在气管套管口放置一双层生理盐水纱布；气管内分泌物黏稠者可用雾化吸入或蒸气吸入；定时通过气管套管滴入抗生素液体如 0.5% 新霉素溶液。

6. 预防脱管的护理

（1）嘱患者减少活动量，以卧床休息为主，且不宜过多变换体位，以免套管脱落

（2）经常检查系带松紧度和牢固性，告诉患者和家属不得随意揭开和调整系带。

7. 拔管及堵管的护理　病愈后可考虑拔管，拔管前要堵管 24~48 小时，如活动及睡眠时呼吸平稳、咳嗽有力、发音正常方可拔管。如堵管过程中出现呼吸困难，应立即拔出塞子。

8. 气管切开术后再次发生呼吸困难的原因及处理

（1）套管内管阻塞：如迅速拔出套管内管呼吸即可改善，说明内套管阻塞，清洁后放入。

（2）下呼吸道分泌物阻塞：拔出内套管后呼吸仍无改善，滴入抗生素药液，并进行深部吸痰后，呼吸即可缓解。

（3）套管脱出：如脱管，应立刻通知医生并协助重新插入套管。

【健康指导】

（1）对住院期间未能拔管而需戴管出院的患者，应教会患者和家属：拔出和放入内套管的方法；消毒内套管，更换气管垫的方法；气管内滴药的方法。嘱患者洗澡时防止水流入气道，外出时注意遮盖套管口，防止异物吸入。定期门诊随访，如发生气管外套管脱出或再次呼吸不畅，应立即到医院就诊。

（2）通过各种途径向公众大力宣传喉阻塞的原因和后果以及如何预防喉阻塞。

练习题

一、A1 型题

1. 急性会厌炎最严重的症状是
   A. 呼吸困难　　　　　　　B. 出血
   C. 高热　　　　　　　　　D. 咽痛
   E. 吞咽困难

2. 患者吸气性呼吸困难明显，喉鸣较响，三凹征显著，且烦躁不安、不易入睡、不愿进食、脉搏加快。该患者喉阻塞分度为
   A. 一度　　　　　　　　　B. 二度
   C. 三度　　　　　　　　　D. 四度
   E. 尚难以明确

3. 小儿急性喉炎护理错误的是
   A. 必要时可行气管切开术
   B. 超声雾化吸入
   C. 嘱安静休息，减少活动
   D. 尽早使用足量有效的抗生素，并联用糖皮质激素
   E. 尽量与患儿进行言语交流，以稳定其情绪，避免哭闹

4. 气管切开术后护理正确的是
   A. 应不定时清洁和消毒内套管
   B. 需定时吸出下呼吸道分泌物
   C. 可频繁向气管内滴入抗生素
   D. 嘱患者术后次日即可正常活动
   E. 即便病愈后也不能直接拔除插管

二、A2 型题

5. 患儿，2岁。咳嗽8天，近3天咳嗽加剧，呈空空样咳嗽伴声嘶，以夜间为甚。体检：体温38.5℃，咽红，下列诊断中应首先怀疑：
   A. 急性会厌炎　　　　　　B. 支气管炎
   C. 气管异物　　　　　　　D. 肺炎
   E. 急性喉炎

三、A3 型题

男性，46岁。因咽痛2天，加重伴呼吸困难2小时就诊。查体：闻及喉喘鸣，见吸气性三凹征，间接喉镜检查见会厌充血肿胀呈球形

6. 患者目前最需警惕的护理问题是
   A. 恐惧　　　　　　　　　B. 有窒息的危险
   C. 有感染的危险　　　　　D. 知识缺乏
   E. 潜在并发症

7. 护理该患者时应特别注意观察
   A. 体温　　　　　　　　　B. 心率
   C. 肤色　　　　　　　　　D. 呼吸
   E. 疼痛程度

第五节　气管、支气管及食管异物患者的护理

气管、支气管异物

案例　患儿，男，2 岁，在进食花生过程中哭闹，突发呛咳、喘憋 3 小时就诊。查体：T = 38.8℃，P = 124 次/分，R = 36 次/分，呼吸急促，口唇发绀，见吸气性三凹征，肺部听诊患儿右侧呼吸音减弱，闻及湿啰音。

1. 说出该患儿的护理问题。
2. 请对该患儿的家属进行健康指导。

气管、支气管异物（foreign bodies in the trachea and bronchi）指因误吸异物进入气管或支气管所致的的疾病。其临床表现取决于异物的性质和气道阻塞的程度，严重者可因窒息死亡。好发于 5 岁以下幼儿。是耳鼻咽喉科常见急诊之一。

引起气管、支气管异物的病因：

（1）婴幼儿牙齿发育不全，喉保护性反射功能不健全，进食时因嬉闹、哭笑、跌倒等，易将异物吸入气管及支气管，此为最常见原因。

（2）口含表面光滑、体小质轻异物玩耍，如花生、瓜子、豆类、塑料笔帽等，以及吸食润滑食物。

（3）不良的工作习惯，如习惯口含物品（针、钉、纽扣等）作业，也可落入气管。

（4）全麻或昏迷病人吞咽功能不全，如护理不当，可将呕吐物等吸入气道。

（5）鼻腔异物钳取不当，咽、喉滴药时注射针头脱落也可误入气管。

治疗原则：尽早取出异物，以保持呼吸道通畅，避免并发症的发生。

【护理评估】

一、健康史

询问有无异物吸入引起剧烈呛咳等病史，儿童有无进食花生、豆类等，有无将细小物品放入口中或鼻腔，评估有无呼吸困难及其程度。仔细了解发病过程、时间、异物的种类、大小，有无就诊及治疗过程。

二、身体状况评估

（一）症状与体征

1. 气管异物　异物经喉进入气管时，先引起剧烈呛咳、反射性喉痉挛、憋气、面色青紫等。随后异物进入气管，症状暂时缓解。如异物较轻而光滑，则随呼吸气流在气管内上下活动，引起阵发性咳嗽。在咳嗽及呼气末期异物被气流冲向声门下时，在颈部气管前听诊可闻及异物拍击声，触诊可有撞击感。

2. 支气管异物　好发于右侧支气管，早期症状与气管异物相似。异物进入支气管后

可引起咳嗽、痰多、喘鸣及发热等全身症状。如为一侧支气管异物，多无明显呼吸困难，听诊患侧呼吸音减弱或消失，叩诊时患侧呈过清音或浊音，可并发肺气肿或肺不张。双侧支气管异物可出现呼吸困难。如导致肺炎可闻及湿罗音。

（二）辅助检查

1. 支气管镜检查 是气管、支气管异物确定诊断的最可靠方法，可同时取出异物（图6-25）（彩图67）。

2. X线检查 可显示不透光的金属等异物，并可确定位置、大小及形状（图6-26）。

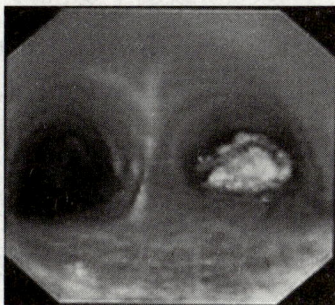

图6-25 支气管镜检查 彩图67

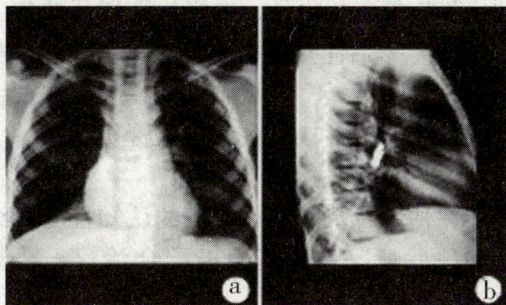

图6-26 右支气管异物X线影像

（三）并发症

气管、支气管异物阻塞气道并发感染，可引起肺炎、肺气肿、肺不张、气胸、纵隔或皮下气肿及心力衰竭等并发症。

三、心理、社会状况

因剧烈咳嗽及呼吸困难，患者和家属常情绪紧张和恐惧。由于多发生于幼儿，有时不能确定异物误吸史。因此应注意评估患者的年龄、情绪状态，家属的心情及对疾病的认知程度。

【护理问题】

1. 有窒息的危险 与异物阻塞有关。

2. 焦虑、恐惧 与呼吸困难及担心疾病预后有关。

3. 有感染的危险 如异物停留过久，刺激气道黏膜或阻塞远端肺叶的引流而继发感染。

4. 清理呼吸道无效 与异物停留，阻塞气管、支气管有关。

5. 知识缺乏 缺乏气管、支气管异物防治知识，对其危害性认识不足。

【护理措施】

（一）一般护理

嘱患者卧位或半卧位休息，减少活动量，避免异物移位导致窒息。禁食，在取出异物4小时后方可进食，全麻患者6小时后可进温流质或半流质饮食。

（二）治疗配合

1. 在内镜（直接喉镜或支气管镜） 下取出异物是唯一有效的治疗方法。如呼吸困难严重或取出异物失败者，应协助医生及时行气管切开术，并给予气管切开术后常规护理

2. 配合医生做好内镜术前准备　术前禁食，全麻病人需禁食禁饮 6 小时；遵医嘱术前用药；向患者及家属介绍手术必要性、可能发生的并发症及注意事项等，并签署手术同意书。

3. 用药　异物取出术后，遵医嘱使用抗生素和糖皮质激素，以控制感染，防止喉水肿；手术当天尽量卧床休息，少说话；小儿患者应避免哭闹，防止并发症。

（三）病情观察

（1）术前严密观察呼吸，持续监控血氧饱和度，必要时准备好气管切开包、吸引器、氧气等急救物品，做好气管切开准备。

（2）术后注意观察有无感染征象，如体温升高、痰量增多等，并及时报告医生。严密观察呼吸情况，监测血氧饱和度，如发生明显呼吸困难则提示喉水肿发生，根据医嘱使用糖皮质激素，严重者行气管切开术。

（四）心理护理

评估患者及家属对疾病的认知程度，给予安慰，并讲解疾病有关的危险性、治疗方法和预后情况，使其积极配合治疗。婴幼儿避免哭闹，未手术之前，避免任何不良刺激。

【健康指导】

（1）婴幼儿不进食花生、瓜子豆类等带壳食物。避免给能够进入口中或鼻孔的小玩具。

（2）小儿进食时要保持安静，不在进食时嬉戏、喊叫、哭闹、打骂。

（3）教育小儿改正口中含物的不良习惯，如已发现，婉言劝说，不能强行掏取。成人要改正口中含物的不良习惯。

（4）对昏迷、全麻及重症病人，应取下义齿及拔除松动牙齿，随时吸出口腔内分泌物，加强看护。

附　气管异物应急处理方法

1. 拍背法（图 6 - 27）　把患儿倒拎起来，头朝下，拍其背部，使患儿咳出异物。

2. 催吐法　用手指伸进口腔，刺激会厌催吐，适用于较靠近喉部的气管异物。

3. 海默来克手法（图 6 - 28）　救护者抱住患者腰部，用双手食指、中指、无名指顶压其上腹部，用力向后上方挤压，压后放松，重复而有节奏进行，以形成冲击气流，把异物冲出。此法为美国海默来克医师所发明，故称海默莱克手法。

图 6 - 27　拍背法

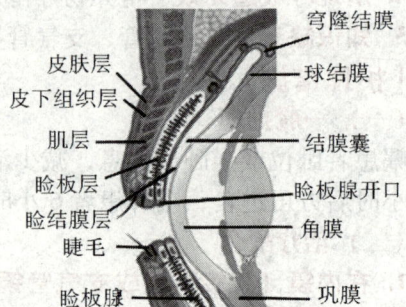

图 6 - 28　海默来克手法

食管异物

案例 患儿，男性，6岁。因误吞硬币后吞咽困难1天就诊。胸部正侧位片于第七颈椎平面可见圆形高密度影。请给予该患儿家属以健康指导；说出该患儿的护理问题。

食管异物（foreign bodies in esophagus）多见于老人及儿童，以食管狭窄处尤其是第一狭窄处多见。常见的异物有：鱼刺、鸡鸭骨、肉块、硬币、义齿、瓶盖等。食管异物的发生与年龄、生活饮食习惯、精神状态及食管疾病等诸多因素有关。引起食管异物的主要病因：

（1）儿童含物（硬币、瓶盖等）玩耍或成人含物（针、钉等）作业误吞引起，也有因嬉闹、轻生而吞入较大或带刺的物品引起。

（2）口中活动性义齿脱落误吞。

（3）进食时不慎吞入未及嚼烂的大团食物或带骨肉块，容易嵌顿于食管。

（4）食管痉挛或食管肿瘤等疾病导致食管狭窄，易发生异物阻留于食道。

治疗原则：尽早在食管镜下取出异物，防止并发症的发生。

【护理评估】

一、健康史

询问患者及家属有无将异物放入口中，成人有无义齿或自吞异物史，有无匆忙进食。仔细了解发病过程、时间、异物的种类、大小，有无自行处理，有无就诊及治疗过程。

二、身体状况评估

（一）症状与体征

常与异物的性质、大小、形状以及停留的部位和时间，有无继发感染等有关。

（1）吞咽疼痛：为食管异物的主要症状，表现为颈根部、胸骨后或背部疼痛。

（2）吞咽困难：可伴有流涎，严重时流质也难以咽下。

（3）呼吸困难：异物较大者，压迫气管，可出现呼吸困难，甚至有窒息的可能。

（二）辅助检查

1. 食管镜检查 是食管异物明确诊断的最可靠方法，同时可以取出异物（图6-29）（彩图68）。

2. X线检查 对金属等不透光的异物，胸透或拍片可确定异物是否存在、大小及形状（图6-30）。可透光的异物通过食管钡剂或吞服少许钡棉检查。

（三）并发症

异物较尖锐或嵌顿时间长，可引起食管穿孔或损伤性食管炎、食管周围脓肿、咽后壁脓肿、颈部皮下气肿或纵隔气肿、纵隔感染，甚至形成纵隔脓肿、大出血、气管食管瘘等。

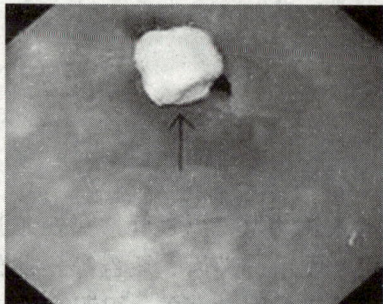

图6-29 食管异物（硬币） 彩图68

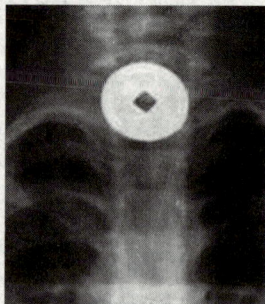

图6-30 食管镜检查

三、心理、社会状况

患者因吞咽疼痛、困难而情绪紧张和恐惧，家属也会非常紧张、担心，应注意评估患者的年龄、饮食习惯、情绪状态，家属的心情及对疾病的认知程度。

【护理问题】

1. 疼痛 与异物刺激食管黏膜有关。

2. 有感染的危险 与异物嵌顿时间长，引起继发感染有关。

3. 恐惧 与吞咽困难及担心疾病预后有关。

4. 潜在并发症 感染、食管穿孔、大出血等。

5. 知识缺乏 缺乏食管异物防治及其危害性的知识。

【护理措施】

（一）治疗配合

1. 术前护理 术前应再次询问病人，如吞咽疼痛、吞咽困难已消失，应再行食管X线检查，以确定异物有无自行滑入胃内。若食物吞入胃内，嘱患者禁服导泻药，观察大便3天，可照常进食。食管异物确诊后，嘱患者禁食禁饮6小时，及时协助医生做好术前准备，同时告知患者及家属禁食禁饮的重要性。

2. 术后护理 遵医嘱使用抗生素，以控制感染，并给予对症支持治疗。术后当天尽量卧床休息，继续执行禁食禁饮，若食管无损伤，全麻术后病人6小时可进温流质或半流质饮食；若有食管损伤等并发症，应鼻饲流质饮食。

（三）病情观察

观察各项生命体征，有无高热、局部疼痛是否加重及大量呕血等情况，并及时通知医生。

（四）心理护理

评估患者及家属的认知程度和情绪状态，讲解食管异物有关的危险性、治疗方法和预后情况，使其消除恐惧心理并积极配合治疗。

【健康指导】

（1）教育儿童不要将硬币及小玩具等含在口内玩耍，如经发现，婉言劝说，让其自行吐出，切忌不可恐吓或强行掏取。

（2）养成良好的进食习惯，进食时要细嚼慢咽，不可过于匆忙，不在进食时嬉戏、打闹。

（3）有义齿者进食要当心，避免进食粘性强的食物，有损坏时及时修复，睡前记得取下。对昏迷、全麻及重症的病人如有义齿，应取下义齿及拔除松动牙齿。

（4）成人要改正口中含物工作的不良习惯。

（5）误咽异物后，切忌企图用吞咽饭团、馒头等方法强行将异物推下，以免加重损伤，导致并发症，增加手术难度，应及时就医。

练习题

一、A1 型题

1. 异物最易嵌顿于食道
　　A. 第一狭窄 　　　　　　　　　B. 第二狭窄
　　C. 第三狭窄 　　　　　　　　　D. 第四狭窄
　　E. 食道中段

2. 下列哪项检查是气管、支气管异物确定诊断的最可靠方法，同时可取出异物。
　　A. X 线检查 　　　　　　　　　B. CT 检查
　　C. 支气管镜检查 　　　　　　　D. 纤维支气管镜检查
　　E. 直接喉镜检查

3. 食道异物疑有穿孔者，术后应给予
　　A. 多饮水 　　　　　　　　　　B. 流质饮食
　　C. 软食 　　　　　　　　　　　D. 半流质饮食
　　E. 鼻饲

二、A2 型题

4. 患者，男性，11 岁。因误吞硬币后吞咽困难 11 小时，胸部正侧位片：第七颈椎平面可见圆形高密度影，该患者术前护理正确的是
　　A. 禁食 　　　　　　　　　　　B. 流质饮食
　　C. 软食 　　　　　　　　　　　D. 半流质饮食
　　E. 鼻饲

三、A3 型题

患儿，男，3 岁。进食豆粒时突发呛咳，随即出现呼吸困难。就诊时患儿已面色发绀、躁动不安，脉搏细弱、节律不齐。

5. 护士应采取的紧急护理措施是
　　A. 立即给予吸氧 　　　　　　　B. 立即进行人工呼吸
　　C. 立即用吸痰器清理呼吸道 　　D. 立即做好协助医生行气管切开术的准备
　　E. 立即做好协助医生取异物的准备

6. 护士应告诉家长患儿何时开始禁饮禁食
　　A. 即刻 　　　　　　　　　　　B. 1 小时内
　　C. 4 小时后 　　　　　　　　　D. 12 小时后
　　E. 24 小时后

7. 护士为该患儿家长进行健康指导，错误的是
　　A. 养成良好进食习惯 　　　　　B. 教育儿童不要口内含物玩耍
　　C. 进食时不对孩子责备或打骂 　D. 2 岁以上儿童可吃花生米
　　E. 避免吸食果冻类食品

口腔颌面部应用解剖与生理

要点导航

1. 掌握口腔颌面部各部的解剖形态及生理特点。
2. 掌握牙齿的数目、名称、萌出时间计数方法以及牙周组织的组成及其功能。
3. 熟悉颌面部神经、血管的支配特点。
4. 熟悉口腔常见疾病的护理评估、治疗原则及眼科常见急诊的应急处理方法。
5. 了解颌面部各部位解剖与临床常见疾病发病、预后之间的关系。
6. 能够运用口腔颌面部相关解剖知识，归纳护理过程中应注意的问题，制定并实施相应的护理措施。
7. 进一步培养准确、严谨、细致的专科护理工作作风。

第一节　口腔的应用解剖及生理

一、口腔前庭

口腔前庭为位于唇、颊与牙列、牙龈及牙槽骨牙弓之间的蹄铁形的潜在腔隙。前庭沟黏膜下软组织松软，是口腔局部麻醉常用的穿刺及手术切口部位。

在口腔前庭各壁上，以下解剖标志具有较为重要的临床意义：

1. 口腔前庭沟　亦称唇颊龈沟。由唇、颊移行牙槽的黏膜穹隆部，统称前庭沟。

2. 唇系带　为在唇沟正中线上下中切牙间，由唇至牙龈的扇形带状黏膜皱襞，上唇系带较下唇系带明显。

3. 腮腺导管口　在两侧正对上颌第二磨牙牙冠的颊黏膜上，呈乳头状突起。其体表投影常位于耳垂至鼻翼与口角之间中点连线的中 1/3 段。

4. 翼下颌皱襞　为延伸于上颌结节后内方与磨牙后垫后方之间的黏膜皱襞。该皱襞是下牙槽神经阻滞麻醉的重要标志，也是翼下颌间隙及咽旁间隙口内切口的部位。

5. 颊垫尖　大张口时，平对上、下颌后牙面间颊黏膜上有一三角形隆起，称颊垫。其尖称颊垫尖，为下牙槽神经阻滞麻醉的重要标志。

二、固有口腔

固有口腔是口腔的主要部分，其上界为硬腭、软腭，下界舌及口底，前界和两侧界为上下牙弓，后界为咽门。

1. 上界　腭：由前2/3的硬腭及后1/3的软腭两部分组成。切牙乳头位为两中切牙间腭侧面有黏膜突起，是鼻腭神经阻滞麻醉的进针标志。在硬腭后缘前0.5cm，从腭中缝至第二磨牙腭侧缘的外中1/3交界处，左右各有一孔，即腭大孔，内有腭前神经、血管通过，为腭前神经阻滞麻醉的进针点。

2. 下界

（1）舌　是肌性器官，主要由横纹肌组成。分为舌体和舌根两部分。舌前2/3为舌体，活动度大，后1/3为舌根活动度小，舌腹黏膜正中有一黏膜皱襞与口底相连，称舌系带。

舌前2/3遍布乳头，分下列四种：刺状突起的丝状乳头，其数目最多，但体积甚小，遍布于整个舌体舌背，司一般感觉。菌状乳头呈罩状、大而圆、散布于丝状乳头间，数量稍少，感味觉。轮廓乳头，一般为8－12个，体积最大，排列于界沟前方，司味觉。叶状乳头位于舌根后两侧边缘，含味蕾，司味觉。舌的后体部感觉神经主要为舌神经，舌根部为舌咽神经。舌的运动为舌下神经所支配。舌的味觉神经为面神经的鼓索支，该支加入到舌神经，分布于舌背黏膜。

（2）口底　位于舌体和口底黏膜以下，下颌舌骨肌和舌骨肌之上，下颌骨体内侧与舌根之间的部分。位于舌系根部两侧各有一小孔为颌下腺导管的开口。由于口底组织比较疏松，因此在外伤、感染、血肿、水肿或脓肿时，口底易于肿胀可将舌体向上后方推挤，阻塞呼吸，导致呼吸困难或窒息。

第二节　牙及牙周组织的应用解剖与生理

牙体及牙周是口腔的重要组成部分，具有咀嚼、发音、维持面型等功能。

一、牙

1. 牙齿分类、名称、萌出的顺序及临床牙位记录法

人一生中先后要长两副天然牙齿，按萌出的时间可分为乳牙和恒牙。乳牙共20颗，恒牙28－32颗。

乳牙从婴儿出生后6－8个月开始萌出，约两岁左右乳牙全部萌出。具有一定的时间及顺序（表7－1）。儿童6岁左右，在第二乳牙的远中部位，萌出第一恒牙即第一磨牙。约6－7岁至12－13岁，乳牙逐渐被恒牙所替换，一般左右同名牙齿一般同时萌出；上下同名牙齿则下颌牙较早萌出；同名牙齿女性萌出的年龄早于男性。恒牙萌出顺序较乳牙萌出顺序略有不同（表7－2）。

在临床上常见乳牙尚未脱落，而恒牙已从乳牙舌侧萌出，形成乳恒牙重叠，此时应拔除滞留的乳牙，以免影响恒牙在正常位置萌出，但拔牙前需注意鉴别乳恒牙。

表7-1　乳牙萌出时间及顺序

牙名称与顺序	萌出时间（月）
乳中切牙	6-8
乳侧切牙	8-10
第一乳磨牙	12-16
乳尖牙	16-20
第二乳磨牙	24-30

表7-2　恒牙萌出时间及顺序

牙齿名称与萌出顺序	萌出时间（岁）	
	上颌	下颌
第一磨牙	5-7	5-7
中切牙	7-8	6-7
侧切牙	8-10	7-8
尖牙	11-13	10-12
第一前磨牙	10-12	10-12
第二前磨牙	11-13	11-13
第二磨牙	12-14	11-14
第三磨牙	17-26	17-26

　　临床上为了便于描述牙的部位及名称，每个牙均以一定的符号加以表示，常用的牙位记录方法有四种：部位记录法、palmer 记录系统、通用编号记录、国际牙科联合会系统。目前最为常用的为部位记录法：

　　以"+"符号将上下牙弓分为四区，符号的水平线用以区分上下；垂直线用以区分左右。或以 A B C D 分别代表各区，A 代表右上区，B 代表左上区，C 代表右下区，D 代表左下区。恒牙用阿拉伯数字 1、2、3、4、5、6、7、8 代表，乳牙用罗马数字 Ⅰ、Ⅱ、Ⅲ、Ⅳ、Ⅴ 代表，乳牙名称及代号见（图7-1），恒牙名称及代号见（图7-2），例如：右上第一磨牙记录为 $\frac{6}{}|$ 或 A6。

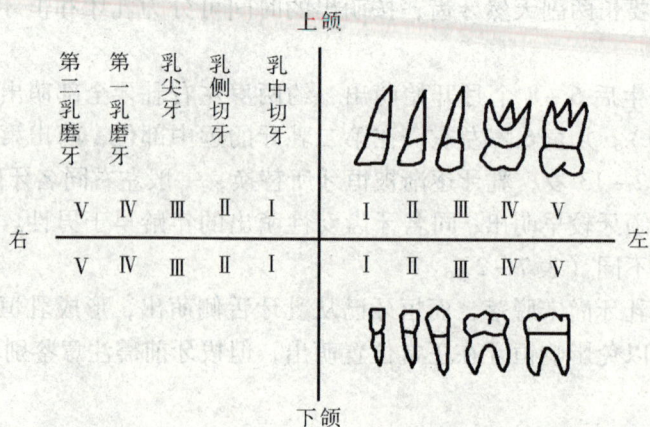

图7-1　乳牙的名称及代号

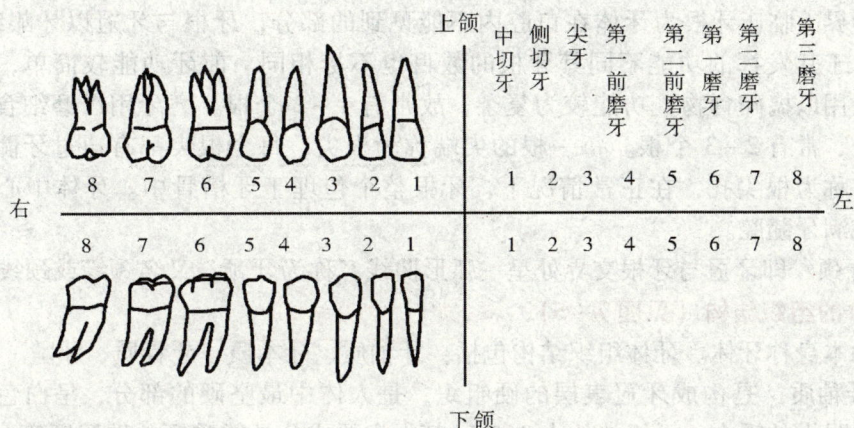

上颌	中切牙	侧切牙	尖牙	第一前磨牙	第二前磨牙	第一磨牙	第二磨牙	第三磨牙

右　8 7 6 5 4 3 2 1　｜　1 2 3 4 5 6 7 8　左

　　8 7 6 5 4 3 2 1　｜　1 2 3 4 5 6 7 8

下颌

图 7-2　恒牙的名称及代号

2. 牙的组成

从外部观察，每个牙均由牙冠、牙颈和牙根三部分组成（图 7-3）。

（1）牙冠　有解剖牙冠和临床牙冠之分。解剖牙冠为牙釉质覆盖的部分，牙冠与牙根以牙颈为界，而临床牙冠为牙体露于口腔的部分，牙冠与牙根以牙龈为界。牙冠是发挥咀嚼功能的主要部分，牙冠外形越简单其功能也较弱，功能较强而复杂的牙，牙冠外形也比较复杂。每个牙冠都有五个面，前牙为四个面，一个缘。牙冠的各个面都有一定名称。以正中线为准（图 7-4）。

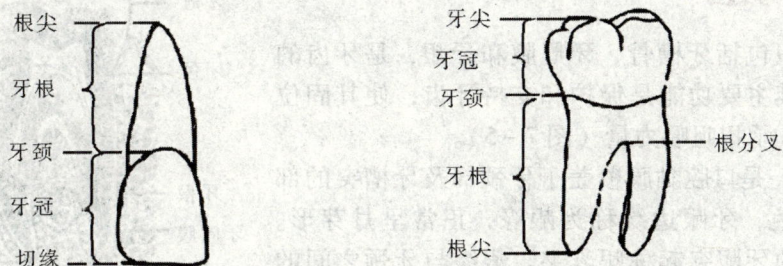

图 7-3　牙齿的外部结构

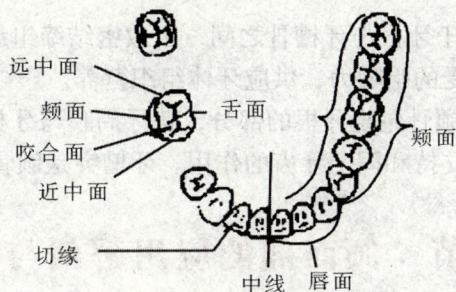

图 7-4　牙冠的各个面

（2）牙根　有解剖牙根和临床牙根之分。解剖牙根系牙骨质覆盖的部分，牙根与牙冠以牙颈为界。临床牙根为牙体在口腔内不能见到的部分，牙根与牙冠以牙龈缘为界，不同的牙由于其发挥的功能不同其牙根的数目也不尽相同。前牙功能较简单，故为单根。前磨牙用以捣碎食物，功能较为复杂，故常有 1 - 2 个根。磨牙用以磨细食物，功能更加复杂，常有 2 - 3 个根。每一根的尖端称为根尖，每个根尖都有通过牙髓血管神经的小孔，称为根尖孔，在正常情况下，牙根整个包埋于牙槽骨中。牙体中心为牙髓腔，牙髓充满牙髓腔。

（3）牙颈　即牙冠与牙根交界处呈一弧形曲线，称为牙颈，又名颈缘或颈线。

3. 牙体的组织结构（见图 7 - 5）

牙齿的本身称牙体。牙体组织结构包括：牙釉质、牙本质、牙骨质、牙髓。

（1）牙釉质　是构成牙冠表层的硬组织，是人体中最坚硬的部分，呈白色半透明状，能耐受强大的嚼力。无机盐约占 96%，其中主要成分是磷酸钙、碳酸钙等。有机物成分很少。

（2）牙本质　是构成牙体的主体结构，位于牙釉质与牙骨质内层，其不及牙釉质坚硬，色淡黄，不透明。内含神经末梢，是痛觉感受器，收到刺激有酸痛感。

（3）牙骨质　是包绕在牙根表面的一薄层骨样组织。其营养主要来自牙周膜，并借牙周膜纤维与牙槽骨紧密相接，其借牙周膜将牙体固定在牙槽窝内。

（4）牙髓　是充满在髓腔中的蜂窝组织，内含丰富的血管、神经及淋巴管，具有营养牙本质的功能。由于牙髓内神经为无髓鞘纤维，因此当牙髓受到感染时，患者不易定位患牙，同时对刺激很敏感。

二、牙周组织

牙周组织包括牙槽骨、牙周膜和牙龈，是牙齿的支持组织，其主要功能是保护和支持牙齿，使其固位于牙槽窝内，承担咀嚼力量（图 7 - 5）。

1. 牙龈　是口腔黏膜覆盖于牙颈部及牙槽突的部分；呈粉红色，牙龈边缘称为龈缘，正常呈月芽形。两邻牙之间的牙龈突起称龈乳突。龈缘与牙颈之间的小沟称龈沟，正常龈沟深约 1 ~ 2mm，牙周病变时会出现龈沟加深。

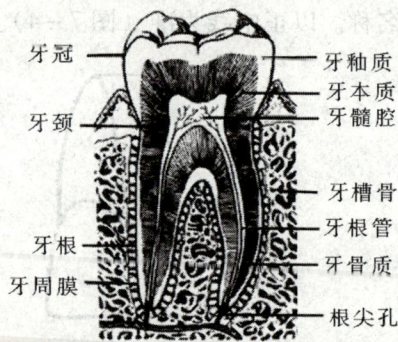

图 7 - 5　牙体及牙周组织

2. 牙周膜　其位置介于牙根与牙槽骨之间，由致密结缔组织所构成。其将牙齿固定在牙槽窝内，调节牙齿所受的咀嚼力，供应牙体组织营养。

3. 牙槽骨　牙槽骨是颌骨包绕牙根的部分，藉牙周膜与牙根紧密相连。容纳牙根的骨性凹窝称称牙槽窝，有支持和固定牙齿的作用。牙槽突是颌骨包围牙根的突起部分。

第三节　颌面部的应用解剖与生理

颌面部主要由颌骨、颞下颌关节、涎腺及周围软组织、血管、神经、淋巴构成，有咀嚼、消化、吞咽、呼吸、言语表情等功能。

一、颌骨

主要包括上颌骨及下颌骨。

1. 上颌骨 位于面中部，解剖形态不规则，左右各一，两侧对称，接合于腭中缝。由一体四突构成：一体即上颌骨体，四突是额突、颧突、牙槽突和腭突。上颌体又包括四面：前外侧面（脸面）、眶下孔后面（颞下面）、上颌结节上面（眶面）以及内侧面（鼻面）。上颌体中部的空腔称为上颌窦。

在上颌骨眶下缘，其中点下方 0.5cm 眶下孔，眶下神经、血管由此通过，其下方的骨面呈浅凹，为尖牙窝，此处骨壁较薄位置低凹，其临床意义是上颌窦开窗术、眶下间隙切开引流的手术切口标志。

2. 下颌骨 下颌骨是颌面部唯一可以活动且最坚实的骨骼，是构成面下 1/3 的骨性支架，两侧对称，在正中线融合成弓形，分为下颌体与下颌支两部分。下颌骨的血液供应主要来自颌内动脉的分支下牙槽动脉，主要受下颌神经支配。下颌骨的骨性薄弱部位位于颏正中联合、颏孔区、下颌角和髁状突颈部。

（1）下颌体 下颌骨的体部包括上下两缘、内外两面。上缘为牙槽突，两侧有牙槽窝容纳牙根。位于前磨牙根尖下方，有一骨孔，即颏孔，内有颏神经、血管通过。

（2）下颌升支 即下颌骨的垂直部分。在下颌升支内面中央有一漏斗状骨孔，为下颌孔，是下牙槽神经、血管进入下颌骨的入口。在下颌升支外侧面有一骨粗糙面，为嚼肌附着。下颌骨升支上缘，前为喙突，后为髁状突，两者之间形成深的切迹，称下颌切迹。喙突处有颞肌附着。髁状突可分头和颈两部分，颈部有翼外肌附着。髁状突与颞骨关节窝构成颞下颌关节。

二、肌肉

可分为浅（表情肌）和深（咀嚼肌）两部分。主要功能为咀嚼、语言、表情和吞咽动作。

1. 表情肌 位置表浅包括：眼轮匝肌、口轮匝肌、上唇方肌、下唇方肌、笑肌、额肌。表情肌解剖特点：其位于面部浅筋膜内，起于骨壁或筋膜，止于面部皮肤肌束大多薄而短，故收缩力较小，多围绕眼眶、口腔、鼻腔呈环状或放射状排列，故当其收缩时，可出现喜怒哀乐各种表情。

2. 咀嚼肌 包括闭口肌群（升颌肌）（图 7-6）和开口肌群。闭口肌群主要包括：咬肌、颞肌、翼内肌等。开口肌群有翼外肌等。咀嚼肌以颞下颌关节为轴心，肌肉的收缩与松弛完成下颌的下降、上提、前伸后退与侧向运动。主要受三叉神经下颌神经的前股纤维支配。

（1）咬肌 起自颧弓，肌束向后下止于下颌角的咬肌粗隆。紧咬牙时，在颧弓下可清晰见到长方形的咬肌轮廓。

（2）颞肌 起自颞窝，肌束呈扇形向下聚集，经颧弓的深面止于下颌骨冠突。

（3）翼内肌和翼外肌 均位于下颌支的内侧面，翼外肌是主要的开口肌。

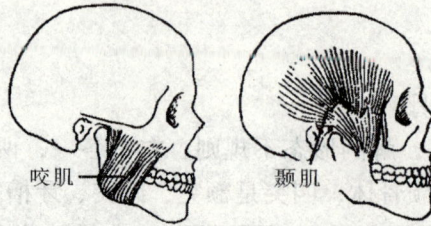

图 7-6　闭口肌群（咬肌和颞肌）

三、血管

1. 动脉　颌面部血液供应主要来自于颈外动脉的分支，支配面部的主要有舌动脉、颌外动脉、颌内动脉和颞浅动脉。颌面部各动脉分支间和两侧动脉间彼此吻合成网状，故头面部血运丰富，有利于创伤的愈合及具有较强的抗感染能力，但损伤或手术时出血较多（图 7-7）。

（1）舌动脉　平舌骨大角自颈外动脉发出，分布舌、口底、牙龈。

（2）颌外动脉（面动脉）　分布于唇、颊、颏，于舌动脉稍上方发自颈外动脉，其走行于下颌骨下缘与咬肌前缘的交界处，当面颊部软组织出血时，可压迫此处进行止血。

（3）颌内动脉　位置较深，于髁状突颈部内后侧自颈外动脉发出，分布于上、下颌骨和咀嚼肌。

（4）颞浅动脉　为颈外动脉终末支，分布于额、颞部，位于颧弓根部上方，额、颞部头皮出血时，可压迫此处止血。

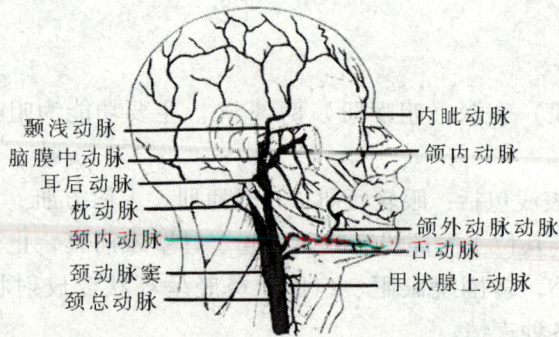

图 7-7　头颈部主要的动脉

2. 静脉　颌面部静脉系统较复杂且有变异。分为深、浅两个静脉网。浅静脉网由面（前）静脉和下颌后静脉（面后静脉）组成；深静脉网主要为翼静脉丛。

面静脉起于内眦静脉最终汇入颈内静脉，借内眦静脉和翼静脉丛与颅内海绵窦相通。由颞浅静脉和颌内静脉汇合汇入锁骨下静脉。翼静脉丛位于颞下窝内，通过卵圆孔和破裂孔与颅内海绵窦相通。

四、淋巴系统

颌面部的淋巴组织（淋巴结和淋巴管）分布十分丰富，分为环形淋巴结和纵形淋巴结。常见淋巴结有：腮腺淋巴结、面淋巴结、颌下淋巴结、颏下淋巴结和位于颈部的颈浅和颈深淋巴结。其共同组成颌面部的防御系统。正常情况下，淋巴结的硬度与软组织相似，不易触及。炎症时，淋巴结肿大并伴有疼痛，肿瘤侵及淋巴系统时，淋巴结会发生无痛性增大。

五、神经

口腔颌面部感觉神经主要是三叉神经，运动神经主要是面神经。

1. 三叉神经 三叉神经是第五对脑神经，为最大的一对脑神经，是口腔颌面部主要的感觉神经和咀嚼肌的运动神经。其经颅内半月神经节发出三支感觉神经，即眼神经、上颌神经、下颌神经，其中后两者与口腔颌面部关系密切，与临床麻醉密切亦相关（见图7－8）。

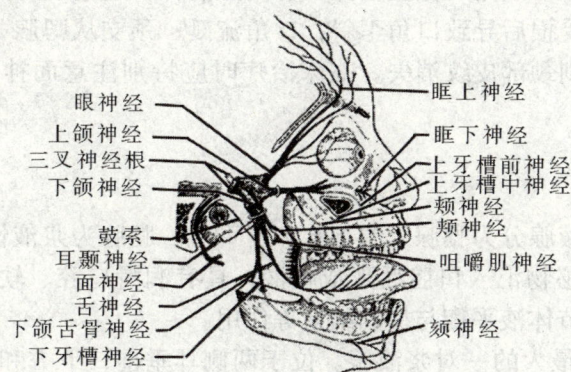

图7－8 三叉神经及分支

（1）眼神经 是三叉神经中最细小者。在眶上裂处入眶，分布于泪腺、眼球、眼睑、眼裂以上前额皮肤、鼻的大部皮肤以及部分鼻黏膜。

（2）上颌神经 上颌神经自圆孔出颅，穿圆孔达翼腭窝上部，再经眶下裂入眶改称为眶下神经，行于眶下沟、眶下管，出眶下孔到达面部。其分为四段：颅内段、翼腭窝段、眶内段和面段。主要分支：颧神经、蝶腭神经、上牙槽后神经、上牙槽中神经和上牙槽前神经，其神经支配范围见图7－9。

（3）下颌神经 属混合神经，含有感觉和运动神经纤维。是三叉神经最粗大的分支。自卵圆孔出颅，出颅后分为两支，后支较大，主要为感觉神经，有耳颞神经、下牙槽神经和舌神经，前支为颊神经，是唯一的感觉神经。其支配范围见图7－10。

2. 面神经 源于第七对脑神经，为混合神经，为口腔颌面部主要的运动神经。支配表情肌，舌前2/3味觉以及涎腺的分泌。面神经经茎乳孔出颅，进入腮腺实质内，各分支彼此吻合，交织成网，出腮腺后呈扇形分布，运动纤维自上而下分为五支，即：颞支、颧支、颊支、下颌缘支和颈支。

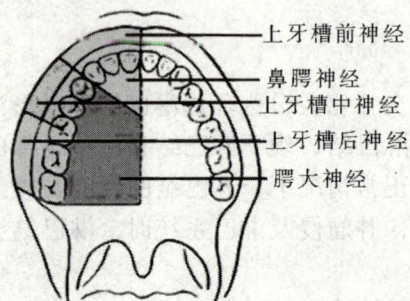

图 7-9　上颌神经分布

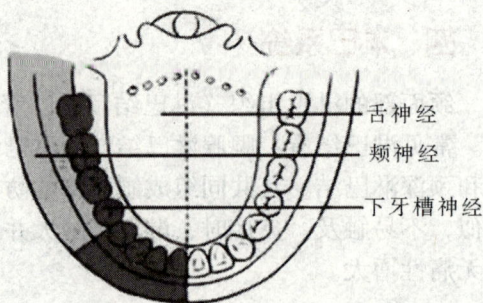

图 7-10　下颌神经分布

面神经颞支自腮腺上缘穿出后越过颧弓向上行于颞部，主要分布于额肌，其受损会出现不能抬眉且额文消失；面神经颧支从腮腺前后上缘穿出，越过颧骨主要分布于上下眼轮匝肌，颧支受损时，则眼睑不能闭合；颊支自腮腺前缘，腮腺导管上下穿出，可有上下支，颊支受损或麻痹，鼻唇沟消失，不能鼓颊；下颌缘支自腮腺前下方穿出，向下前行于颈阔肌深面，在下颌角处位置最低，再向上前行，越过颌外动脉和面静脉往前上方，分布下唇诸肌，受损后导致口角歪斜，口角流涎；颈支从腮腺下缘穿出，分布于颈阔肌，颈支受损时，则颈部皮纹消失。临床治疗时应特别注意面神经各分支解剖位置，以免造成面瘫。

六、涎腺

人体有三对大唾液腺分为腮腺、颌下腺和舌下腺。腮腺为浆液性腺，颌下腺和舌下腺为混合腺。腺泡分泌物汇入口腔后形成唾液，具有润滑口腔、软化食物、初步消化、语言、预防龋齿、调节体液平衡与抑制细菌等作用。

1. 腮腺　是体积最大的一对浆液腺。位于两侧耳垂前，下方和颌后窝内。由浅叶、深叶 颊部组成，导管口位于正对上颌第二磨牙的颊黏膜上，腮腺导管的体表投影标志即耳垂到鼻翼和口角中点连线的中 1/3 段上。外伤或手术损伤腮腺导管，可导致涎瘘。

2. 颌下腺　颌下腺位于颌下三角，是以浆液为主的混合腺。颌下腺导管开口于舌系带两侧的舌下肉阜，由于颌下腺导管由后下斜向前上走行，其导管长而弯曲，同时导管开口较大，牙垢及异物易于进入导管，逐渐形成导管结石，导致涎石病。

3. 舌下腺　位于口底舌下，为最小的涎腺，是以黏液为主的混合腺，有较多的小导管口，是潴留性囊肿的好发部位。

练习题

一、A1 型题

1. 固有口腔的后界是
   A. 咽门
   B. 硬腭、软腭
   C. 舌
   D. 口底
   E. 上下牙弓

2. 面部的主要感觉神经是

A. 三叉神经   B. 面神经

C. 舌咽神经   D. 迷走神经

E. 舌下神经

3. 儿童 6 岁左右，萌出第一颗恒牙是

    A. 尖牙   B. 中切牙

    C. 第二前磨牙   D. 第一前磨牙

    E. 第一磨牙

4. 起张口作用的咀嚼肌是

    A. 翼外肌   B. 翼内肌

    C. 咬肌   D. 颞肌

    E. 下颌舌骨肌

5. 人体中最坚硬的部分

    A. 牙本质   B. 牙釉质

    C. 牙周质   D. 牙骨质

    E. 牙髓

6. 面部惟一能活动的骨骼是

    A. 鼻骨   B. 颧骨

    C. 上颌骨   D. 下颌骨

    E. 泪骨

7. 下面那一选项不是面神经的分支

    A. 颞支   B. 颧支

    C. 眼支   D. 颊支

    E. 颈支

8. 寻找腮腺导管口常以（ ）牙冠为标志

    A. 上颌第一磨牙   B. 上颌第二磨牙

    C. 下颌第一磨牙   D. 下颌第二磨牙

    E. 上颌第三磨牙

9. 下面不属于表情肌的是

    A. 眼轮匝肌   B. 口轮匝肌

    C. 咬肌   D. 下唇方肌

    E. 笑肌

10. 磨牙常有（ ）个根

    A. 1   B. 1～2

    C. 2～3   D. 3～4

    E. 5

11. 颌面部血液供应主要来自于

    A. 颈外动脉   B. 颈内动脉

    C. 面动脉   D. 舌动脉

    E. 颞浅动脉

    A. 上颌第一乳磨牙   B. 下颌第一乳磨牙

    C. 上颌乳尖牙   D. 下颌乳尖牙

    E. 下颌第二乳磨牙

第八单元

口腔科护理概述

要点导航

1. 掌握口腔四手操作技术。
2. 熟悉口腔科的护理评估及常用检查。
3. 了解口腔科护理管理。
4. 能指导患者做口腔卫生保健，普及卫生保健知识。
5. 培养严谨、细致的口腔科专科护理工作作风。

第一节　口腔科的护理评估

一、护理病史

采集护理病史是护理评估不可或缺的部分。口腔专科护士采集患者的护理病史时，要结合口腔科的特点，运用口腔专科知识做出全面的评估。它主要包括以下几个方面。

（一）素质要求

服装、鞋帽整洁；仪表大方；微笑服务，语言柔和恰当，态度和蔼可亲。

（二）采集护理病史前准备

病历夹、笔、纸等用物；环境适宜；核对床号、姓名；解释交谈目的。

（三）采集护理病史过程及内容

1. 一般项目　包括姓名、性别、年龄、职业、婚姻、文化程度等。

2. 简要现病史　包括主诉、简要病史以及重要既往史。应注意有无心血管疾病、内分泌系统疾病、血液病史；有无传染性疾病、药物过敏史或牙用材料过敏史；有无家族遗传史；有无手术麻醉史、药物治疗史。女性患者还应了解月经史和生育史。

3. 生活状况评价　包括饮食、睡眠、排泄、嗜好、兴趣、性格、活动、生活自理程度等。

4. 心理、社会评价　包括行为、思维、认知、情绪，以及对健康问题与疾病理解应对能力等。

5. 书写护理病历

二、身心状况评估

口腔科患者常见症状：

1. 牙痛 牙痛是口腔科患者就诊的主要原因之一，也是常见的症状。疼痛有自发性剧痛、阵发性加剧、自发痛钝痛、激发痛和咬合痛等。每个人根据个体敏感性及耐受性的不同，对于疼痛的主观感受也是不同的。

引起牙痛的原因包括牙齿本身的疾病，如深龋、各种牙髓炎等；牙周组织的疾病，如各种急慢性根尖周围炎、牙周脓肿、牙槽脓肿、冠周炎等；三叉神经痛；邻近组织的疾病的影响如急性化脓性上颌窦炎、颌骨骨髓炎等；急性化脓性中耳炎、咀嚼肌群的痉挛等均可引起牵涉痛。

2. 牙齿松动 牙齿的松动度是以牙齿向唇（颊）舌（腭）侧移动幅度的总和而定。只有接近脱落的乳牙才会松动。正常牙齿只有极轻微的生理动度约 0.2mm，只要超过生理动度，常是病理性原因所致。常见原因包括牙周病、外伤、颌骨内肿物等。

3. 口臭 口臭是人际交往中的常见尴尬之一，常给患者造成较大的精神负担。常见原因有口腔疾病所引起的口臭，如口腔卫生差，牙石、牙垢过多及嵌塞于牙间隙和龋洞内的食物发酵腐败，是产生口臭的主要原因；鼻咽部疾病，如化脓性上颌窦炎。另外消化不良、胃肠疾病、支气管扩张等也可引起口臭。

4. 牙龈出血 是口腔科常见症状之一，是指牙龈自发性的或由于轻微刺激引起的少量流血，常见的原因有牙龈炎和牙周病等。

5. 牙齿着色和变色 正常牙齿呈黄白色或灰白色，有光泽。牙齿着色是指牙齿表面有外来的色素沉积，大都能除去。牙齿变色有个别牙变色和全口牙变色两种。前者常见于局部原因，如外伤等，全口牙齿变色常见四环素牙及氟斑牙。

6. 张口受限 正常张口度约 3.7cm，凡不能达到正常张口度者，即称为张口受限。常见局部因素有口腔颌面部炎症疾患、颞下颌关节疾病、颌面部外伤和肿瘤等。全身因素常见于因外伤而患破伤风的患者，有时也可见因癔症发作。

三、口腔常用检查

口腔颌面部检查是准确诊断口腔及全身疾病的重要手段，检查前应详细询问病史，应按顺序由外向内，即先检查颌面部然后再作口腔检查。主要检查牙齿、牙周、口腔黏膜、舌、系带、腭、口底及涎腺等。有些口腔疾病可以影响全身，而某些全身疾病也可在口腔出现病征，因此检查时要有整体观念，必要时可作全身或系统检查。

（一）常用检查器械和方法
1. 常用检查器械 口腔器械盘一个，内盛口镜、牙用镊子和探针。

2. 检查方法

（1）基本检查法

问诊：全面了解与疾病的发生、发展经过、效果及与有关的病史。

视诊：观察患者的表情、神态、发育、性质、形状、功能性活动等。

探诊：检查和确定病变部位、范围、程度、反应、方向等。

叩诊：主要目的为检查牙周膜的炎症反应，叩痛的程度用（＋）、（＋＋）、（＋＋＋）表示。

扪诊：用于观察病变部位、范围、大小、硬度、形状、压痛、波动等。

嗅诊：某些口腔疾病有特殊臭味，如坏疽性牙髓炎具有特殊腐败臭味。

咬诊：主要用于检查牙隐裂。

（2）辅助检查法

牙髓活力的检查：主要用于检查牙髓神经末梢对温度刺激或电刺激的反应，了解深龋的牙髓状况。

X线检查：包括X线平片检查、X线体层摄影和X线造影检查，根据病变的部位、性质不同、检查目的不同，可采用不同的检查方法，但应注意X线检查不是惟一诊断依据，必须与临床检查相结合才能做出正确诊断。

此外，还有穿刺检查、细胞学检查、活体组织检查、牙合力测定、实验室检查、超声波检查等方法。

（二）口腔检查

主要包括唇、颊、牙龈、系带、舌等。

1. 唇　正常唇呈粉红色。应主要检查有无肿胀、疱疹、脱屑、皲裂、口角有无糜烂、色素沉着、白斑及增生物等。

2. 颊　主要检查颊部的对称性、色泽、有无肿胀、压痛、慢性瘘管等，特别要注意腮腺导管乳头有无充血、水肿、溢脓及扪痛。

3. 牙龈　应主要检查牙龈组织的色、形、质的改变。有无瘘管存在，牙龈有无出血，龈缘有无红肿、增生和窦道等。

4. 系带　检查时应注意其数目、形状、位置、附着情况、对牙位及口腔功能有无影响等。

5. 舌　正常舌质淡红，舌体柔和滋润有光泽，舌背表面覆盖有薄层白苔，舌腹部黏膜薄而平滑。检查时应注意舌苔的颜色光泽、舌背是否有裂纹、舌乳头是否充血、肿大、有无肿物、舌的运动和感觉功能是否有障碍，以协助诊断机体全身性疾病。

（三）牙齿检查

牙齿的检查方法主要有视诊、探诊、叩诊、扪诊以及牙齿松动度的检查。

1. 视诊　先检查患者的主诉部位，再检查牙齿的数目、形态、颜色、排列位置、萌出替换情况、牙体牙周组织及咬合关系等。

（1）牙齿的数目　是否有额外牙、阻生牙、先天性缺牙或拔除牙。

（2）形态　有无巨大牙、过小牙、锥形牙、融合牙等异常。

（3）牙色　有无斑釉牙、釉质发育不全、死髓牙等。

（4）牙齿的位置　有无错位，其方向是唇颊向、舌向、近中、远中错位等。

（5）萌出情况　根据年龄检查乳、恒牙替换情况，有无乳牙早脱和滞留。

2. 探诊　用牙科探针或镊子检查并确定龋齿的部位、大小、深浅、软化牙本质的多少、牙髓的反应及是否暴露，以及牙龈是否出血、牙周袋的深度、龈下结石的分布以及窦道（瘘管）的方向，必要时可用特制牙周探针准确测量牙周袋的深度。

3. 叩诊　正常叩诊音清脆，音变浑浊表示根尖有损害或牙周膜有破坏。可用口镜或镊子柄垂直或从侧方叩击牙齿，用以检查是否存在根尖周或牙周膜病变。

4. 扪诊（触诊）　用手指扪压龈缘，观察龈缘处是否有脓液溢出；用手指扪压根尖部的牙龈，检查是否有波动或压痛。

5. 牙齿松动度的检查　检查方法：前牙用镊子夹住牙冠作唇舌面摇动，后牙可将镊子尖合拢后放于咬合面的中央窝作颊舌（腭）面、近远中、上下的双向摇动或推动。牙松动记录方法如下：

Ⅰ度松动：只有颊舌（腭）或唇舌向松动，松动幅度＜1mm。

Ⅱ度松动：唇（颊）舌向及近远中向松动，松动幅度1～2mm。

Ⅲ度松动：颊舌（腭）向（唇舌向）、近远中向及垂直向均松动，松动幅度＞2mm。

（四）颞下颌关节检查

主要检查关节运动及功能是否正常。对比面部左右两侧发育情况、协调性、对称性、颏部中点是否正中位，检查髁状突运动是否协调、有无杂音及滑动情况，同时观察下颌运动是否正中或向一侧偏斜等，还要注意咬合关系、义齿是否合适等。

（五）颌面部检查

颌面部检查主要用视诊和触诊。视诊时，首先要注意观察颜面表情和意识状态，颜面部外形与轮廓的对称性、丰满度、颜面皮肤的色泽、弹性、皱纹、有无瘢痕、瘘口、有无畸形、缺损、肿胀、包块等。触诊时应按照颌面部分区由上到下、由外到内逐一触诊。

（六）涎腺检查

主要是对三对大涎腺，即腮腺、颌下腺和舌下腺的检查，但因某些涎腺疾病是系统性的，故不可忽视小涎腺的检查。

检查的方法：主要观察腺体两侧是否对称、形态大小有无变化、导管开口处有无红肿、狭窄、瘢痕和有无分泌物等情况，观察分泌物的性质（是否清亮、有无脓液或混浊、水样或黏稠样）和量等，必要时双侧进行对比。颌下腺和舌下腺的触诊要用双手触诊法，观察有无肿块及压痛。触诊导管时要了解是否有结石存在，导管的质地如何等。

（七）张口度检查

张口度检查的方法：多用手指宽度表示。造成张口受限常见于翼外肌痉挛；张口过大见于翼外肌功能亢进。表述如下：

1. 轻度张口受限　上、下切牙切缘间距离可置入二横指，约2～3cm左右。

2. 中度张口受限　上、下切牙切缘间距离可置入一横指，约1～2cm左右。

3. 重度张口受限　上、下切牙切缘间距离不足一横指。

4. 完全性张口受限　完全不能张口，也称牙关紧闭。

5. 张口过大　张口度超过4.5cm者。

第二节　口腔科患者常用护理诊断

1. 疼痛　与龋病、炎症、肿胀、骨折、外伤、肿瘤、溃疡等有关。

2. 焦虑　与环境改变、损伤性检查、产生疼痛的治疗、担心疾病的预后不佳等有关。

3. 潜在并发症　出血，与手术、伤口感染等有关。

4. 组织完整性受损　与化学的、温度的、机械的刺激及放射线治疗等有关。

5. 语言沟通障碍　与外伤、颌骨骨折、唇腭裂畸形、口腔内手术及术后禁止发音等有关；与口腔颌面部炎症引起局部肿胀、张口困难有关。

6. 自我形象紊乱　与颌面部疾病和手术造成的组织缺损，功能丧失引起外表的变化有关；与面神经麻痹、面部畸形、颌面部外伤引起外表的变化等有关。

7. 知识缺乏　缺乏口腔卫生、保健知识及疾病相关知识等。

8. 体温过高　与炎症有关。

第三节　口腔四手操作技术

口腔四手操作技术是在口腔治疗的全过程中，医师、护士采取舒适的坐位，患者平卧在牙科综合治疗台上，医护双手（四只手）同时为患者进行各种操作，平稳而迅速地传递所用器械、材料，从而提高工作效率及质量。

一、四手操作对护理人员的要求

（1）应按照职业道德规范严格要求自己，自觉地做好治疗前、后的准备工作。

（2）熟悉本专业知识，能熟练应用四手操作技术，主动配合、参与治疗，并能随时将预防保健知识讲授给患者。

（3）熟悉现代口腔科医疗设备、器械的性能、操作步骤、注意 0 事项和维护保养；并掌握口腔材料的调制、局部常用药物的作用等知识。

（4）熟练掌握四手操作技术，达到高效率高质量地为医师和患者服务。

二、四手操作时护士的正确位置

在实施四手操作时医师和护士采用舒适的体位各自坐在自己的椅位上。医师、护士和患者要有其各自的互不干扰的工作区域和空间，以保证相互配合。如将医师、护士、患者的位置关系假想成一个钟面，可将仰卧位的患者分为 4 个时钟区（图 8 - 1）。

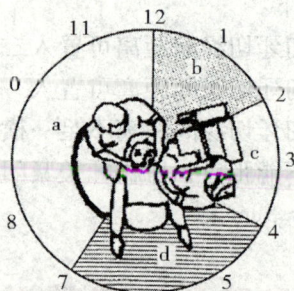

图 8 - 1　医、护、患位置关系（以惯用右手的医师为例）
注：a. 医师工作区；b. 静止区；c. 护士工作区；d. 传递区。

（一）医师工作区

位于 7 ~ 12 点，此区不能安置柜子、软管、电缆等物。最常用的是时钟 11 点，此区为较理想的诊断入口及最清晰的操作视野。上颌操作多选时钟 12 点，下颌操作多选时钟 7 ~ 9 点。

（二）非工作区

多选时钟 12 ~ 2 点，此区可放置活动器械柜或活动推车。

（三）护士工作区

多选时钟 2～4 点，通常保持在 3 点位置。此区不能放置物品，便于在静止区活动柜内取所需器械、材料，又可接近传递区。

（四）传递区

多选时钟 4～7 点，此区为传递器械和材料区，是医师和护士传递器械、材料的地方。远离患者面部而仍然在传递区内的空间，是安放口腔科设备最适宜的位置。

三、四手操作时常用器械的传递与交换

（一）器械的传递

在四手操作前提下，医师在整个操作过程中不离开座椅，操作中用到的所有治疗器械均由护士协助拿取，再转交医师，这一过程称为器械的传递。传递时要求时间准确，位置恰当，传递器械无误。最常用的方法为握笔式直接传递法，和我们平常握笔的方法基本相同，即医师以拇指和食指握住器械工作端的 2/3 部位，中指置于器械下面作为支持。器械在传递区的位置方向与患者额部平行，肘部平行传递于医师手中。医师从患者口中拿出器械时，护士左手保持传递区，正确的接过器械部位是在非工作端。

传递过程中应注意：

（1）传递器械前应注意检查器械性能，防止意外发生。

（2）器械传递应在传递区内进行，即时钟的 4～7 点的区域内。禁止在患者头面部传递器械，以确保患者治疗安全。

（3）传递细小器械要准确、平稳，防止误伤。

（4）器械的传递尽可能靠近患者口腔。

（5）在传递时护士要注意不能碰触器械的工作端，以免污染器械。

（二）器械的交换

护士在传递新器械的同时，取回医师前一段治疗用过的器械，称为器械的交换。实行正确的器械交换是缩短患者治疗时间、保证医疗质量的前提。最常用的方法为平行器械交换法，即护士以左手拇指、食指及中指递送消毒好的器械，以无名指和小指接过使用后的器械。

在器械交换过程中应注意：

（1）护士应提前了解病情及治疗程序，准确、及时交换医师所需器械。

（2）器械交换过程中，护士应注意握持器械的部位及方法，以保证器械交换顺利，无污染，无碰撞。

（3）每一步治疗结束后，医师将器械离开患者口腔 2cm 左右，即为结束使用该器械的信号，护士应提前时准备好并传递下一步治疗所需器械。

（4）交换动作一般用于单根器械或较为轻巧的器械，而对于较大器械或需要双手传递的器械则不能用交换的方法，如牙钳等。

四、治疗后器械的分类与清洗

（一）治疗后器械的分类

（1）一次性探针、镊子、注射器针头等锐利器械放入专用锐器回收盒内。

（2）重复使用的非一次性医疗器械，如手机、车针、充填器、刮匙、调拌刀等分类放置，便于清洗与消毒。

（二）治疗后器械的清洗

1. 自动清洗机清洗　工作原理和洗碗机类似，利用高温水再循环和去污剂联合作用，以消除器械上有机物的方法。

2. 超声清洗器清洗　超声波的冲击、震荡能渗透到人工不能触及的盲管部和微细部件。

3. 人工清洗　人工清洗时，应最小限度的接触锐利器械，戴不易刺破的增厚手套，必要时戴面罩、眼罩以及穿上隔离衣防止喷溅物。注意不能在诊室内刷洗器械。

第四节　口腔科护理管理

一、门诊护理管理

口腔疾病大部分在门诊进行治疗，专业性较强，既有护理工作的共性又有其特殊性。口腔门诊护理的主要任务是做好开诊前准备，维持良好就诊秩序，搞好健康教育与护理指导等。

（1）诊疗室应具有通风、明亮、清洁、整齐、舒适、安静的环境；备好洗手消毒液、毛巾、肥皂；设备精良，运转正常等。

（2）所需物品与药品齐全、消毒弯盘和检查器械充足，摆放位置固定并调拌出足量的丁香油氧化锌软膏和糊剂以备用。

（3）检查医疗电脑，备用。同时，备好文具、病历纸、处方签、住院证、各种检查化验及治疗单等办公用品。

（4）对患者初步问诊后分诊，优先安排急、重症和年老体弱者、残疾人就诊，维持好候诊室秩序并保持安静。

（5）做好检查、治疗、门诊手术、复诊患者的预约登记工作。

（6）通过电视、板报、壁报等方式宣传口腔常见疾病的发病因素及防治知识；普及口腔卫生与保健。

二、治疗室护理管理

治疗室护理的主要任务是接待患者，配合医师操作，做好器械及治疗室环境的消毒工作。

（1）热情接待患者，指导其坐在牙科椅上，根据治疗部位调整椅位、光源，系好胸巾。诊治上颌牙时，应使患者张口后的上颌牙平面与地平面呈45°角，其高度稍高于医师的肘关节；诊治下颌牙时，应使患者张口后的下颌牙平面与地平面平行，其高度与医师肘部平齐。在诊疗过程中，应主动、及时地配合医师操作。

（2）及时收捡诊疗器械，按规定清洁、消毒备用。一次性器械集中收集按规定处理。

（3）每天对治疗室环境即空气、座椅、地面等消毒，为保证消毒质量，需设专人负责，定期检查，制定消毒效果监测制度。

三、手术前后护理管理

（一）术前护理

1. 一般准备

（1）心理护理　根据患者的文化背景，恰当地介绍治疗方案、手术过程、预后及术前术后注意事项。认真倾听患者的主诉，消除其疑虑和恐惧心理，保持良好的心理状态。

（2）注意口腔卫生　清洁口腔，洁牙，药液含漱。

（3）介绍手术后的有关事项，如咳嗽、翻身、床上使用便器等。

（4）协助完成常规检查。

2. 术前 1 日

（1）做好个人卫生，如洗澡、理发、剪短指（趾）甲等。

（2）过敏试验：按医嘱做相应的过敏试验，记录结果并通知医师。

（3）根据手术需要，按医嘱配血。

（4）按手术区域，做好皮肤准备。

（5）全麻患者遵医嘱交代禁食、禁水要求。

（6）术前晚保证患者最佳睡眠，必要时可服用安眠药。

3. 术日晨

（1）检查病例资料、手术前准备工作是否完善。

（2）测量患者的生命体征，有变化立即通知医师。

（3）遵医嘱执行术前用药。

（4）嘱患者术前排空大小便。

（二）术后护理

（1）迎接回病房的手术患者时，应向麻醉师及手术室护士了解手术过程中的情况。要求交接清楚，连接好各种引流管。

（2）注意保持引流管畅通，严密观察各种引流物量、色、性质，如有异常变化及时报告医师。密切观察手术创口渗血情况，如渗血较多应及时报告医师处理。

（3）饮食护理　可分为流质饮食、半流质食、软质饮食和普通饮食。应根据手术不同情况和医嘱，决定饮食和进食方法。

（4）保持口腔卫生，每日口腔护理两次。

（5）其他按一般外科术后护理，各不同病种按病情要求进行专科护理。

第五节　口腔卫生保健

世界卫生组织把口腔健康作为人体健康的十大标准之一。口腔既是许多慢性疾病危险因素的进入渠道，又是许多传染病的传播途径。口腔疾病引起的病理改变，以及口腔的不健康、不卫生状况对人类整个健康造成的危害与影响很大，已受到越来越多的关注。

一、口腔卫生

口腔卫生的重点在于控制菌斑、消除软垢和食物残渣，增强生理刺激，使口腔和牙颌系统有一个清洁健康的良好环境，从而达到发挥其生理功能、增进口腔健康的目的。采取的主要措施有以下几个方面。

（一）刷牙

刷牙是一种重要的保持口腔清洁的方法，是人们日常卫生习惯之一。正确的刷牙方法可以去除菌斑和软垢，按摩牙龈，增进牙龈组织的血液循环和上皮组织的角化程度，提高牙周组织的防御能力，维护牙龈健康。提倡每日晨起、晚上临睡前刷牙，刷牙时间不宜过短，一般以 3 分钟为宜。

1. 牙刷的选择　根据成人和儿童的年龄、口腔大小、牙周组织的健康程度的差异来选择牙刷。身体有残疾的患者，可选择电动牙刷。

2. 牙膏的选择　牙膏的主要成分为摩擦剂、洁净剂、润湿剂、胶粘剂、防腐剂、甜味剂、芳香剂、色素、水等。还可根据不同需要加入不同药物，成为药物牙膏。根据个人的需要选择。牙膏不宜常用一种，应轮换使用。

3. 刷牙方法

（1）竖刷法是一种比较方便合理的刷牙方法，适合大多数人使用。刷牙时先将牙刷头斜向牙龈，刷毛贴附在牙龈上，稍加压力，顺牙间隙刷向冠方。刷上牙时，从上往下刷；刷下牙时，从下往上刷；牙的唇、颊面及舌、腭面要分别刷到。在刷上、下颌前牙腭（舌）面时，可将牙刷竖起，上前牙由上向下拉动，下前牙由下向上提拉。刷上、下颌后牙牙合面时，牙刷可压在牙合面来回刷动。

（2）圆弧法是一种青少年容易学习和掌握的方法。具体操作是在牙闭合状态下，牙刷进入颊间隙，用很小的压力将刷毛接触上颌最后磨牙的牙龈区，用较快较宽的圆弧动作从上颌牙龈拖拉至下颌牙龈，前牙的上下牙切断对齐接触做圆弧形颤动。舌侧面与腭侧面方法相似。

（3）Bass 刷牙法是唯一能清除龈沟内菌斑的一种重要的自我保健措施。洗刷唇（颊）舌面时，刷毛与牙面呈 45°角，刷毛指向牙龈方向，使刷毛进入龈沟和邻间区，部分刷毛压于龈缘上作前后向短距离的水平颤动。

刷牙虽然是维护口腔卫生的有效方法。但是有报道称单纯的刷牙平均只能清除菌斑的 50% 左右，特别是难以消除邻面菌斑。因此，除了刷牙外，还需采用一些特殊的牙间清洁器，如牙线、牙签等帮助去除牙间隙的菌斑和软垢。

（二）牙线

牙线可用棉、麻、丝、尼龙或涤纶制成，不宜过粗或太细。有含蜡或不含蜡牙线，也有含香料或含氟牙线。含蜡牙线一般用来去除牙间隙的食物残渣和白垢，但不易去净菌斑。不含蜡线上有细小纤维与牙面接触，有利于去除菌斑。

（三）牙签

在牙龈乳头退缩或牙周治疗后牙间隙增大时，可用牙签来清洁邻面和根分叉区。常用的牙签有木质和塑料的。

使用方法：将牙签以 45°角进入牙间隙，牙签尖端指向牙合面，侧面紧贴邻面牙颈部，向牙合面剔起或作颊舌向穿刺动作，清除邻面菌斑和嵌塞的食物，并磨光牙面，然后漱口。

注意事项：①勿将牙签压入健康的牙龈乳头区，以免形成人为的牙间隙；②使用牙签时动作要轻，以防损伤龈乳头或刺伤龈沟底，破坏上皮附着。

（四）牙龈按摩

牙龈按摩可促进牙周组织的血液循环，使牙齿支持组织的代谢增强，从而增加牙齿的抗病能力。其方法是将手洗净，食指进入口腔，压在唇颊面和舌面的牙龈上，前向后和后向前旋转揉动，如此来回 20 次，依次按摩各个侧面。也可用专门的牙间按摩器或清洁器进行。

（五）漱口

漱口能清除食物碎屑、软垢及污物，可暂时减少口腔微生物数量，抑制细菌繁殖生长。故漱口应着重在饭后进行，一般在饭后 3 分钟以内。漱口时，用清水即可，为了预防口腔疾病的发生，也可根据不同目的，选用不同药物的漱口水漱口。

二、口腔保健

1981 年世界卫生组织制定的口腔健康标准是"牙清洁、无龋洞、无疼痛感、牙龈颜色正常、无出血现象"。为了达到这一目的，人们必须有预防为主的思想，创造有利于口腔预防保健的条件，纠正有碍口腔卫生的不良习惯，清除一切可能致病的因素，以预防和控制口腔疾病的发生。

（一）定期口腔健康检查

定期保健检查，每半年到一年进行一次检查，定期（半年左右）洗牙除石一次，如发现口腔疾患要及时治疗。了解受检查者口腔卫生状况及口腔常见病流行情况，达到"有病早治，无病预防"的目的。

（二）纠正不良习惯

1. 喂奶方法不当 长期偏一侧喂奶，可造成婴儿颌骨发育不均衡。

2. 单侧咀嚼习惯 长期只用一侧牙咀嚼食物，由于两侧的生理刺激不均衡，可造成颊面两侧不对称，且缺乏自洁作用，易堆积牙石，导致牙周疾病的发生。

3. 口呼吸 长期用口呼吸会造成上牙弓狭窄，腭部高拱，上前牙前突，唇肌松弛，上、下唇不能闭合，形成开唇露齿，导致口腔黏膜干燥和牙龈增生。

4. 吮唇、咬舌、咬颊 常吮下唇可形成前牙深覆牙合，吮上唇可形成反牙合，咬舌可形成开牙合。咬颊可影响后牙牙位及上、下颌的颌间距离。所有这些都可导致错牙合畸形。

5. 咬笔杆、咬筷子、吮指 这些不良习惯可使上前牙向唇侧移位，下前牙移向舌侧，造成牙位不正，也是错牙合畸形的病因。

6. 睡眠习惯 儿童睡眠时，经常有手、肘或拳头枕在一侧的脸下，有时用手托一侧腮部思考问题，都有碍面部的正常发育。

7. 其他 儿童睡前吃糖果、饼干等都可造成不良后果，应及早纠正。

（三）消除影响口腔卫生的不利因素

牙面的窝沟、点隙为龋病的好发部位，应及时涂布窝沟封闭剂，预防龋病发生。额外牙（又称多生牙）、阻生牙及错位牙等，可造成错牙合畸形及其他病变，应根据情况予以拔除或矫正。乳牙过早缺失所遗留的空隙，应及时做间歇保持器，保持其近、远中距离，以免引起邻牙移位及相对牙过度伸长，造成恒牙错位萌出或阻生。缺失应及时修复；口内残根、残冠应及时拔除，以免形成慢性不良刺激。

（四）合理营养

从保证口腔健康、预防口腔疾病的角度要求，应注意：

1. 加强牙颌系统生长发育期的营养　在胎儿期、婴幼儿期、少儿期要特别注意钙、磷、维生素及微量元素的供应。

2. 注意食品的物理性质　应多吃较粗糙和有一定硬度的食品，以增加口腔自洁作用和对牙龈的按摩作用；同时强化通过咀嚼所产生的生理性刺激，以增强牙周组织的抗病能力。

3. 适当控制吃糖和精致的糖类　两者都是龋病发生必不可少的底物，多吃对防龋不利，特别在睡前应禁吃甜食。

（五）改善劳动环境

对接触酸雾、铅、汞等有害物质的工人，必须为之改善劳动环境，如增添密封设备、定向通风、穿防毒隔离衣、防护面罩和手套等，以隔绝或减少有害物质与人体的接触，维护口腔及全身的健康。

练习题

一、A1 型题

1. 镊子的作用应除外
   - A. 夹持敷料
   - B. 检查牙松动度
   - C. 叩诊
   - D. 检查皮肤
   - E. 夹异物

2. 叩诊时哪项错误
   - A. 不宜用力过猛
   - B. 先叩病牙，后叩健牙
   - C. 可用口镜柄叩
   - D. 可用镊子柄叩
   - E. 包括垂直和侧方叩诊

3. 关于刷牙，下列哪项错误
   - A. 竖刷法方便合理
   - B. 横刷法可致牙龈萎缩、牙颈部楔状缺损
   - C. 最好餐后和睡前各刷一次
   - D. 刷牙时间为 3 分钟
   - E. 需刷牙的唇、颊面

4. 下列哪种情况不宜做超声洁治
   - A. 牙龈出血
   - B. 老年人
   - C. 大块牙石
   - D. 放置心脏起搏器病人
   - E. 糖尿病人

5. 多长时间做一次洁牙可有效维护牙周健康
   - A. 3 – 6 月
   - B. 6 – 12 月

C. 1 – 2 年   D. 2 – 3 年

E. 1 个月

6. 视诊时应首先检查的部位

  A. 面部   B. 全口牙齿

  C. 口腔黏膜   D. 舌苔

  E. 主诉部

7. 检查上颌牙时，调节椅位，使上颌牙列与地面的角度呈

  A. 150°   B. 30°

  C. 45°   D. 60°

  E. 90°

8. 四手操作时，护士工作区位于

  A. 12 ~ 2 点   B. 2 ~ 4 点

  C. 4 ~ 6 点   D. 6 ~ 8 点

  E. 8 ~ 12 点

9. 口腔不良习惯不包括

  A. 吮指习惯   B. 咬物习惯

  C. 单侧咀嚼习惯   D. 舌习惯

  E. 瞪眼

10. 口腔卫生采取的措施不包括

  A. 漱口   B. 刷牙

  C. 牙签、牙线使用   D. 牙龈按摩

  E. 牙周手术

第九单元

口腔科患者的护理 ◀●●

要点导航

1. 掌握口腔科常见疾病的概念、护理问题和护理措施。
2. 熟悉口腔科常见疾病的护理评估及健康指导。
3. 了解口腔科常见疾病的流行病学特点、病因、发病机制和专科新进展。
4. 能对口腔科常见疾病患者实施常用的护理技术操作和健康指导。
5. 能正确运用护理程序对口腔科常见疾病患者提出护理问题，制定并实施相应的护理措施。
6. 树立实事求是的学习态度，养成爱护实验器材和模型的良好习惯，具有互相帮助、团结协作的团队精神。

第一节　牙体牙髓病及根尖周组织病患者的护理

龋　病

案例　患者，男性，10岁。主诉对冷、热、酸、甜等刺激较为敏感，特别对冷的刺激尤为敏感。口腔检查上颌第一前磨牙可见龋洞。护士应如何对患儿进行护理。

龋病（dental caries）是在以细菌为主的多种因素影响下，牙体硬组织发生慢性进行性破坏的一种疾病。它是口腔科常见病，对人类口腔危害很大。龋病向纵深发展，可引起牙髓炎、根尖周炎、牙槽脓肿等并发症，影响身体健康。目前被口腔学术界普遍接受的龋病病因学说是四联因素论，比较全面地阐述了龋病发生的根本原因（图9-1）。

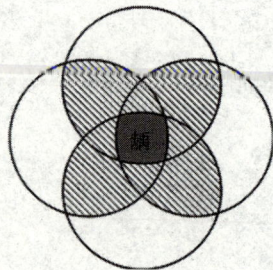

图9-1　致龋四联因素

1. 微生物　大量证据已表明，细菌的存在是龋病发生的主要条件。口腔内的细菌种类繁多，主要致龋菌是变形链球菌。致龋菌可以产生各种有机酸，在这些酸的作用下，使牙齿硬组织发生脱矿，形成龋病。

2. 食物　食物与龋病的关系十分密切，尤以蔗糖及其他低分子量糖的作用最为明显。因糖类食物易被致龋细菌分解成酸，形成粘性多糖类，粘附于牙面，所以糖类食物是致龋的基质。

3. 宿主 因为窝、沟、邻面、牙颈部等处易形成菌斑，而且不易祛除，是龋的好发部位。牙齿排列不齐、错位、接触不良都能造成"滞留区"，成为龋病的发病条件。

4. 时间 龋病的发生和发展是一个缓慢的过程。2～14岁这段时间是乳恒牙患龋的易感期，且菌斑从形成到具有致龋力也需要一定时间，这对预防工作有着重要意义。

治疗原则：早期釉质龋采用药物治疗的方法抑制龋病的发展，当牙体组织破坏形成龋洞时，则采用修复性治疗的方法即充填术恢复缺损。

知识链接

在进食时一些食物粘附在牙齿上，吸引了微生物菌落附着在牙面上，形成一层软垢。这种细菌和食物软垢在牙齿表面结合形成一薄层致密的、非钙化的、胶质样的膜状细菌团，称为菌斑。

【护理评估】

一、健康史

询问患者口腔卫生及饮食习惯，尤其是小孩询问其有无睡前吃甜食的嗜好。若有疼痛，了解是自发性痛还是激发痛，疼痛与冷热刺激是否有关。

二、身体状况评估

（一）症状与体征

龋病病变过程是由牙釉质或牙骨质表面开始，由浅入深逐渐累及到牙本质，呈连续破坏过程。临床上为了便于诊断和治疗，根据龋损程度分为浅龋、中龋及深龋（图9-2）。

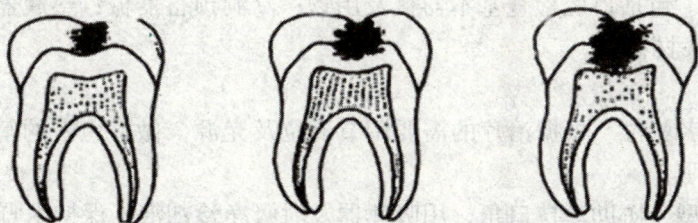

图 9-2 龋病的三个阶段

1. 浅龋 龋蚀只限于牙齿的表层即牙釉质或牙骨质。表现为龋损部位色泽变黑，患者无自觉症状，探诊有粗糙感或有浅层龋洞形成。

2. 中龋 龋蚀已进展到牙本质浅层，形成龋洞，患者对冷、热、酸、甜等刺激较为敏感，对冷的刺激尤其明显，但去除外界刺激后，症状即可消失。

3. 深龋 龋蚀进展到牙本质深层时为深龋，临床上可看见较深的龋洞，对温度变化及化学刺激敏感，食物嵌入洞内压迫发生疼痛，探查龋洞时酸痛明显，但无自发性痛。

（二）辅助检查

1. 温度刺激试验 可用冷热刺激进行检查，了解牙髓状况，确定治疗方案。

2. X线检查 可借助X线摄片检查有无邻面龋或颈部龋，了解龋洞的深度。

二、心理、社会状况

龋病初期患者无自觉症状，常不易受到患者的重视，延误了治疗时机，从而导致发生牙髓炎、根尖周炎、牙槽脓肿等严重的口腔疾病。因此，应正确评估患者的年龄、口腔卫生习惯、口腔卫生保健知识、文化层次、经济状况、对疾病了解程度以及不愿就诊的原因等。

【护理措施】

（一）非手术治疗护理

1. 用物准备　口腔检查基本器械、高速手机及合适车针，用小棉球蘸10％硝酸银或氟化物备用。

2. 护理配合

（1）暴露病变部位　递手机，协助扩大术野，及时吸唾，保持术野清晰。

（2）清洁患牙　递清洁刷清洁牙面，必要时递洁牙手机清除牙结石及菌斑，用三用枪冲洗干净。

（3）隔湿　递镊子夹棉卷隔湿或协助医师用橡皮障隔湿，吹干患牙表面。

（4）涂布　递蘸有药物的小棉球，医师在患牙上进行涂布时，协助牵拉患者口角，挡舌和吸唾，避免药物接触口腔软组织。

（二）修复性治疗护理

牙体硬组织是高度钙化的组织，一旦遭到破坏后无自身修复功能，需依靠人工方法进行修复。龋病治疗最常用的方法是充填修复，以恢复牙的形态和功能。根据患牙部位和龋损类型，龋病的修复性治疗可选择不同修复材料和修复方法。在进行充填术的过程中，护士应进行如下配合。

1. 用物准备　包括口腔检查基本器械及用物；窝洞预备器械；垫底器械；药品；充填器械；修复垫底材料等。

2. 护理配合

（1）安排患者就位　根据治疗的需要调节椅位及光源，做好患者的解释工作，清除对钻牙的恐惧心理。

（2）制备洞型　协助牵拉口角，用吸唾器及时吸净冷却液，保持术野清晰。

（3）隔湿　递送镊子夹棉卷隔湿，吹干窝洞。

（4）消毒　准备窝洞消毒的小棉球，消毒药物根据龋洞情况及医嘱选用。

（5）调拌垫底及充填材料　遵医嘱调拌所需材料。

（6）清理用物　将所有车针、器械及手机消毒后备用。

【健康指导】

向患者宣传预防龋病的有关知识，增强人们的健康保健意识；指导患者采用正确的刷牙方法以及养成良好的口腔卫生习惯；定期口腔检查，在医师的指导下使用含氟用品也可做窝沟封闭，提高牙齿的抗龋能力。

牙髓病

案例　*患者，女性，42岁，主诉夜间突然发生右侧牙齿剧烈疼痛，难以入睡，喝*

冷、热水疼痛加剧。曾有反复右下颌区疼痛史，自服消炎药缓解。口腔检查见口腔卫生差，右侧下颌第二磨牙颌面深龋，伴有轻度咬合痛。患者对口腔保健知识了解不多，对疾病的预后较担忧。

牙髓病（disease of dental pulp）是指发生在牙髓组织的疾病。包括牙髓充血、牙髓炎、牙髓变性和牙髓坏死等，其中以牙髓炎最为常见，主要表现为剧烈的难以忍受的疼痛，深龋是引起牙髓感染的主要途径。

治疗原则：止痛，用药物或开髓减压的方法缓解患者的疼痛；保存正常的牙髓组织或保留患牙保存牙髓的方法有活髓切断术，保存牙体的方法有牙髓塑化治疗、根管治疗等。

【护理评估】

一、健康史

询问患者有无全身性疾病（如心脏病、糖尿病等）和是否曾感染过传染性疾病（如乙肝或结核）。了解患者口内是否有龋齿及牙周病，患牙近期有无受到物理及化学药物刺激。询问疼痛的性质、发作方式和持续时间。

二、身体状况评估

（一）症状与体征

牙髓炎按其临床经过分为急性牙髓炎与慢性牙髓炎。

1. 急性牙髓炎 常见于慢性牙髓炎的急性发作。其临床特点为发病急，疼痛剧烈，且患者对疼痛不能自行定位，亦不能明确指出患牙。

2. 慢性牙髓炎 最为常见，多不发生剧烈的自发性疼痛，有时有阵发性隐痛、钝痛等，患者有长期的冷、热刺激痛病史，觉患牙咬合不适，可定位患牙。

（二）辅助检查

（1）用电活力测试牙髓活力、温度试验及叩诊可帮助确定患牙。

（2）X线牙片检查病变的位置和深度。

三、心理、社会状况

牙髓炎多由深龋引起，疼痛症状不明显时，患者不为重视，忽视对龋齿的早期治疗。当急性牙髓炎发作，特别是夜间疼痛加重时，患者烦躁不安，常以急诊就医，就医时患者根治愿望迫切，但又怕钻牙。

【护理措施】

一、紧急止痛治疗的护理

1. 药物止痛 遵医嘱备丁香油或樟脑酚棉球置于龋洞内可以暂时止痛，同时口服止痛药。

2. 开髓减压 是止痛最有效的方法。应对患者进行心理安慰，消除恐惧心理。开髓后护士协助冲洗髓腔，开放引流，待疼痛缓解再进行相应处理。

二、保存牙髓治疗的护理

牙髓炎疼痛缓解后，应进行根本治疗。炎症只波及冠髓或部分冠髓的牙可选择保留活髓的治疗方法，如盖髓术、活髓切断术，保存生活的根髓。操作步骤及护理配合以活髓切断术为例。

1. 用物准备 术前护士准备好各种无菌器械、局麻药、消毒剂及暂封剂等。

2. 对患牙进行麻醉 抽取局麻药供医师进行局部麻醉或浸润麻醉。

3. 除去龋坏组织 待麻醉显效后，备挖器或大圆钻供医师除去窝洞内腐质，并准备3%过氧化氢液，清洗窝洞。

4. 隔离唾液、消毒窝洞 在治疗全过程中须严格无菌操作。协助医师隔湿，并及时吸唾，保持术区干燥，防止再污染。

5. 揭髓室顶、切除冠髓 医师用牙钻揭开髓室顶，护士协助用生理盐水冲洗髓腔，再次消毒窝洞，用挖器将冠髓从根冠口处切除。

6. 放置盖髓剂、暂封 遵医嘱调制氢氧化钙等盖髓剂，覆盖牙髓断面。盖髓完成后，调制氧化锌丁香油粘固剂暂封窝洞。术中避免温度刺激及加压。

7. 充填 可于盖髓后即行永久充填。亦可观察1～2周，若无自觉症状，遵医嘱调制磷酸锌粘固剂垫底，银汞合金或复合树脂作永久性充填。

三、保存牙体治疗的护理

无条件保存活髓的牙齿时可选择保存牙体的治疗。本节重点介绍干髓治疗。

干髓治疗是用失活剂使牙髓失去活力，除去冠部牙髓组织，再用干髓剂覆盖残留根髓断面，使根髓长期保持无菌干化状态，以达到保留患牙的目的，主要用于后牙。干髓治疗包括失活干髓术和麻醉干髓术，以应用广泛的失活干髓术为例进行阐述。

1. 失活前准备工作 向患者说明治疗目的，用药后可能出现的疼痛等反应，并告知患者疼痛多数小时后消失，如疼痛难忍可立即到医院就诊。

2. 封药前解释 用砷做失活剂时，应向患者讲明药物的毒副作用，待患者同意能按时复诊时再进行封药，以免因封药过久而引起化学性根尖周炎。

3. 封药 备好器械和药物，按医嘱准备失活剂，配合调制氧化锌丁香油糊剂封闭窝洞，预约患者复诊时间。

4. 复诊 复诊时，取出失活剂，备冲洗液协助冲洗髓腔，吸净冲洗液。拭干并消毒窝洞，遵医嘱调制磷酸锌粘固粉垫洞底，调制永久性材料作窝洞充填。

【健康指导】

利用患者就诊机会，向患者讲解牙髓炎的发病原因、治疗方法和目的，以及牙病早期治疗的重要性。

根尖周病

案例 患者，女性，40岁。左侧上颌后牙出现自发性、持续性钝痛4天。咬硬物时疼痛明显。口腔检查：左上5合面深龋，探诊（－），叩诊（＋＋），松动Ⅰ°，牙周检查（－）。温度刺激试验无反应。此患者的临床诊断？应如何护理？

根尖周病（periapical periodontitis）是指发生在牙齿根尖部及其周围组织包括牙周膜、牙槽骨及牙骨质的各种类型的疾病。根尖周炎是指局限于根尖周围组织的炎症。临床上以慢性根尖周炎最为常见，多由感染的牙髓通过根尖孔和副根尖孔刺激根尖周组织引起。

治疗原则：急性根尖周炎应首先开髓引流，缓解疼痛，然后进行根管治疗或牙髓塑化治疗；慢性根尖周炎主要采用牙髓塑化治疗或根管治疗。

【护理评估】

一、健康史

询问患者是否患过牙髓炎，有无反复肿痛史及牙髓治疗史。

二、身体状况评估

（一）症状与体征

1. 急性根尖周炎 大多数均为慢性根尖周炎急性发作所致。炎症初期，患者自觉患牙根部不适，发胀，轻度钝痛，检查时有叩痛。当形成化脓性根尖周炎时出现自发性剧烈、持续的跳痛，牙齿有明显伸长感，咀嚼时疼痛加重，患者能指出患牙。脓肿破溃或切开引流后，急性炎症可缓解，而转为慢性根尖周炎（图9-3）。

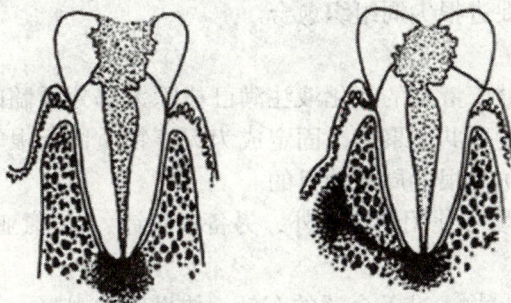

图9-3 急性根尖周炎

2. 慢性根尖周炎 常有反复肿胀疼痛的病史。检查可见患牙龋坏变色，无探痛但有轻微叩痛，根尖区牙龈可发现窦道孔。

（二）辅助检查

X线片：显示根尖区有稀疏阴影，或圆形透射区。

三、心理、社会状况

急性根尖周炎患者患牙出现的剧烈疼痛，患者十分焦虑。如急性期治疗不彻底即可转为慢性，而慢性根尖周炎患者自觉症状不明显，又常被患者忽视。当患牙出现脓肿及窦道时，才得到患者的重视，前来就诊。有些病变产生的口臭、面部肿胀、面部瘘管等症状严重影响了患者的个人形象和社交活动，使患者产生自卑心理，如果患者未坚持治疗，则长期受本病的困扰。

【护理措施】

急性根尖周炎应首先缓解疼痛，然后进行牙髓塑化治疗或根管治疗。

一、开髓引流

是控制急性根尖周炎的首要措施。协助医师在局麻下用高速手机打开髓腔，拔除牙髓，使渗出物得以引流，达到止痛、防止炎症扩散的目的。护士抽吸协助医师冲洗髓腔，吸净冲洗液，吹干髓腔及用消毒纸尖吸干根管，备消毒酚棉球及短松棉捻供医师置入髓室内，防止食物掉入。

二、脓肿切开

如已形成骨膜下或黏膜下脓肿，应切开脓肿，护士应协助医师对术区进行清洁、消毒、隔湿准备。按医嘱准备麻醉药物及器械。

三、全身治疗

按医嘱服用抗生素、镇痛剂、维生素等药物。嘱患者注意适当休息，高热患者多饮水，给予流质及半流质饮食，注意口腔卫生。

四、牙髓塑化治疗或根管治疗

急性炎症控制后或慢性根尖周炎应作牙髓塑化治疗或根管治疗，以消除感染，防止根尖周组织的再感染，促进根尖周组织愈合。

（一）牙髓塑化治疗

牙髓塑化治疗是将处于液态的塑化液注满已拔除大部分牙髓的根管内，使其与管内残存的牙髓组织及感染物质共同聚合，固定成为无害物质留于根管中，从而达到消除病原体，封闭根尖孔管，防治根尖周病的目的。

1. 用物准备　除充填术使用的器械外，另备拔髓针、2%氯亚明液、塑化剂等。

2. 护理配合

（1）准备　去除暂封物，准备合适的车针，协助维护视野，及时吸唾。

（2）拔髓　备2%氯亚明液供医师滴加到髓腔内后，拔除牙髓。

（3）冲洗根管　备冲洗液冲洗根管。

（4）消毒、隔湿　备好所需器械及塑化剂，协助进行消毒、隔湿、窝洞冲洗，保持术野清晰。

（5）调制塑化剂　依据说明抽取调制催化剂。

（6）导入塑化剂　选用合适的根管器械蘸取塑化剂送往髓腔。

（7）封闭根管　塑化后，调制氧化锌丁香油粘固粉、磷酸锌粘固粉双层垫底，再用银汞合金或复合树脂作永久充填。

3. 注意事项

（1）用器械向髓腔输送塑化剂时，注意不要碰触黏膜及软组织。

（2）塑化上颌邻面洞时，协助医师用暂封材料在远中作假壁后再塑化。

（3）上颌牙塑化要防止器械掉入咽喉部和药液流向咽部黏膜等事故发生。

（二）根管治疗

根管治疗术是通过清除根管内的炎症牙髓和坏死物质，并消毒，严密填塞根管，隔绝细菌进入根管，防止根尖周病变的发生或促进根尖周病的愈合的一种治疗方法。根管治疗术通常包括三个基本步骤：根管预备、根管消毒及根管充填。

1. 用物准备 包括常用检查器械、高速手机、低速手机、拔髓针、长度测量尺、根管扩大针、根管锉、根管充填器等，以及根尖定位仪、常用药物及材料等。

2. 护理配合

（1）根管预备 包括开髓与拔髓：根尖定位仪备用，根据根管锉工作长度做好标记并逐号排放在治疗盘内；预备根管：包括机械预备根管和化学洗涤根管。

（2）根管消毒 根管经预备后，将蘸有消毒药液的棉捻置于根管内，暂封窝洞。

（3）根管充填 应注意无菌操作。先将根管充填材料调成糊状送入根管内，再将消毒后的牙胶尖插入根管，直达根尖孔，去除多余牙胶，最后递送氧化锌丁香油粘固剂暂封。嘱患者拍摄根充片，若充填满意嘱患者1周后作永久充填。

【健康指导】

（1）让患者了解根尖周炎的发病原因，治疗过程及可能出现的问题。

（2）急性根尖周炎的患者向其讲明开髓减压及脓肿切开仅为应急处理，当症状消退后，必须继续采取根除病源的治疗方法。

（3）进行各项治疗时，让患者了解治疗步骤及目的，取得患者的合作。嘱患者按医嘱准时复诊，保持治疗的连续性，以达到治疗的最佳效果。

练习题

一、A1 型题

1. 目前认为人类主要致龋菌是
   A. 乳酸杆菌
   B. 唾液链球菌
   C. 血链球菌
   D. 变形链球菌
   E. 轻链球菌

2. 中龋的临床表现为
   A. 遭受外界的物理化学刺激无明显反应
   B. 龋洞形成，酸甜冷热刺激疼，刺激去除后症状立即消失
   C. 龋洞形成，冷热刺激疼、自发疼
   D. 龋洞形成，冷热刺激、放射疼
   E. 龋洞形成，食物嵌入疼、夜间疼

3. 急性牙髓炎应急镇痛治疗的最好方法是
   A. 药物消炎、镇痛
   B. 局部麻醉下开髓引流，辅以药物镇痛
   C. 直接或间接盖髓
   D. 拔除牙髓
   E. 拔除牙齿

4. 根尖周组织病的病因不包括
   A. 创伤
   B. 化学刺激
   C. 感染
   D. 电流刺激
   E. 免疫因素

二、A2 型题

5. 涂某，男，4岁7个月。右上后牙疼痛1天，昨晚疼痛加剧，影响睡眠，未经治疗。检查：右上Ⅳ远中邻面龋，内有食物残渣，探（＋＋＋），叩（±），冷（＋＋），松（－）。X 线示右上Ⅳ深龋近髓，根尖周未见异常。诊断是

A. 牙髓坏死   B. 急性牙髓炎

C. 急性根尖周炎   D. 急性牙周炎

E. 急性冠周炎

6. 女性，18 岁。上前牙两牙之间有点状发黑。无自发痛和冷、热刺激痛。口腔检查：左右上1 近中邻面点状黑斑，表面粗糙，叩诊（－），探诊（－）。最可能的诊断是

A. 浅龋   B. 中龋

C. 深龋   D. 静止龋

E. 继发龋

第二节　牙周组织病患者的护理

　　牙周病（periodontal diseases）指牙齿支持组织，包括牙龈、牙周膜、牙槽骨及牙骨质等发生的慢性、非特异性、感染性疾病。其中以牙龈炎和牙周炎最为常见。牙周病是口腔疾病最常见的疾病之一，患病率明显高于龋病，随着年龄的增长，患病率呈逐渐增高，其程度也越来越严重。

牙龈炎

　　案例　男性，30 岁。左下后牙自发性肿痛，吸吮时易出血。自诉5 天前曾用牙签剔牙。口腔检查：左下56 牙间乳头红肿有明显探触痛，易出血。牙体无龋坏和非龋性疾病。叩诊（＋），无松动，未探及牙周袋。可能的诊断是什么？

　　牙龈炎（gingivitis）病变发生于牙龈组织，一般炎症只局限于龈乳头和龈缘，严重时可累及附着龈。牙龈炎的病变可逆转，但如果炎症未得到控制，可进一步发展为牙周炎。

　　治疗原则：通过洁治术清除菌斑及牙结石去除病因，消除造成菌斑滞留的因素。

【护理评估】

一、健康史

　　了解患者身体状况及口腔情况，有无用口呼吸的习惯，有无药物过敏史及长期服用激素、避孕药等病史。

二、身体状况评估

（一）症状与体征

　　1. 一般无明显自觉症状，多数患者往往因牙龈受到机械刺激，如刷牙、咀嚼、说话、吸吮等引起出血或口臭而来就诊。

知识链接

牙菌斑是引起牙龈炎的始动因子，口腔卫生不良，形成牙结石，以及其他因素如食物嵌塞、不良修复体及牙错位拥挤，均可促进菌斑的积聚，引发或加重牙龈炎症。某些全身因素如内分泌紊乱、维生素C缺乏、营养障碍与系统性疾病也可引起或加重牙龈炎。

2. 口腔检查可发现牙龈充血、红肿、呈暗红色，点彩消失，表面光滑发亮，质地松软，缺乏弹性，龈沟深度可达3mm以上，形成假性牙周袋，但上皮附着仍位于釉牙骨质界处，这是区别牙龈炎与牙周炎的重要标志。

知识链接

牙周袋是病理性加深的龈沟。牙龈炎、牙龈肿胀或增生使龈缘位置向牙冠方向移动，而龈沟底结合上皮的位置并未向根方迁移，此情况称为假性牙周袋。而牙周炎时，结合上皮向根方增殖，其冠方部分与牙面分离形成牙周袋，这是真性牙周袋。

三、心理、社会状况

牙龈炎一般无自觉症状，容易被患者忽视而得不到及时治疗，当出现牙龈出血，口臭影响人际交往时，才引起患者重视。

【护理措施】

一、一般护理

去除致病因素，口内有不良修复体者，协助医师取下，消除食物嵌塞。

二、用药护理

配合医师为患者行局部药物治疗，病情严重者，指导患者遵医嘱服用抗生素及维生素。

三、手术护理

龈上洁治术和龈下刮治术，是去除牙结石和菌斑的基本手段。其方法是使用器械或超声波洁牙机除去龈上、龈下牙石。以上两种手术的操作步骤及护理配合如下。

（一）术前准备

向患者说明手术的目的及操作方法，取得患者配合，必要时作血液检查，以排除出血性疾病。准备好消毒的洁治器械或超声波洁牙机。

（二）术中配合

（1）调节椅位　治疗上颌牙时患者颌平面与地面呈45°，下颌时应与地面平行。

（2）嘱患者用3%过氧化氢液或0.1%氯己定溶液含漱，用1%碘酊消毒手术区。

（3）根据洁治术的牙位及医师使用器械的习惯，摆放好所需的洁治器。

（4）术中协助牵拉唇、颊及口角，保证手术区视野清晰，及时吸净冲洗液。

（5）牙石去净后，打磨牙面，龈下刮治则用根面锉磨光根面。

（6）备纱团及小棉球拭干手术区。用镊子夹持碘甘油置于龈沟内。

【健康指导】

让患者了解牙龈炎是可以预防的，关键是一生中坚持每天彻底地清洁牙菌斑。患了牙龈炎要及时治疗．如发展到牙周炎将会对口腔健康带来严重的危害，向患者解释积极配合医师治疗可以消除口臭，恢复社会交往信心。

牙周炎

案例 女性，32 岁。诉两侧后牙咀嚼不适，牙龈出血 10 年。口腔检查：切牙和第一磨牙牙周袋 6～7mm，松动 Ⅰ°～Ⅱ°，切牙轻度唇侧移位，余牙无牙周袋。X 线片示：仅切牙和第一磨牙牙周袋牙槽骨吸收明显。护士应如何对此患者进行健康指导。

牙周炎（periodontitis）是牙龈、牙周膜、牙骨质及牙槽骨这 4 种牙周支持组织的炎性破坏性疾病，是拔牙原因的首位。牙周炎除有牙龈炎的症状外，牙周袋的形成是其主要临床特点，往往由牙龈炎未能及时治疗发展而来。

治疗原则：坚持早期治疗，长时间的定期维护治疗，使病损不再发展，患牙长期保存并行使其功能。

【护理评估】

一、健康史

1. 全身状况 了解患者家族史、牙周病史、有无血液病或全身系统性疾病。当妇女妊娠期、糖尿病患者及全身抵抗力下降时，可使牙周炎症状加重。

2. 口腔状况 菌斑、牙石状况；有无不良修复体、食物嵌塞；牙列是否整齐，是否戴有矫治器；有无磨牙症、口呼吸、吸烟等不良习惯。

二、身体状况评估

（一）症状与体征

检查可见牙龈组织水肿，颜色暗红，点彩消失；在刷牙、咀嚼、说话时出现牙龈出血；牙龈与牙根面分离，龈沟加深，形成病理性牙周袋；轻压牙周袋外壁，有脓液溢出，并伴有口臭。可发生急性牙周脓肿，表现为近龈缘处局部呈卵圆形突起，红肿疼痛。由于牙周膜破坏、牙槽骨吸收，牙齿出现松动，咀嚼功能下降。

知识链接

堆积在龈牙结合部的牙面和龈沟内的菌斑微生物及其产物引发牙龈的炎症和肿胀，使局部微生态环境更有利于牙周致病菌的滋生，并形成致病性强的生物膜，由龈上向龈下扩延，其引起的炎症范围扩大到深部组织，导致牙周袋形成与牙槽骨吸收，从而引起牙齿松动、脱落。

（二）辅助检查

X 线片示牙槽骨吸收，牙周膜间隙增宽，硬骨板模糊，骨小梁疏松等。

三、心理、社会状况

牙周炎为慢性疾病，早期症状较轻，容易被患者忽视而得不到及时治疗，晚期由于牙周组织破坏严重，牙槽骨重度吸收，出现口臭、牙齿松动、脱落等。牙周炎治疗效果差，患者表现出自卑、焦虑情绪。疼痛患者可出现烦躁、性格变化等。

【护理措施】

一、全身及局部用药

近年来研究认为菌斑是牙周病的主要致病原因，嘱患者按医嘱服用抗生素。局部常用3%过氧化氢液冲洗牙周袋，后放置复方碘液。

二、去除局部刺激因素

采用龈上洁治术或龈下刮治术清除牙结石。

三、消除牙周袋

经局部治疗，牙周袋仍不能消除者，可行牙周手术清除牙周袋。常用的手术方法有牙龈切除术及牙龈翻瓣术。护理配合以牙龈翻瓣术为例。

（一）器械准备

外科手术刀、牙周探针、骨膜分离器、眼科弯头尖剪刀、刮治器、小骨锉、局麻器械、缝针、缝线、持针器、调拌用具、消毒药品、无菌包，另备牙周塞治剂及丁香油。各类器械消毒后备用。

（二）术中配合

（1）术前用0.1%氯己定液漱口，75%酒精消毒口周皮肤，铺洞巾。

（2）备局麻药进行术区麻醉。

（3）医师做翻瓣术切口时牵拉口唇，暴露术野。协助止血，及时传递手术器械，用生理盐水冲洗创面，吸去冲洗液，用纱球拭干术区，保持术野清晰。

（4）医师缝合时协助剪线。缝合完毕，调拌牙周塞治剂，将其形成长条状，置于创面，用棉签蘸水轻轻加压，使其覆盖整个术区，保护创面。

（三）术后护理

嘱患者注意保护创口，24 小时内不要漱口刷牙，进软食。必要时按医嘱服抗生素1周。术后5～7天拆线，6周内勿探测牙周袋，以免影响愈合。

【健康指导】

（1）加强营养，增加维生素 A.C 的摄入，提高机体修复能力，以利于牙周组织的愈合。

（2）牙周炎治疗成功与否，一是患者坚持良好的自我菌斑控制，二是医师周密的治疗计划和细致、精湛的技术。

（3）向患者特别强调牙周炎的治疗效果与患者口腔卫生习惯密切相关，定期接受医师的检查和指导，才能巩固疗效，阻止疾病发展。

练习题

一、A1 型题

1. 牙龈炎患者主诉症状通常为
   - A. 牙齿移位
   - B. 口腔异味
   - C. 食物嵌塞
   - D. 牙龈出血
   - E. 以上均是

2. 牙周炎最重要的临床表现之一是
   - A. 牙齿移位
   - B. 牙周溢脓
   - C. 口臭
   - D. 牙周袋形成
   - E. 牙龈肿胀、出血、疼痛

3. 治疗牙龈炎首选方法
   - A. 选用漱口水，保持口腔卫生
   - B. 去除牙石
   - C. 牙龈切除
   - D. 选用抗生素
   - E. A＋B＋D

4. 牙周病最有效的预防措施有：
   - A. 正确刷牙、定期洁治，养成良好的口腔卫生习惯
   - B. 盐水漱口，使用药物牙膏
   - C. 改变偏侧咀嚼习惯
   - D. 定期调合，去除合创伤因素
   - E. 牙龈翻瓣手术

5. 牙龈炎的临床表现是
   - A. 牙龈可呈鲜红或暗红色
   - B. 刷牙或咬硬物时牙龈可有出血
   - C. 牙龈有探诊出血
   - D. 牙龈袋
   - E. 以上均是

第三节　口腔黏膜病患者的护理

　　口腔黏膜病是发生在口腔黏膜和软组织表面类型各异、种类繁多疾病的总称。这些疾病可以是口腔黏膜本身的固有疾病，也可能是全身系统疾病在口腔局部的表现。口腔黏膜常见的病理损害有斑块、丘疹、结节、糜烂、溃疡、疱、坏死、萎缩、皲裂等。现将常见的几种口腔黏膜病介绍如下。

知识链接

　　黏膜的损害表现为非特异性炎症。上皮局限性坏死与水肿变性，表面覆盖一层纤维素性渗出物。结缔组织有大量炎性细胞浸润，毛细血管扩张，内皮细胞肿胀，黏膜腺有炎症。

复发性阿弗他溃疡

复发性阿弗他溃疡（recurrent aphthous ulcer，RAU）亦称复发性口疮，是一种常见的口腔溃疡性损害，发病率居口腔黏膜病之首。本病呈周期性复发且有自限性，一般7～10天可自愈。本病的病因和发病机制目前尚不清楚。多数人认为与病毒感染、免疫功能低下等诱发因素有关。

治疗原则：包括全身治疗和局部治疗。前者目的在于防止或减少溃疡的发生，可用免疫抑制剂或免疫增强剂。

【护理评估】

一、健康史

询问患者近期有无上呼吸道感染、消化道不适、过度疲劳等诱因。

二、身体状况评估

临床上将此病分为三种类型：轻型、重型和疱疹样溃疡。

1. 轻型　多见于青少年，好发于唇、舌缘、舌尖等处。初期仅黏膜充血水肿，随即出现单个或多个粟粒大小的红点，随之破溃形成类园形溃疡，直径约2.0～4.0mm，中央稍凹陷，表面覆盖灰黄色假膜，周围红晕，有自发的烧灼痛，约7～10天自愈，愈合后不留瘢痕；经过一段间歇期可在口腔部位复发。

2. 重型　又称腺周口疮。发作时溃疡较大，直径可达10～30mm，边缘不规则且隆起，疼痛剧烈。病程可长达数月，有自限性，愈后留有疤痕。

3. 疱疹样溃疡　又称阿弗他口炎。溃疡小而多，散在分布在黏膜任何部位，直径小于2mm，可达数十个之多，散在分布，可融合成片，剧痛，可伴有头痛、低热、全身不适，局部淋巴结肿大。有自限性，不留瘢痕。

三、心理、社会状况

溃疡新旧交替反复发作，局部疼痛，且治疗效果不佳，患者十分痛苦。因进食使疼痛加剧，患者常惧怕进食，求治心切。

【护理措施】

一、嘱患者遵医嘱用药

采用10%硝酸银或50%三氯醋酸烧灼溃疡时，护士协助隔离唾液、压舌，切勿使药液超出溃疡面，以免伤及周围正常黏膜。

二、止痛

当疼痛难忍，进食困难时，可麻醉止痛，并嘱患者食清淡食物。

三、全身治疗

对于严重患者，可使用糖皮质激素；对免疫功能减退者，可选用转移因子，适当补充维生素 C 和复合维生素 B。

【健康指导】

（1）向患者介绍疾病的病程及治疗目的，让其了解本病，减轻焦虑情绪。

（2）失眠、疲劳、精神紧张等因素可能与口腔溃疡的发生有关。让患者注意调解生活节律，调整情绪，均衡饮食，少吃刺激性食物，防止复发。

口腔单纯疱疹

案例 1 岁半幼儿双颊、唇、舌黏膜突发成簇、针头大小透明小水疱及溃疡、伴啼哭、流涎、发烧，其临床诊断是什么？

口腔单纯疱疹（herpes simplex）是口腔黏膜常见的急性传染性发疱性病变。本病由 Ⅰ 型单纯疱疹病毒引起，较常见，可在咽喉、角膜、生殖器以及口周皮肤等处发生。在口腔黏膜处称为疱疹性口炎；单独发生在口周皮肤者称唇疱疹。人体是单纯疱疹病毒的天然宿主，当机体抵抗力下降或存在局部因素刺激时，可导致疱疹复发。传染途径为飞沫、唾液和接触疱疹液传染。

治疗原则：单纯性疱疹治疗包括全身支持治疗、抗病毒治疗与局部用药。

【护理评估】

一、健康史

了解患者近期有无上呼吸道感染、消化不良等导致机体抵抗力下降的诱因，是否接触患该类疾病的患者。

二、身体状况评估

1. 疱疹性口炎 多见于 6 岁以下的儿童。初起时常发热、头疼、乏力，甚至咽喉疼痛等急性症状，患儿烦躁哭闹、流涎、拒食。1~2 天后，口腔黏膜充血水肿．继而成簇出现水疱，并迅速破溃成溃疡。发病期间出现剧烈自发痛，引流区淋巴结肿大压痛，多于 7~10 天左右溃疡可自行愈合，且不留疤痕。

2. 唇疱疹 常见于成年人，好发于唇红黏膜与皮肤交界处。开始时局部有灼热感、发痒，继之发生多数小水疱、、常成簇，疱内液体由澄清变浑浊，最后破溃结痂，病程 1~2 周，局部留下色素沉着。若继发感染可成脓疱。易复发。

三、心理、社会状况

疱疹性口炎患儿因年龄小，常表现为躁动不安、哭闹拒食，家属也表现出十分烦躁及焦虑，求治心切。唇疱疹有反复发作的特点，患者十分苦恼。

【护理措施】

本病尚无特殊疗法，主要是保持口腔清洁，对症和支持治疗。严禁使用皮质类固醇药物。

（1）让患者充分休息，给予高热量易消化的流质或软食。餐后清洁口腔，保持口腔卫生，进行必要的隔离避免与他人接触。

（2）遵医嘱应用抗病毒药物及抗生素，同时给予大量的维生素 C 和复合维生素 B，进食困难者静脉输液，保证液体摄入量，维持体液平衡。

（3）用药指导：饭前可用麻醉药物暂时止痛，便于进食，饭后用2.5%金霉素甘油糊剂局部涂布，2 小时一次，起防腐消炎作用。

【健康指导】

（1）注意保持口腔卫生。

（2）对患者及患儿家属进行心理安慰，让其了解疾病的发病原因及注意事项，认真按医嘱用药，以缩短疗程，促进组织愈合。

口腔白斑病

口腔白斑病即口腔白斑（oral leukoplakia，OLK）是口腔黏膜上的一种不能以临床和组织病理学的方法诊断为任何其他疾病的明显的白色病变，因组织学上有角化不良或不典型增生等改变，被认为是一种口腔黏膜的癌前病变。

白斑的发生局部刺激因素有关，如吸烟、嚼槟榔、饮酒，口腔内的残根、残冠、不良修复体等长期刺激。全身因素如维生素 A、B 的缺乏、内分泌紊乱、霉菌感染、易感的遗传素质等因素都与白斑的发生有关。

治疗原则：控制病变的牙周，控制癌变。使过度增生、形态异常的上皮细胞逆转，恢复正常的组织形态。

知识链接

白斑的发生率与吸烟史的长短及吸烟量成正比关系，香烟制品种类也与白斑发病率有关，其由高到低的顺序是：吸旱烟＞吸纸烟＞吸水烟。用香烟的烟雾刺激或烟丝提取液直接涂擦黏膜，可制备出白斑动物模型。

【护理评估】

一、健康史

（1）了解患者的生活习惯，有无烟酒嗜好，是否喜食辛辣及过热食物。

（2）口腔内有无残根、残冠及不良修复体等。

二、身体状况评估

中年以上男性患者多见。口腔黏膜白斑好发部位为颊黏膜，唇次之。损害呈乳白色斑块状，边界清楚。初起色浅，表面光滑，后逐渐扩大、变厚、表面粗糙，触之较硬。患者除粗糙不适感及木涩感外，亦可有刺激痛等症状。

三、心理、社会状况

当患者了解到该病为口腔黏膜癌前病变时，常产生恐惧、焦虑情绪。

【护理措施】

（1）用药指导 让患者遵医嘱用药，局部用0.1%～0.3%维 A 酸软膏或鱼肝油涂擦。口服维生素 A、E 及维 A 酸等。

（2）白斑应严密观察，必要时手术切除或冷冻治疗。

（3）嘱患者按医嘱定期复查。对已治愈的白斑患者仍需追踪观察。

【健康指导】

（1）加强口腔护理，消除一切局部刺激因素。

（2）要求其积极戒烟、禁酒，少吃烫辣食物，改正不良的饮食习惯。

（3）给予患者积极的心理支持，保持乐观精神，树立信心，积极配合治疗。

口腔念珠菌病

口腔念珠菌病（oral candidosis）是由念珠菌感染所引起的口腔黏膜疾病，是人类最常见的口腔真菌感染。念珠菌是一种常见的条件致病菌，一般情况下不致病，当口腔不洁或大量使用抗生素及免疫抑制剂导致菌群失调时该菌就会大量繁殖而致病。

治疗原则：局部及全身抗真菌药物治疗。

【护理评估】

一、健康史

（1）详细评估患者有无营养不良、内分泌紊乱、白血病、等慢性消耗性疾病。

（2）有无长期使用抗生素和免疫抑制剂。

（3）婴幼儿应询问母亲的身体状况、哺乳卫生情况等。

二、身体状况评估

（一）症状及体征

1. 全身状况　全身反应一般较轻，患儿可有轻度发热、烦躁不安、啼哭等。

2. 口腔局部状况

（1）新生儿急性假膜型念珠菌口炎（又称鹅口疮或雪口病），好发于婴幼儿的唇、颊等黏膜处。可见白色凝乳状斑块，稍用力涂擦后将潮红溢血的创面。

（2）成人称为念珠菌性口炎，成年患者舌背乳头萎缩，口腔黏膜可有白色凝乳状斑膜，黏膜发红，口角湿白潮红、皲裂、糜烂及结节状增生等。

（二）辅助检查

涂片或培养时，显微镜下可见致病菌丝和孢子。

三、心理、社会状况

同单纯性疱疹。

【护理措施】

（1）维护良好卫生的心理状态。

（2）老年患者若有活动义齿，可指导用 2%～4% 碳酸氢钠溶液浸泡义牙及漱口。

（3）患处用消毒纱布清洗后，涂擦 0.05% 龙胆紫液和制霉菌素液。

（4）有疼痛症状的可用氯已定溶液加适量 2% 利多卡因与碳酸氢钠溶液交替漱洗，可减轻疼痛和消除白念珠菌的协同致病菌。

【健康指导】

（1）长期使用抗生素与免疫抑制剂者应警惕白色念珠菌感染的发生。

（2）告知家长要重视喂养卫生，喂养用具要消毒，哺乳前后要洗手，并用洗净乳头；哺乳完后擦拭或洗涤患儿口腔，并嘱其擦洗时防止幼儿误吞。

（3）儿童在冬季宜防止口唇干燥，以免发生皲裂。

练习题

一、A1 型题

1. 引起口腔单纯疱疹的主要致病菌为
　　A. 金黄色葡萄球菌　　　　　B. 单纯疱疹病毒
　　C. 变形链球菌　　　　　　　D. 柯萨奇病毒 A4
　　E、白色念珠菌

2. 哪一类人群易患口腔念珠菌病
　　A. 患有胃肠道疾病　　　　　B. 有烟酒嗜好
　　C. 更年期妇女　　　　　　　D. 长期应用抗生素者
　　E. 青壮年

3. 下列哪项不是复发性口腔溃疡的临床特征
　　A. 好发于中青年　　　　　　B. 反复发作的溃疡为圆形或椭圆形
　　C. 多见于唇、颊、舌等非角化黏膜　　D. 病变可影响到口周皮肤
　　E. 病程 7～14 天，有自限性

4. 急性假膜型（雪口病）的典型临床表现是
　　A. 白色或乳白色的丝绒状斑片，稍用力可擦掉
　　B. 灰白色或灰黄色假膜，易被拭去
　　C. 固着紧密的白色角质斑块
　　D. 亮红色水肿或 黄白色的条索状或斑点状假膜
　　E. 灰白色或黄褐色假膜，致密而光滑

5. 重型 RAU 的损害特点是
　　A. 溃疡数量大，大而深　　　B. 溃疡为圆形或椭圆形散在分部
　　C. 单个溃疡，基底硬结　　　D. 单个溃疡，深而大
　　E. 除口腔溃疡外，常伴有生殖器损害

6. 白斑在何中情况下应及早予以手术切除
　　A. 经久不愈，治疗后不消退者　　B. 白斑区发生皲裂、溃疡
　　C. 白斑表面增厚显著，或基底变硬时　　D. 活检证实是有癌前损害改变
　　E. 以上任何一项出现时

第四节　口腔颌面外科疾病的护理

　　口腔颌面外科是一门研究口腔颌面部如牙、牙槽骨、唇、颊、舌、腭、牙龈、上下颌骨、唾液腺、颌面颈部软组织等疾病的学科，包括各部位的的炎症、外伤、肿瘤及先天畸形缺损等外科治疗。口腔颌面部解剖关系复杂，其窦腔内有多种微生物存在，可

导致并加重感染；颌面部血管吻合支多，损伤后出血较多。局部全麻手术结束时可能遇到一些危急并发症，术后的严格观察和呼吸管理至关重要。口腔颌面外科护理是一门专业性、技术性很强的的医学专科护理，不仅涉及到口腔医学的各学科，而且还涉及到护理学科的许多领域。

口腔颌面部外伤病人的护理

案例 男性，20岁，车祸引起口腔颌面部损伤4小时急诊入院。患者烦躁，口唇发绀，呼吸困难。口腔检查：颏部粉碎性骨折，骨折块向下后移位，舌后坠。口内未见明显出血。护士护理时应注意什么？

口腔颌面部是人体最为暴露的部位，外伤时最易遭受损伤，常常伴有颅脑外伤，救治时必须迅速判断患者的伤情，及时有效地抢救患者生命。口腔是消化道的入口，呼吸道的门户，损伤严重时会造成呼吸困难，甚至窒息，护理工作十分重要。

治疗原则：口腔颌面部外伤治疗应迅速判断病情，分清轻重缓急，仔细询问，全面检查，准确及时救治。首先是保命，然后才是治疗创伤。

【护理评估】

一、症状与体征

1. 窒息 ①阻塞性窒息：损伤后由于口腔内血凝块、呕吐物等阻塞咽喉部阻塞呼吸道，在昏迷的伤员更易发生。②吸入性窒息：多见于昏迷患者直接将血液、唾液及呕吐物等吸入气管、支气管或肺泡而引起窒息。可出现"三凹征"。

2. 出血 颌面部血循环丰富，外伤后出血多，水肿重，可造成呼吸困难。

二、并发症

颅脑损伤是颌面部外伤最常见的并发症，临床护理中必须注意。

三、辅助检查

依据损伤不同常用的有颌骨全景片、颧骨颧弓切线位片、CT等。

四、心理、社会状况

颌面部外伤患者容貌、语言功能等均易造成不同程度的损伤，必然加重患者心理负担，导致患者产生心理障碍。

【护理措施】

（1）病人应采取半坐位或侧卧位，及时吸出分泌物，防止血液及口腔分泌物吸入呼吸道。

（2）按医嘱要求及时输血、输液及全身应用抗生素，止血、防止休克。根据伤情准备急救用品，对于颅脑损伤患者应先治疗颅脑病变，再治疗颌面部外伤。

（3）颌面外伤的护理口腔护理：外伤患者不能刷牙但能含漱，给予患者漱口液含漱，同时进行口腔护理，对于进行颌间牵引的患者擦拭时应注意清理牙缝及钢丝固定的各部分间隙以除去伤口分泌物、坏死组织，保护牙齿，减少口腔内微生物的数量，促进创口愈合。

（4）颌面外伤的饮食护理：根据医嘱和病情需要，选择合适的饮食及进食方法，如一般病人可给予高蛋白、高热量及维生素丰富的半流质，颌间固定的病人采用鼻饲，不能吸吮的病人应进行喂食。

（5）对口内有结扎固定的伤员，应每天检查夹板结扎丝有无松脱、移位、压迫牙龈或刺伤唇颊黏膜等情况，还要注意橡皮圈牵引方向与力量大小是否适当。如有问题，应及时纠正给予耐心解释、疏导及安慰，使病人主动配合治疗，尽快消除病人及家属的焦虑情绪。

【健康指导】

全身状况良好者，鼓励病人早期下床活动，使其掌握功能训练的时机与方法以改善血液循环，促进病人早期康复。进行必要的安全教育。

先天性唇腭裂病人的护理

案例 患儿，男，8个月，右上唇裂开至鼻底，左侧鼻翼塌陷，鼻小柱偏斜，腭部完全裂开，护士应如何对家属进行健康指导。

唇裂和腭裂为胚突融合不全或完全不融合所致，是口腔颌面部最常见的先天性畸形，可单独发生也可与同时伴发，其发病机制可能与遗传和妇女妊娠期间的营养因素、感染、损伤、内分泌、药物以及物理、烟酒因素有关。

唇腭裂的治疗是一个系统的工程，称之为序列治疗，需要分阶段分步骤进行全面治疗。单侧唇裂整复术年龄为3－6个月，双侧唇裂手术一般宜6－12月施行。现阶段临床上单侧唇裂多采用 Millard 旋转法及下三角法，双侧唇裂常用原长法及及加长法。腭裂修复术最适合手术目前多认为在学龄前，即5－6岁左右施行为宜，手术目的是封闭裂隙、延伸软腭长度、恢复软腭生理功能。

【护理评估】

一、身体状况评估

（一）唇裂

唇裂是胎儿在发育过程中，上颌突与球状突未能融合而发生裂隙。国际上常常将唇裂分为：①单侧唇裂（图9－4）；②双侧唇裂。

图9－4 单侧唇裂的分类

（二）腭裂

腭裂的患者主要表现为腭穹窿裂开，存在不同程度的裂隙，前方可到牙槽突，裂开的部位硬腭与鼻中隔相连，造成鼻腔与口腔相通，导致吸吮、语音、听力等多种功能障碍。目前根据硬腭与软腭的骨质、黏膜、肌层的裂开程度和部位，多将腭裂分为：①软腭裂：仅软腭裂开；②不完全腭裂：软腭完全裂开伴有部分硬腭裂开；③单侧完全性腭裂：常伴发唇裂。④双侧完全性腭裂：常伴发双侧唇裂。

二、心理、社会状况

唇腭裂患者由于面部及腭部畸形，常出现自卑心理，患儿及患儿父母常受到较大的心理创伤。腭裂患者还存在语言、听力、饮食、呼吸障碍。

【护理措施】

（一）术前准备

（1）术前必须给予患者全面体检，包括体重、营养状况，有无呼吸道感染以及消化不良等，对于全身及局部出现的不正常情况，均应查明原因，并给予适当治疗，待恢复正常后才可安排手术。

（2）术前3天开始用汤匙或滴管喂食流质或母乳，从而使患儿术后适应这种进食习惯；术前1天进行皮肤准备。

（3）婴幼儿术前4小时给予糖水100～150ml，术前30min按体重0.1/3～4kg体重注射阿托品或东莨菪碱，成人按3～4mg/kg体重注射巴比妥钠或其他镇痛、镇静剂。

（4）对于腭裂患者手术前3天应给予激素，术前应保持口腔清洁，大年龄腭裂患者术前应先做好输血准备和术后应用抗生素的药物过敏试验，如需要术前1周制作腭护板，并试戴合适，以备术后用于保护创口。

（5）心理护理：缓解患儿及家属的焦虑情绪。

（二）术后护理

（1）全麻护理：患儿在术后全麻未醒前，应使患儿平卧，将头偏向一侧，以免误吸。腭裂术后需待患儿完全清醒后才可拔除气管插管，保持呼吸道通畅。腭裂患者术后还需密切观察伤口及鼻腔有无渗血及喉头肿，保持腭护板固位良好，防止松脱。

（2）注意术后出血，密切观察患儿有无脱水、高热。

（3）饮食护理：腭裂手术患者麻醉清醒后4h如无呕吐，给予少量葡萄糖水，继而可用小汤匙或滴管喂饲牛奶。术后10～14天内进食全流质，逐渐改半流质，1月后可进普食。唇裂患者术后清醒后4h可给予少量糖水，汤匙置于健侧，勿触碰切口。术后10天才可吮吸母乳或奶瓶。

（4）术区护理：唇裂患者术后1天术区加压包扎，术后2天创口暴露，生理盐水清洗创口。腭裂患者如患儿合作，应每日清洗口腔。

（5）术后给予患者抗生素，防止伤口感染。

（6）唇裂术后张力较大时使用唇弓固定，10天后去除。术后应保持患儿安静，避免大声哭闹，以防腭部伤口裂开。

（7）唇裂术后5～7天拆线，拆线后嘱患者家属防止患儿跌倒，以免伤口裂开。需提醒患儿家属防止裂开。腭裂术后2周拆线，1～2个月后做语音训练。

【健康指导】

嘱患者家属保持患儿口腔清洁，术后1~2个月后开始做语音治疗。加强患者心理指导，消除其自卑心理。

口腔颌面部感染的护理

案例 患者，女，20岁，4天前感右下后牙肿痛，逐渐加重，开口受限，颊部肿胀明显。1天前出现右下后牙区剧烈跳痛。检查：体温38℃，急性病容。右颊部肿胀明显，开口度一指，右下第三磨牙水平阻生，远中龈瓣覆盖，红肿，扣痛（＋＋），挤压龈瓣有脓液渗出。此患者的诊断是什么？护理时应注意什么？

口腔、鼻腔正常时存在大量的微生物，存在较多的潜在性筋膜间隙，颜面部皮肤的毛囊、汗腺与皮脂腺也是细菌最常寄居的部位，导致感染容易发生。颜面部血液循环丰富，颅内外存在交通，感染易向颅内扩散。口腔颌面部感染的途径包括：牙源性、腺源性、损伤性、血源性和医源性，临床以牙源性多见。病原菌最多见的是需氧菌与厌氧菌的混合感染。

治疗原则包括局部治疗：保持局部清洁，避免局部刺激，对面部疖、痈应严禁挤压，以防感染扩散；手术治疗：口腔颌面部感染的手术治疗包括脓肿切开排脓、消除病灶两方面。

【护理评估】

一、身体状况评估

1. 局部症状 化脓性炎症的急性期，局部可表现为红、肿、热、痛和功能障碍、引流区淋巴结肿痛等典型症状。可见张口受限。进食、吞咽困难，严重时可出现呼吸困难等。

2. 全身症状 可出现畏寒、发热、头疼、乏力、食欲减退、尿量减少等症状。严重感染可伴有败血症或脓毒血症时。

二、诊断及辅助检查

炎症初期，感染区的红、肿、热、痛是主要表现，是诊断局部感染的基本依据，脓肿形成后可出现波动感。实验室检查可见白细胞总数增高，中性粒细胞比例上升。

三、心理、社会状况

颌面部感染常不同程度地导致解剖结构改变和生理功能障碍，使容貌、语言等功能改变，均不同程度地影响患者社交，加重患者心理负担，导致患者产生心理障碍。

知识链接

"面部危险三角区"：指的是两侧口角至鼻根联线所形成的三角形区域。由于面前静脉的瓣膜发育不良，少而薄弱，同时封闭不全，通常在肌肉收缩下，可使血液逆行，可面部炎症传播到颅内，产生海绵窦化脓性、血栓性静脉炎的严重并发症，甚至可发生败血症，毒血症，危及生命。因此，对面部危险三角区的疖肿，切勿搔抓挤压及挑刺。

【护理措施】

（1）按医嘱用药，密切观察病人生命体征变化，做好护理记录，警惕并发症的发生。

（2）提供舒适安静的环境，嘱病人卧床休息尽量少说话，避免不良刺激。

（3）体温过高者给于降温，如多饮水、温水浴、头部湿敷、酒精擦浴，或根据依据医嘱使用解热镇痛药物。

（4）饮食护理：给予患者高热量、高维生素、高蛋白的流质饮食或半流质饮食，对于张口受限患者行鼻饲饮食或吸管饮食。

（5）口腔护理：病情较轻者，嘱患者保持口腔清洁；病情严重者，可给予患者口腔护理，一般一天三次。

【健康指导】

给患者耐心解释病情及治疗计划，减轻患者紧张、焦虑情绪。告诉患者各种颌面部感染的注意事项，如面部疖痈患者，嘱患者切勿搔抓、挤压等。

练习题

一、A1 型题

1. 口腔颌面部感染的主要途径是
   A. 牙源性　　　　　　　　　　　B. 腺源性
   C. 损伤性　　　　　　　　　　　D. 血源性
   E. 医源性

2. 吸入性窒息的急救措施主要是
   A. 清除口、鼻及咽喉部堵塞物　　B. 将舌牵出口外
   C. 使病员头偏一侧或采取俯卧位　D. 吊起下坠的上颌骨块
   E. 立即行气管切开，通过气管导管吸出堵塞物

二、A2 型题

3. 一外伤昏迷患者运送时不应采取的措施是
   A. 采取仰卧位　　　　　　　　　B. 采取俯卧位
   C. 额部垫高位　　　　　　　　　D. 随时观察伤情变化，防止窒息和休克的发生
   E. 疑有颈椎损伤的患者，颈下应放置小枕，头部左右两侧用小枕固定

三、A3 型题

新生儿，诊断为右侧完全性唇、腭裂

4. 唇裂手术的应该在何时进行是
   A. 出生后 3 ~ 6 个月　　　　　　B. 出生后 12 ~ 18 个月
   C. 出生后 12 ~ 18 个月　　　　　D. 患儿 11 岁时
   E. 患者成长至 24 岁以后

5. 腭裂修复术宜选择在何时进行
   A. 患儿 6 ~ 12 个月　　　　　　B. 患儿 12 ~ 18 个月
   C. 患儿 2 ~ 4 岁　　　　　　　　D. 患儿 4 ~ 6 岁
   E. 患儿 6 岁以后

教学大纲

一、课程的性质和教学任务

《眼耳鼻咽喉口腔科护理学》是具有明显专科特色的临床护理学的一个分支，包括眼科护理学、耳鼻咽喉科护理学和口腔科护理学。本课程从护理工作需要出发，讲解眼、耳、鼻、咽、喉、口腔各部的应用解剖生理，以及各结构常见病、多发病患者的护理评估、护理问题、护理措施、卫生保健及常用护理技术操作。

本课程的任务是使学生具有该专科护理所需的基础理论、基本知识和基本技能，能够初步运用护理程序对眼科、耳鼻咽喉科和口腔科常见病患者进行护理和社区护理服务，从而优化其护理专业知识结构和专业素质。

二、课程教学目标

【知识教学目标】

1. 掌握眼、耳、鼻、咽、喉、口腔各部应用解剖生理及其常见病、多发病的护理措施；掌握常见急、危、重症疾病患者的应急处理和抢救配合。

2. 熟悉眼、耳、鼻、咽、喉、口腔科常见病、多发病的病因、护理评估和护理问题。

3. 了解眼、耳、鼻、咽、喉、口腔科领域的新进展。

【能力培养目标】

1. 能正确进行眼、耳、鼻、咽、喉、口腔科患者的常规检查及护理操作技术。

2. 能运用护理程序收集眼科、耳鼻咽喉科及口腔科患者的病史资料，制定护理措施，实施身心整体护理和健康教育。

3. 能在医院和社区进行专科健康教育，提出预防保健计划。

【素质教育目标】

1. 具有热爱护理事业，全心全意为人类健康服务的良好职业道德。

2. 培养严谨、细致、轻柔的五官科专科护理工作作风。

3. 具有良好的协作精神、人际沟通能力及创新能力。

三、教学内容和要求

第一单元　眼的应用解剖生理

【知识教学目标】

1. 掌握：角膜、虹膜、睫状体、视网膜、房水和晶状体的解剖和生理特征；视路的定义及病变时所致视野改变；眼附属器的组成。

2. 熟悉：角巩膜缘的解剖与生理特点；各眼附属器的解剖和生理特点。

3. 了解巩膜、脉络膜的解剖和生理特点。

【能力培养目标】
1. 能说出眼球和眼附属器的组成及生理特点
2. 能分析出视路病变所导致的相应视野损害
3. 能将各结构与临床常见病的发生建立对应的关联

第二单元　眼科患者的护理概述

【知识教学目标】
1. 掌握：视功能检查的方法；眼科常用护理技术操作的目的、步骤和注意事项；眼科手术前后的护理常规。
2. 熟悉：眼科患者的常见的症状、体征及常见的护理问题。
3. 了解：眼科门诊、暗室及病房的各种护理管理；主要致盲性眼病的防治。

【能力培养目标】
1. 具有按照护理程序收集眼科疾病患者护理资料的能力。
2. 具有对眼科常见病患者进行检查并作出护理诊断的能力。
3. 能说出眼科护理管理的特点和要求。
4. 能正确进行眼科常用护理技术操作。
5. 能指导患者进行眼保健和疾病康复，具有进行防盲治盲健康宣传的能力。

第三单元　眼科患者的护理

【知识教学目标】
1. 掌握：睑腺炎、慢性泪囊炎的身体状况评估、护理措施和健康指导；急性细菌性结膜炎的护理评估、护理措施和健康指导；沙眼的护理评估、治疗原则、护理问题、护理措施及健康指导；细菌性角膜炎的护理评估、护理问题、护理措施和健康指导；年龄相关性白内障、急性闭角型青光眼的身体状况评估、治疗原则、护理问题、护理措施和健康指导；急性虹膜睫状体炎的身体状况评估、治疗原则及护理措施；近视、远视的概念、护理评估、护理措施及健康指导；眼化学伤的急救原则及护理措施。
2. 熟悉：睑板腺囊肿、睑内翻倒睫的身体状况评估和护理措施；真菌性角膜炎、单纯疱疹病毒性角膜炎的护理评估和护理措施；散光和老视的护理评估和矫正原则；
3. 了解：翼状胬肉的护理评估和护理措施；先天性白内障、开角型青光眼、先天性青光眼的身体状况评估、和护理措施；视网膜疾病的身体状况评估和护理措施；斜视、弱视的护理评估和矫正原则；眼表异物伤、眼钝挫伤、眼穿通伤、电光性眼炎的身体状况评估、护理措施；眼科常见疾病的发病机制；眼科护理学的新进展。

【能力培养目标】
1. 具有对眼科常见病患者进行正确的护理措施和健康指导的能力
2. 具有系统收集眼科常见病患者病史资料的能力
3. 能说出眼科常见病的病因和临床特点
4. 能正确做出眼科常见病患者的护理诊断

第四单元　耳鼻咽喉的应用解剖生理

【知识教学目标】
1. 掌握：中耳的组成、鼓膜标志、咽鼓管的解剖生理特点、鼻出血的好发部位、鼻窦的分组及开口部位、腭扁桃体的解剖生理特点等。

2. 熟悉：外鼻静脉回流的特点、窦口鼻道复合体的概念及临床意义、咽峡的构成、咽和喉腔的分区及各区解剖特点、耳、鼻、咽、喉的生理功能。

3. 了解：鼓室及内耳结构，声音的传播途径；咽淋巴环的组成及生理；喉软骨和喉肌的解剖与生理特点；气管、支气管及食管的解剖和生理特点。

【能力培养目标】

1. 能说出耳鼻咽喉各结构的组成及与生理功能

2. 能说出耳鼻咽喉各结构与临床疾病发生之间的关系

第五单元　耳鼻咽喉科患者的护理概述

【知识教学目标】

1. 掌握：耳鼻咽喉科常用检查和耳鼻咽喉科患者常用护理技术操作的目的、步骤和注意事项。

2. 熟悉：耳鼻咽喉科患者的身心状况评估及常用的护理诊断；耳鼻咽喉的卫生保健和疾病康复；耳鼻咽喉科手术的护理常规。

3. 了解耳鼻咽喉科患者护理病史、耳鼻咽喉科门诊及病房的各种护理常规

【能力培养目标】

1. 具有按照护理程序收集耳鼻咽喉科患者护理资料的能力

2. 具有对耳鼻咽喉科常见疾病患者进行检查的能力

2. 能说出耳鼻咽喉科护理管理的特点和要求

3. 能正确进行耳鼻咽喉科常用护理操作技术

4. 具有进行耳鼻咽喉卫生保健的能力

第六单元　耳鼻咽喉科患者的护理

【知识教学目标】

1. 掌握：分泌性中耳炎、急慢性化脓性中耳炎、梅尼埃病、变应性鼻炎、鼻窦炎、喉阻塞等疾病的概念；急性化脓性中耳炎、鼻窦炎、扁桃体炎、急性喉炎等患者的身体状况评估、护理措施和健康指导；鼻出血患者的简便止血处理和护理措施；扁桃体切除术患者术后的护理措施；喉阻塞的临床表现、呼吸困难的分度及处理原则；气管切开术后患者的护理措施；呼吸道异物的预防。

2. 熟悉：外耳道炎、外耳道疖和鼓膜外伤的身体状况评估和护理措施；鼻疖、慢性鼻炎、变应性鼻炎的身体状况评估和护理措施；慢性咽炎、鼻咽癌的身体状况评估和护理措施；急性会厌炎身体状况评估和护理措施；气管、支气管异物和食管异物的身体状况评估和护理措施。

3. 了解：耳鼻咽喉科常见病的发病机制及专科新进展。

【能力培养目标】

1. 具有对耳鼻咽喉科常见病患者制定并实施正确的护理措施和健康指导的能力

2. 具有系统收集耳鼻咽喉科常见病患者病史资料的能力

3. 能说出耳鼻咽喉科常见病的病因和临床特点

4. 能正确做出耳鼻咽喉科常见病患者的护理诊断

第七单元　口腔颌面部应用解剖及生理

【知识教学目标】

1. 掌握：口腔的主要解剖标志及固有口腔的界限；牙齿的数目、名称、萌出时间计

数方法以及牙周组织的组成及其功能；口腔颌面部各部的解剖形态及生理特点。

2. 熟悉：颌面部主要的颌骨及肌肉组成部分及相关功能；颌面部神经、血管的支配特点；人体三对大唾液腺及颌面部淋巴系统的特点。

3. 了解：颌面部各部位解剖与临床常见疾病发病、预后之间的关系。

【能力培养目标】

能够运用口腔颌面部相关解剖知识，归纳护理过程中应注意的问题。

第八单元　口腔科护理概述

【知识教学目标】

1. 掌握：口腔科患者的常见症状；口腔科常用检查；口腔科患者常用护理诊断；四手操作时护士的正确位置及常用器械的传递与交换；手术前后护理管理。

2. 熟悉：治疗后器械的分类与清洗；口腔卫生的主要措施；口腔保健的具体方法。

3. 了解：门诊及治疗室的护理管理。

【能力培养目标】

1. 具有协助医生进行口腔常用检查和治疗操作的能力。

2. 具有对社区及患者进行口腔卫生保健宣传教育的能力。

第九单元　口腔颌面外科疾病患者的护理

【知识教学目标】

1. 掌握：龋病的身体状况评估及护理措施；牙髓病的身体状况评估、治疗原则、护理问题、护理措施；根尖周病的理问题、护理措施；牙龈炎的身体状况评估及护理措施；牙周炎的身体状况评估及护理措施；复发性阿佛他溃疡的身体状况评估及护理措施；口腔单纯性疱疹的身体状况评估及护理措施；口腔念珠菌病的身体状况评估及护理措施；先天性唇腭裂的整复年龄。

2. 熟悉：龋病的致病因素及治疗原则；根尖周病的身体状况评估、治疗原则；牙龈炎治疗原则；口腔颌面部外伤的概念、护理评估、护理问题、护理措施；先天性唇腭裂病的概念、治疗原则、护理评估、护理措施；熟悉口腔颌面部感染的概念、治疗原则、护理评估、护理问题、护理措施。

3. 了解：口腔单纯性疱疹的病因及治疗；口腔白斑病的身体状况评估、治疗原则、护理问题、护理措施。

【能力培养目标】

1. 具有对口腔科常见病患者制定并实施正确的护理措施和健康指导的能力。

2. 具有系统收集口腔科常见病患者病史资料的能力。

3. 能说出口腔科常见病的病因和临床特点。

4. 能正确口腔科常见病患者的护理问题。

四、教学时段安排及分配

按照教学计划规定，《眼耳鼻咽喉科护理学》共 54 学时，其中理论教学 44 学时，实践教学 10 学时，理论与实践课比例为 4.4：1，具体安排见表。

单元	教学内容	学时		
		理论	实践	合计
一	第一单元　眼的应用解剖与生理	3		3
	第一节　眼球的解剖与应用生理			
	第二节　视路			
	第三节　眼附属器的应用解剖与生理			
二	第二单元　眼科学护理概述		4	4
	第一节　眼科患者的护理评估			
	第二节　眼科常用检查			
	第三节　眼科患者常见护理问题			
	第四节　眼科常用护理操作技术			
	第五节　眼科手术患者的常规护理			
	第六节　眼科护理管理			
	第七节　防盲治盲			
三	第三单元　眼科疾病患者的护理	18		18
	第一节　眼睑及泪器疾病患者的护理			
	第二节　结膜疾病患者的护理			
	第三节　角膜炎患者的护理			
	第四节　白内障患者的护理			
	第五节　青光眼患者的护理			
	第六节　葡萄膜及视网膜疾病患者的护理			
	第七节　屈光不正和老视患者的护理			
	第八节　斜视和弱视患者的护理			
	第九节　眼外伤者的护理			
四	第四单元　耳鼻咽喉的应用解剖与生理	3		3
	第一节　耳的应用解剖与生理			
	第二节　鼻的应用解剖与生理			
	第三节　咽的应用解剖与生理			
	第四节　喉的应用解剖与生理			
	第五节　气管、支气管和食管的应用解剖与生理			
五	第五单元　耳鼻咽喉科护理概述		4	4
	第一节　耳鼻咽喉科的护理评估			
	第二节　耳鼻咽喉科患者常见护理问题			
	第三节　耳鼻咽喉科患者常用护理操作技术			
	第四节　耳鼻咽喉科手术护理			
	第五节　耳鼻咽喉科护理管理			
	第六节　耳鼻咽喉卫生保健			

单元	教学内容	学时		
		理论	实践	合计
六	第六单元　耳鼻咽喉科患者的护理	14		14
	第一节　耳科患者的护理			
	第二节　鼻科患者的护理			
	第三节　咽科患者的护理			
	第四节　喉科患者的护理			
	第五节　气管、支气管及食管异物患者的护理			
七	第七单元　口腔颌面部的应用解剖与生理	2		2
	第一节　口腔的应用解剖与生理			
	第二节　牙及牙周组织的解剖与生理			
	第三节　颌面部的解剖与生理			
八	第八单元　口腔科护理概述		2	2
	第一节　口腔科的护理评估			
	第二节　口腔科患者常见护理问题			
	第三节　口腔四手操作技术			
	第四节　口腔科护理管理			
	第五节　口腔卫生保健			
九	第九单元　口腔科患者的护理	4		4
	第一节　牙体、牙髓病及根尖周组织病患者的护理			
	第二节　牙周组织病患者的护理			
	第三节　口腔黏膜病患者的护理			
	第四节　口腔颌面组织外科病患者的护理			
合　计		44	10	54

参考答案

第一单元

1. E 2. A 3. C 4. B 5. D 6. C 7. B 8. D 9. A 10. E
11. D 12. A 13. C 14. E 15. B

第二单元

1. C 2. A 3. B 4. C 5. D 6. C 7. B 8. E 9. C 10. A

第三单元

第一节

1. D 2. C 3. B 4. A 5. E 6. D 7. E 8. C 9. B 10. D

第二节

1. E 2. B 3. A 4. B 5. E 6. B 7. C 8. E 9. D 10. E

第三节

1. E 2. B 3. B 4. A 5. E 6. D 7. E 8. C 9. D 10. A
11. D 12. E 13. D

第四节

1. D 2. D 3. D 4. A 5. C 6. A 7. C 8. D 9. E

第五节

1. B 2. A 3. E 4. E 5. E 6. A 7. A 8. E 9. B

第六节

1. D 2. D 3. B 4. B 5. D 6. A 7. A 8. C 9. B

第七节

1. B 2. C 3. D 4. E 5. D 6. C 7. A 8. A 9. C

第八节

1. B 2. E 3. E 4. E 5. B 6. A 7. B 8. B

第九节

1. B 2. C 3. A 4. C 5. C 6. E 7. E 8. C

第四单元

1. A 2. E 3. B 4. E 5. E 6. B 7. C 8. A 9. D 10. A
11. E 12. C 13. B 14. E 15. D 16. A 17. C 18. A

第五单元

1. E 2. B 3. B 4. D 5. A 6. D 7. D 8. C 9. E 10. A
11. D 12. C

第六单元

第一节

1. A 2. E 3. B 4. C 5. B 6. D 7. C

239

第二节

1. D 2. B 3. D 4. A 5. C 6. E 7. E 8. B

第三节

1. E 2. D 3. C 4. E 5. C 6. B 7. E 8. C

第四节

1. A 2. C 3. E 4. E 5. E 6. B 7. D

第五节

1. A 2. C 3. E 4. A 5. D 6. A 7. D

第七单元

1. A 2. A 3. E 4. A 5. B 6. D 7. C 8. B 9. C 10. C

11. A

第八单元

1. D 2. B 3. E 4. D 5. B 6. E 7. C 8. B 9. E 10. E

第九单元

第一节

1. D 2. B 3. C 4. D 5. B 6. A

第二节

1. D 2. D 3. E 4. A 5. E

第三节

1. B 2. D 3. D 4 B 5. D 6. E

第四节

1. A 2. E 3. A 4. A 5. B

参 考 文 献

[1] 赵堪兴,杨培增. 眼科学. 第七版. 北京:人民卫生出版社,2010
[2] 王斌全. 眼耳鼻喉口腔科学. 第五版. 北京:人民卫生出版社,2006
[3] 刘家琦,李凤鸣. 实用眼科学. 第二版. 北京:人民卫生出版社,2006
[4] 肖跃群. 眼耳鼻喉口腔科护理. 北京:人民卫生出版社,2010
[5] 陈燕燕. 眼耳鼻喉口腔科护理. 第二版. 北京:人民卫生出版社,2008
[6] 孟祥珍. 五官科学. 北京:人民卫生出版社,2004
[7] 葛坚,赵家良. 眼科学. 第二版. 北京:人民卫生出版社,2010
[8] 马涛. 五官科学. 西安:第四军医大学出版社,2006
[9] 席淑新. 眼耳鼻喉咽口腔科护理学. 北京:人民卫生出版社,2006
[10] 惠年延. 眼科学. 第六版,北京:人民卫生出版社,2005
[11] 田勇泉. 耳鼻咽喉头颈外科学. 第七版. 北京:人民卫生出版社,2008
[12] 苏启明. 眼耳鼻喉口腔科学[M]. 北京:人民卫生出版社,2001.
[13] 邱小红. 五官科护理学[M]. 南昌:江西科学技术出版社·北京出版社,2006.
[14] 曾常爱. 五官科护理学[M]. 北京:科学出版社,2007.
[15] 蒋小剑. 五官科护理[M]. 北京:北京出版社,2011.
[16] 席淑新,赵芙蓉. 眼耳鼻咽喉口腔科护理学. 第二版. 北京:人民卫生出版社,2006
[17] 皮昕,何三纲. 口腔解剖生理学. 第五版. 北京:人民卫生出版社,2004
[18] 任重. 眼耳鼻咽喉口腔科护理学. 北京:人民卫生出版社,2002
[19] 赵佛容,陈经由. 口腔护理学. 第二版. 上海:复旦大学出版社,2009
[20] 葛嫄丰,吕波. 口腔临床护理学. 北京:人民卫生出版社,2008
[21] 欧尧,薛国初. 口腔科助理手册. 广州:广东科技出版社,2006
[22] 邱蔚六,张震康. 口腔颌面外科学. 第五版. 北京:人民卫生出版社,2006
[23] 李凤鸣. 中华眼科学. 北京:人民卫生出版,2005
[24] 迟立萍. 眼耳鼻喉咽口腔科护理学. 西安:第四军医大学出版社,2007
[25] 刘祖国. 眼科学基础. 北京:人民卫生出版社,2004
[26] 徐国兴. 眼科学基础. 北京:高等教育出版社,200
[27] 李文生. 循证眼科学. 北京:人民军医出版社,2006

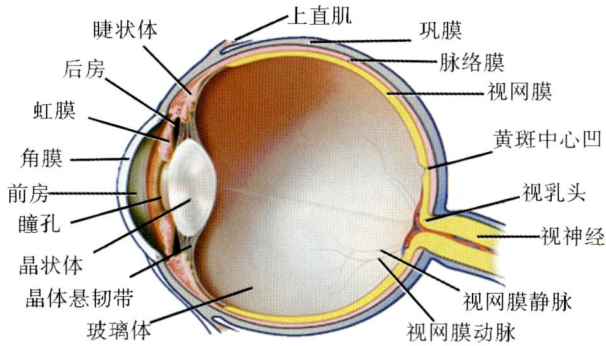

睫状体　上直肌　巩膜
后房　脉络膜
虹膜　视网膜
角膜　黄斑中心凹
前房　视乳头
瞳孔　视神经
晶状体
晶体悬韧带　视网膜静脉
玻璃体　视网膜动脉

彩图 1　眼球剖面图

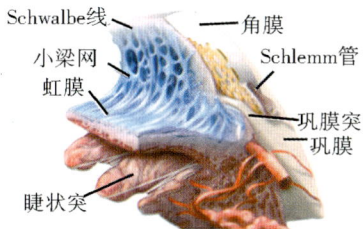

Schwalbe线　角膜
小梁网　Schlemm管
虹膜
巩膜突
巩膜
睫状突

彩图 2　前房角结构图

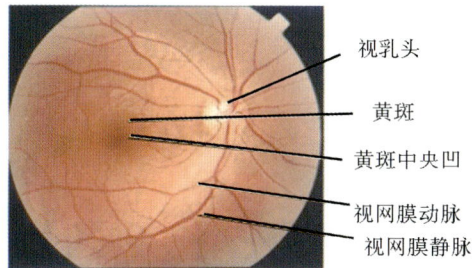

视乳头
黄斑
黄斑中央凹
视网膜动脉
视网膜静脉

彩图 3　视网膜检眼图（即眼底图）

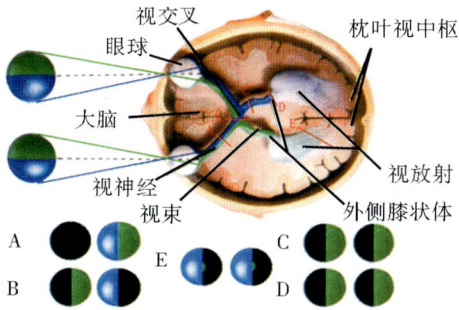

视交叉
眼球　枕叶视中枢
大脑
视放射
视神经　外侧膝状体
视束
A
B
E
C
D

彩图 4　视路及其受损后视野缺损示意图

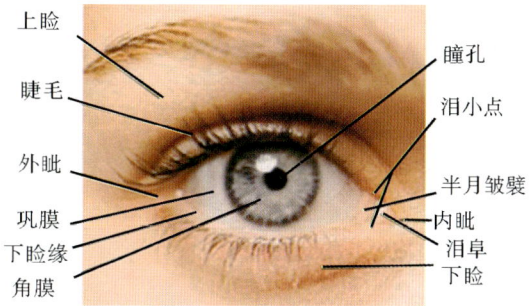

上睑　瞳孔
睫毛　泪小点
外眦
巩膜　半月皱襞
下睑缘　内眦
角膜　泪阜
下睑

彩图 5　眼睑外观

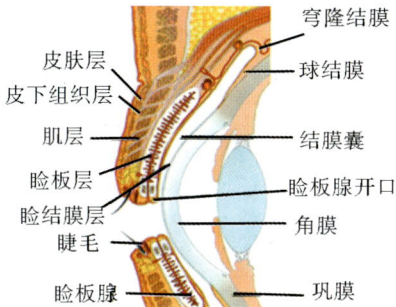

穹隆结膜
皮肤层　球结膜
皮下组织层
肌层　结膜囊
睑板层
睑板腺开口
睑结膜层
睫毛　角膜
睑板腺　巩膜

彩图 6　眼睑截面及结膜分布图

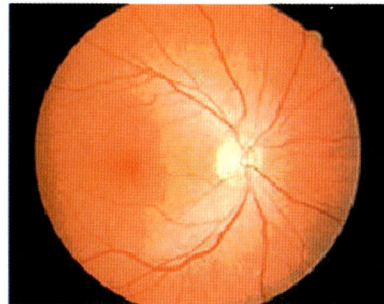

彩图 7　正常眼底图

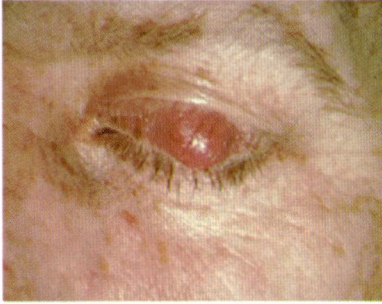

彩图 8　外睑腺炎

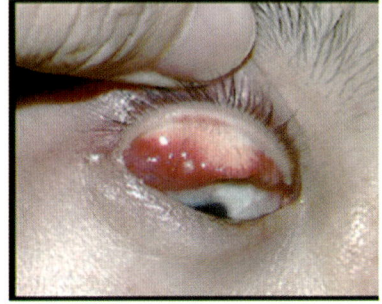

彩图 9　内睑腺炎

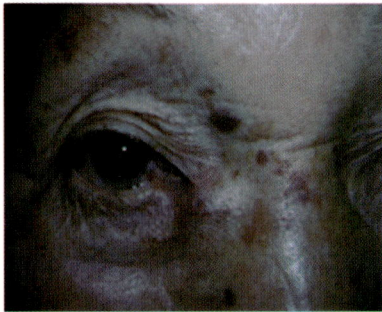

彩图 10　泪囊黏液性囊肿

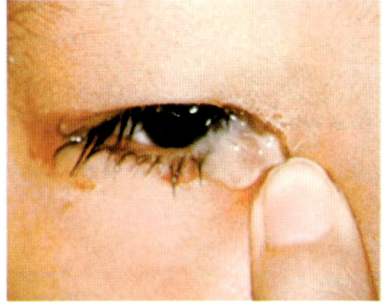

彩图 11　按压泪囊区有分泌物溢出

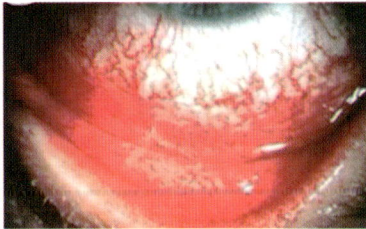

彩图 12　急性卡他性结膜炎
（结膜充血）

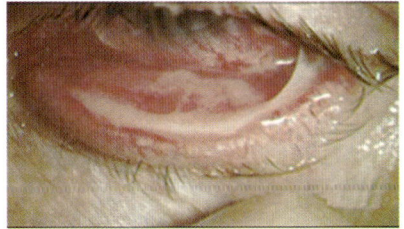

彩图 13　急性卡他性结膜炎
（假膜形成）

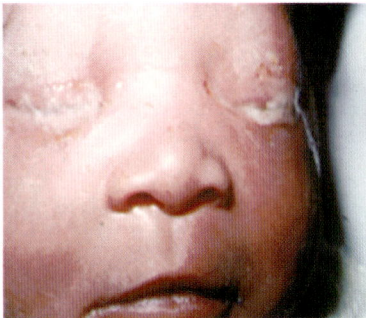

彩图 14　淋球菌性结膜炎
（脓漏眼）

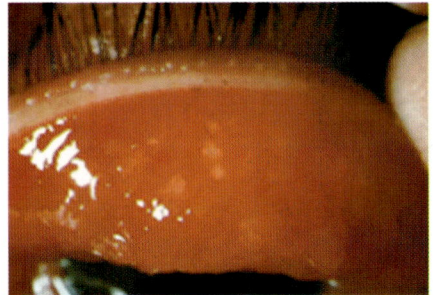

彩图 15　睑结膜滤泡及血管模糊

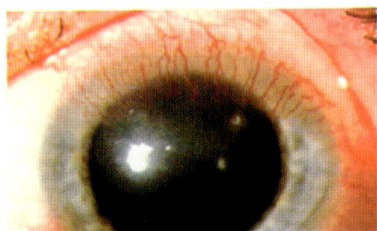

彩图 16　角膜血管翳

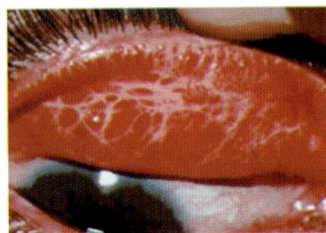

彩图 17　睑结膜瘢痕

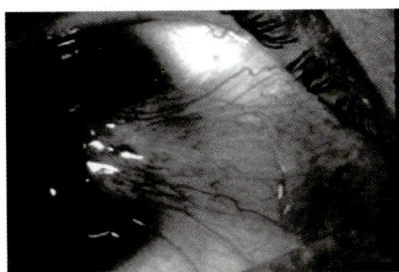

彩图 18　进行性翼状胬肉

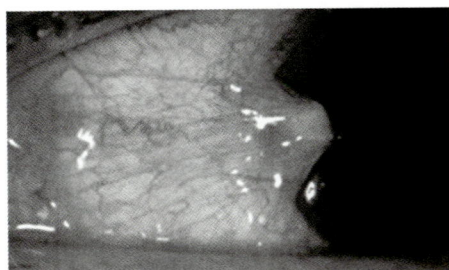

彩图 19　静止性翼状胬肉

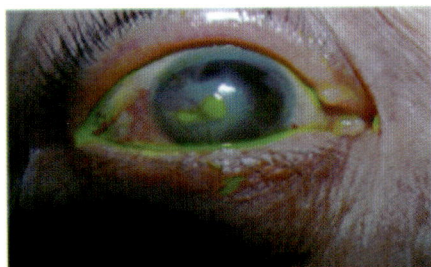

彩图 20　细菌性角膜溃疡
（早期病灶周围浸润）

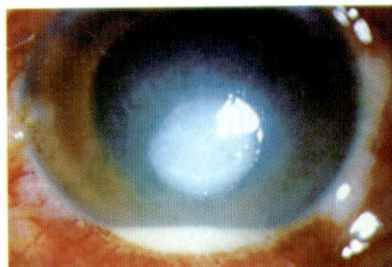

彩图 21　匐行性角膜溃疡
（溃疡一侧边缘潜行性扩展，有前房积脓）

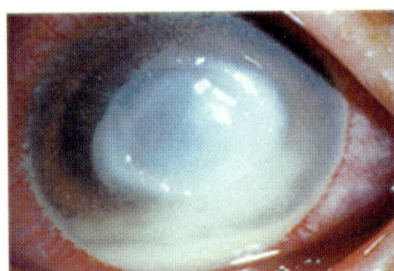

彩图 22　铜绿假单孢菌性角膜溃疡

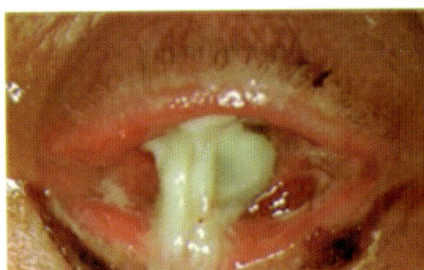

彩图 23　铜绿假单孢菌性角膜溃疡（角膜已穿孔）

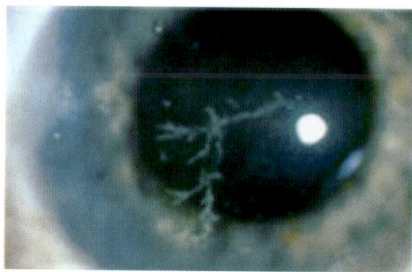
彩图 24　树枝状角膜炎

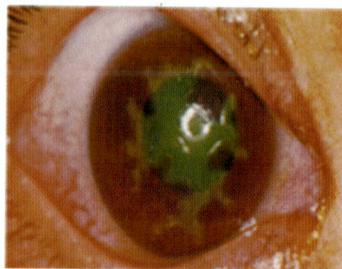
彩图 25　地图状角膜炎

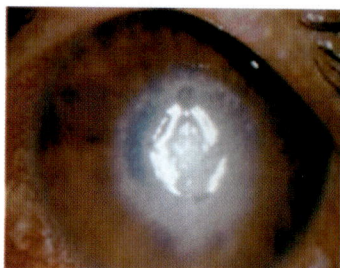
彩图 26　盘状角膜炎

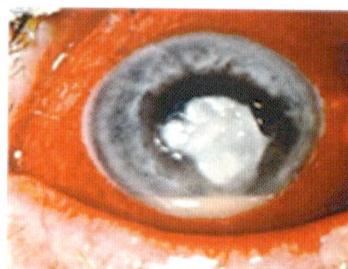
彩图 27　真菌性角膜溃疡

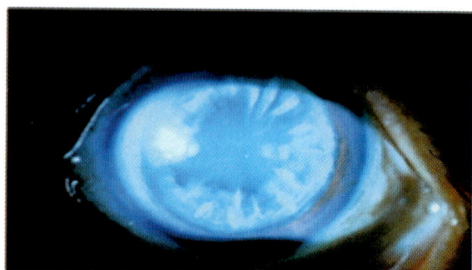
彩图 28　年龄相关性白内障初发期

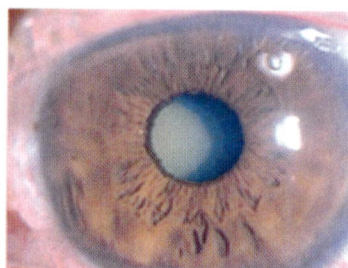
彩图 29　年龄相关性白内障膨胀期
　　　　—— 虹膜投影阳性

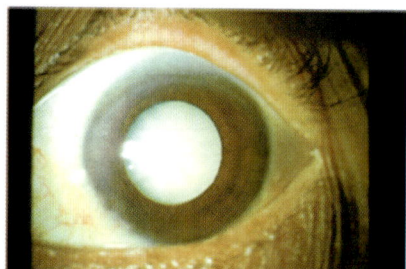
彩图 30　年龄相关性白内障成熟期

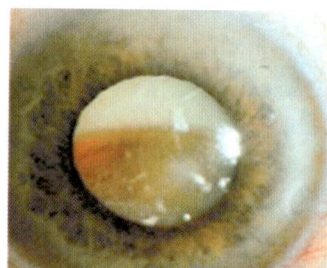
彩图 31　年龄相关性白内障过熟期

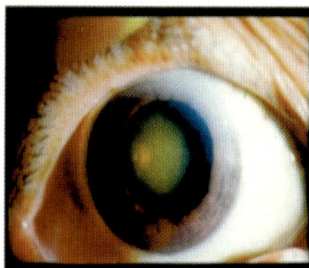

彩图 32　核性白内障

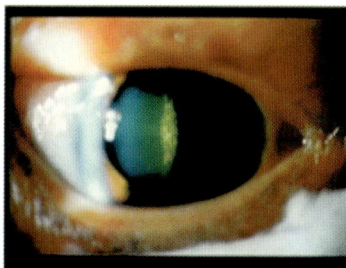

彩图 33　后囊下白内障

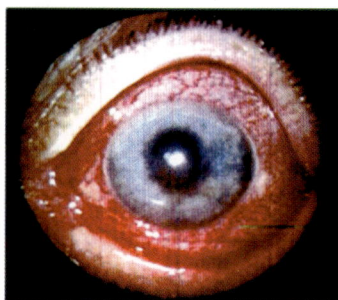

彩图 34　急性发作期

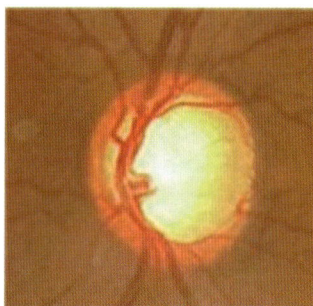

彩图 35　开角型青光眼眼底改变（青光眼杯）

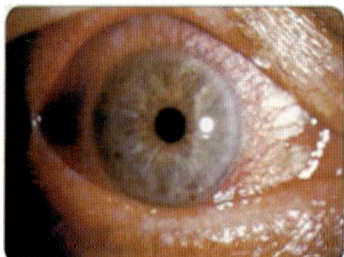

彩图 36　结膜混合充血

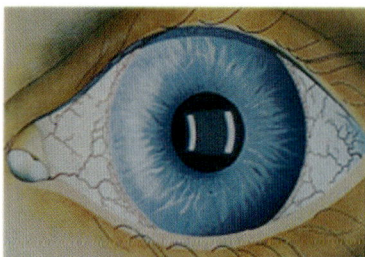

彩图 37　Tyndall 现象

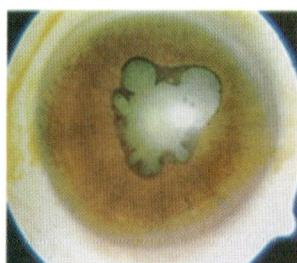

彩图 38　虹膜后粘连

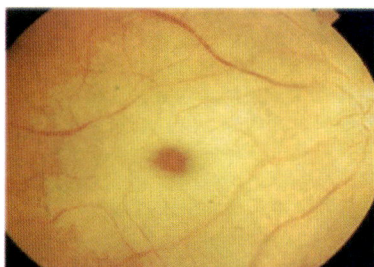

彩图 39　视网膜中央动脉阻塞

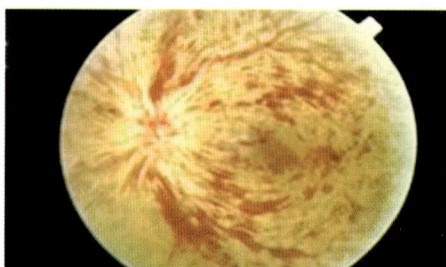

彩图 40　视网膜中央静脉阻塞

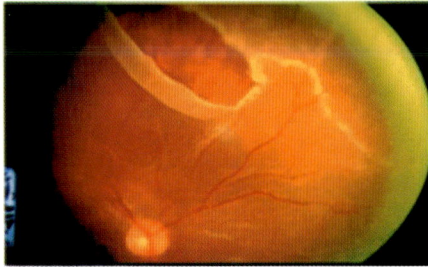

彩图 41　视网膜脱离

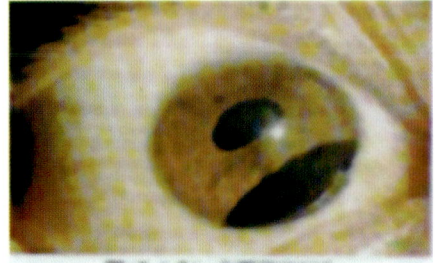

彩图 42　外伤性虹膜根部离断

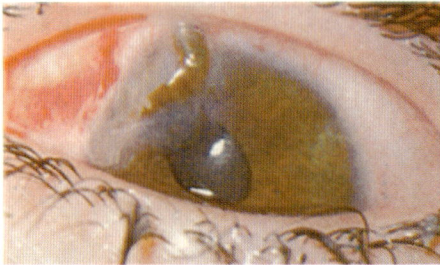

彩图 43　角巩膜穿通伤

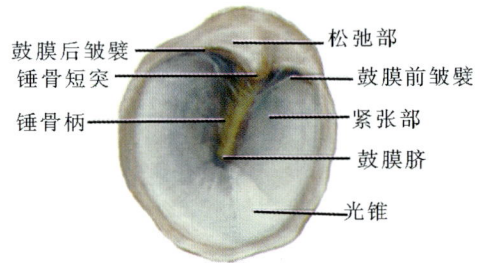

鼓膜后皱襞　　松弛部
锤骨短突　　　鼓膜前皱襞
锤骨柄　　　　紧张部
　　　　　　　鼓膜脐
　　　　　　　光锥

彩图 44　右耳鼓膜模拟图

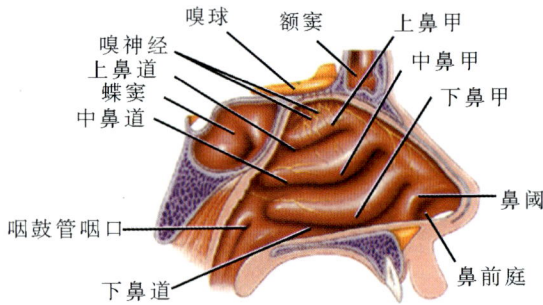

嗅球　额窦　上鼻甲
嗅神经　　　　中鼻甲
上鼻道　　　　下鼻甲
蝶窦
中鼻道
　　　　　　　鼻阈
咽鼓管咽口
　　　　　　　鼻前庭
下鼻道

彩图 45　鼻腔外侧壁

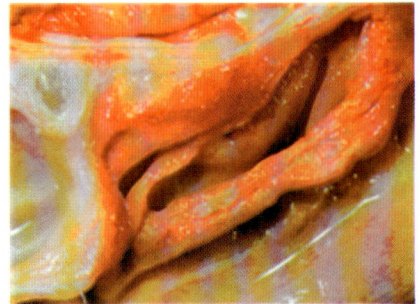

彩图 46　窦口鼻道复合体（中鼻甲已切除）

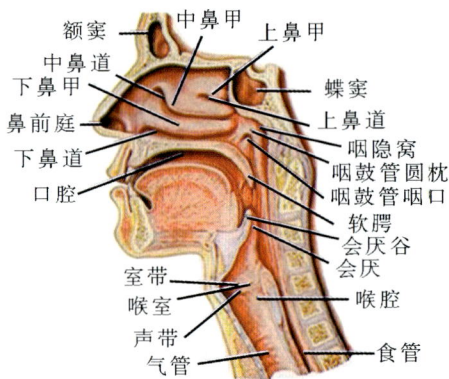

额窦　中鼻甲　上鼻甲
中鼻道　　　　蝶窦
下鼻甲　　　　上鼻道
鼻前庭　　　　咽隐窝
下鼻道　　　　咽鼓管圆枕
口腔　　　　　咽鼓管咽口
　　　　　　　软腭
　　　　　　　会厌谷
室带　　　　　会厌
喉室　　　　　喉腔
声带　　　　　食管
气管

彩图 47　咽的矢状切面

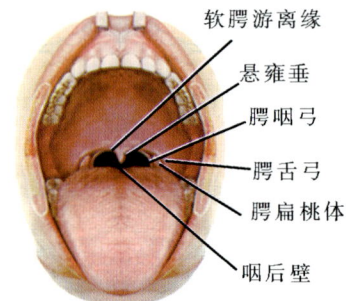

软腭游离缘
悬雍垂
腭咽弓
腭舌弓
腭扁桃体
咽后壁

彩图 48　口咽部

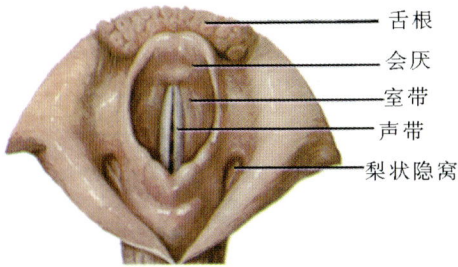

彩图 49　喉咽及喉入口

舌根
会厌
室带
声带
梨状隐窝

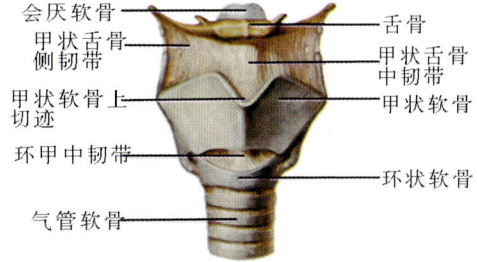

彩图 50　喉的前面观

会厌软骨
甲状舌骨侧韧带
甲状软骨上切迹
环甲中韧带
气管软骨
舌骨
甲状舌骨中韧带
甲状软骨
环状软骨

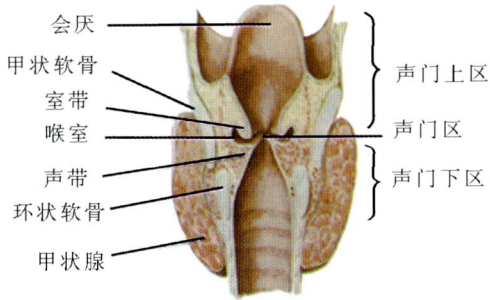

彩图 51　喉腔的分区

会厌
甲状软骨
室带
喉室
声带
环状软骨
甲状腺
声门上区
声门区
声门下区

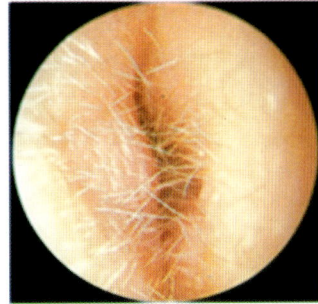

彩图 52　外耳道炎

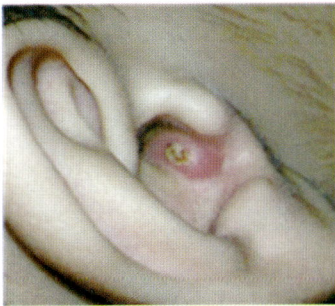

彩图 53　外耳道疖

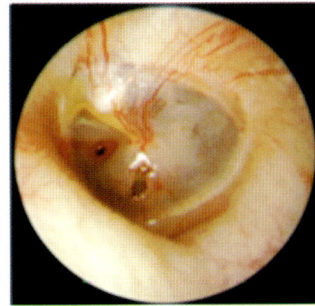

彩图 54　鼓膜外伤

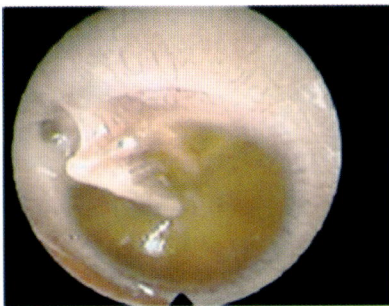

彩图 55　急性分泌性中耳炎

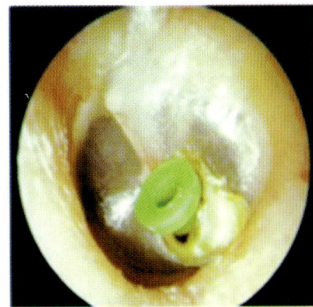

彩图 56　鼓膜切开置管术

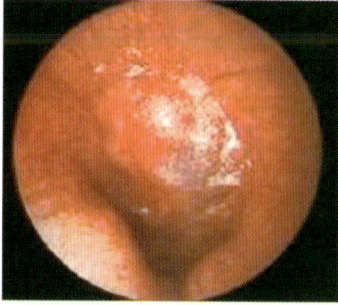

彩图 57　急性化脓性中耳炎

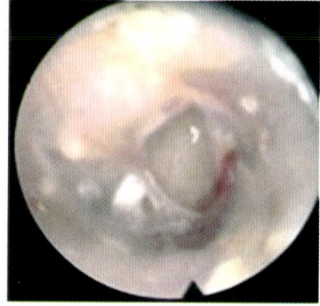

彩图 58　慢性化脓性中耳炎（单纯型）

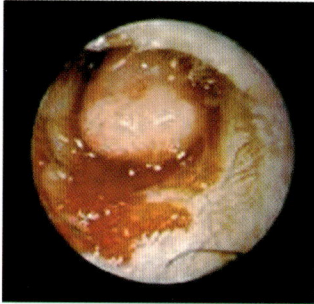

彩图 59　骨疡型（肉芽生长及血性分泌物）

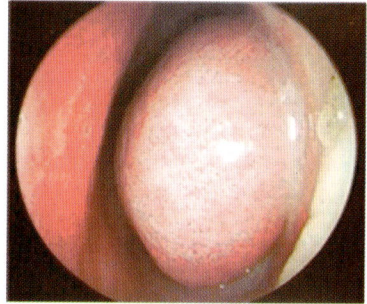

彩图 60　慢性单纯性鼻炎

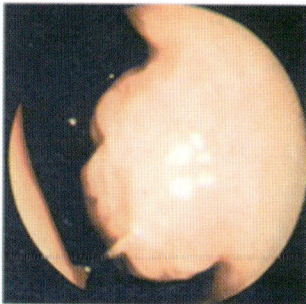

彩图 61　慢性肥厚性鼻炎

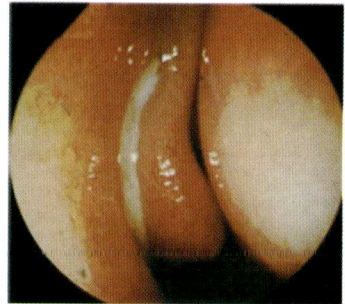

彩图 62　急性鼻窦炎（前组）

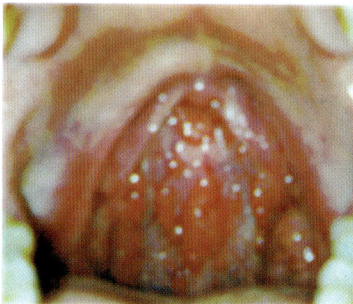

彩图 63　慢性肥厚性咽炎

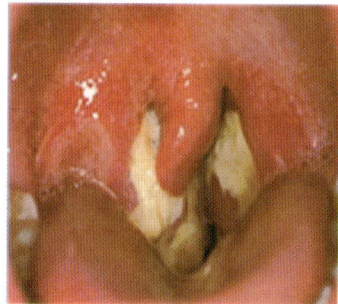

彩图 64　急性化脓性扁桃体炎

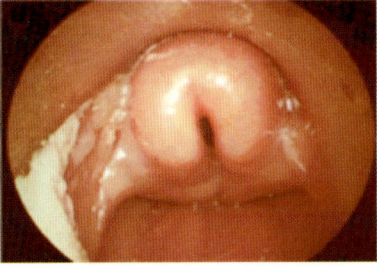

彩图 65　急性会厌炎

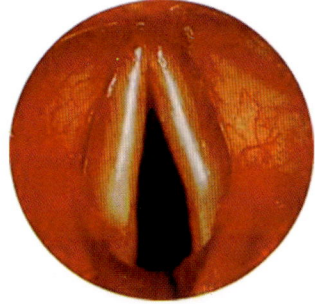

彩图 66　急性喉炎

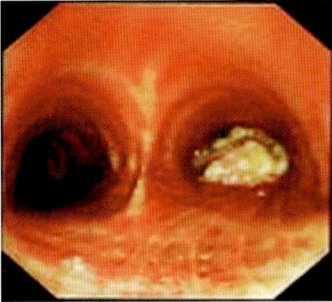

彩图 67　支气管镜检查

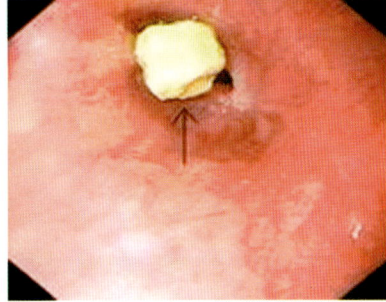

彩图 68　食管异物（硬币）